读懂投资 先知来来

大咖智慧
THE GREAT WISDOM IN TRADING

/

成长陪跑
THE PERMANENT SUPPORTS FROM US

/

复合增长
COMPOUND GROWTH IN WEALTH

一站式视频学习训练平台
WWW.DUOSHOU108.COM

施瓦格期货分析全书

2

【美】杰克·施瓦格　著

陈瑞华　译

山西出版传媒集团

山西人民出版社

图书在版编目（CIP）数据

施瓦格期货分析全书 2 /（美）杰克 · 施瓦格著；陈瑞华译. — 太原：山西人民出版社，2023.6

ISBN 978-7-203-12784-0

Ⅰ.①施… Ⅱ.①杰… ②陈… Ⅲ.①期货交易—投资分析 Ⅳ.① F830.9

中国国家版本馆 CIP 数据核字（2023）第 068062 号

施瓦格期货分析全书 2

著　　者：（美）杰克 · 施瓦格
译　　者：陈瑞华
责任编辑：秦继华
复　　审：魏美荣
终　　审：梁晋华
装帧设计：卜翠红

出 版 者：山西出版传媒集团 · 山西人民出版社
地　　址：太原市建设南路 21 号
邮　　编：030012
发行营销：0351-4922220　4955996　4956039　4922127（传真）
天猫官网：https://sxrmcbs.tmall.com　电话：0351-4922159
E-mail：sxskcb@163.com　发行部
sxskcb@126.com　总编室
网　　址：www.sxskcb.com

经 销 者：山西出版传媒集团 · 山西人民出版社
承 印 厂：廊坊市祥丰印刷有限公司

开　　本：787mm × 1092mm　1/16
印　　张：13.5
字　　数：240 千字
版　　次：2023 年 6 月　第 1 版
印　　次：2023 年 6 月　第 1 次印刷
书　　号：ISBN 978-7-203-12784-0
定　　价：58.00 元

如有印装质量问题请与本社联系调换

序　言

有些期货书籍侧重于交易导向，在内容上不够深入，而有些书籍又过于强调学术性，忽略了实务。《施瓦格期货分析全书》（编者注：包含《施瓦格期货分析全书1》《施瓦格期货分析全书2》《施瓦格期货分析全书3》，共三册）的宗旨在于从实际交易的角度，广泛而深入地阐述如何进行基本分析。

《施瓦格期货分析全书》第一部分（编者注：见《施瓦格期货分析全书1》）探讨了一个长期以来颇具争议的问题：关于期货基本分析或技术分析，究竟哪种方法更有效？第二部分（编者注：见《施瓦格期货分析全书1》）介绍不同基本分析方法的具体运用。第三部分（编者注：见《施瓦格期货分析全书1》）着重探讨回归分析方法，这是基本分析中运用最广泛的一种工具。本书作为《施瓦格期货分析全书》的第四部分，介绍了不同品种期货的价格预测方法及其影响因素，并通过具体的范例对第二部分和第三部分中介绍的分析方法加以运用。

阅读指南

初学者

《施瓦格期货分析全书》（编者注：包含《施瓦格期货分析全书1》《施瓦格期货分析全书2》《施瓦格期货分析全书3》共三册）的读者包括好学的初学者和专业期货投资者。初学者可以略过第三部分（最好浏览第15章），主要是因为该部分内容稍难一点，略过这一部分并不妨碍全书的连贯性。但是，如果初学者对此有强烈的学习欲望，也可以尝试读下来，毕竟其中并没有涉及艰深晦涩的数学内容。

大多数读者

第 2 章介绍期货市场的概况，目的在于为读者更好地阅读提供背景知识。基于“名副其实”的原则，第 2 章的标题定为“初学者导读”。如果读者对期货市场已经非常熟悉，不想花费时间阅读有关期货术语或套期保值等方面的解释，可直接从第 3 章开始阅读。

所有读者

本书所引用的市场范例，完全是为了说明一般性的问题，绝不是为了强调特定市场的具体运用。也就是说，范例提及这些市场并不重要。因此，即使读者对相关市场不感兴趣，建议还是耐心读下去，否则可能存在内容或理解上的不连贯。

杰克·施瓦格

1995 年 3 月于纽约

目　录

第四部分

基本分析应用

在这一部分，我们把第二部分和第三部分讨论过的各种技术结合在一起进行分析。这些基本分析方法运用于各种不同的市场。为了刻画不同的基本情境，此部分用于举例而挑选的市场从非储存品市场到可储存品市场、从国内市场到国际市场、从农产品市场到金融市场。这并不是为了给读者呈现分析这些市场的确定性方法，而是展示分析综合性的实例时所使用的不同的基本分析程序。因此，读者不要根据自己的兴趣而选择性地阅读，这样可能放弃对某些商品的理解。譬如，许多读者对生猪兴趣不大，但这一章所采用的回归分析法对其他品种也有参考意义。

这一部分的每一章都以不同的市场或市场类别为重点。这些章节包括：

第 21 章 预测生猪价格

第 22 章 预测活牛价格

第 23 章 预测谷物价格

第 24 章 预测大豆价格

第 25 章 预测糖类价格

第 26 章 预测咖啡价格

第 27 章 预测原油价格

第 28 章 预测铜价格

第 29 章 预测黄金（贵金属）价格

第 30 章 预测汇率

第 31 章 预测利率

第 32 章 预测国外利率市场

第 33 章 预测股票市场

本部分仅对某些市场的分析进行简单的说明，主要是希望读者面对特定商品市场选择切实可行的分析方法。事实上，在各种情况下，都能从实例中看到类似的或综合性的分析方法。同时还要意识到商品市场是在不断发生结构性变化的，即使很实用的模型也可能会过时。此部分的目的在于，让读者感受到一些基本方法是如何运用于市场分析的，并提供各种技术是如何组合成一个统一方法的例子。

第21章　预测生猪价格

教堂里没有什么人，也许除了一两头猪吧。因为教堂门没有上锁，猪在夏天喜欢上了木条铺的地板，图个凉快。你要是留心注意的话，便可以知道大多数人总是不得不去的时候才上教堂，可是猪呢，就不一样了。

——马克·吐温，《哈克贝利·费恩历险记》

生猪市场的最关键最基本的特征是：生猪是非储存商品。因此，与耐存商品截然不同的是，在生猪市场中，库存水平是一个无足轻重的因素。[①] 更确切地说，特定时期的价格取决于当期的产量与需求。

生猪的季节性报告中的统计数据是市场信息的主要来源。在本章中，我们简单介绍生猪市场的分析方法，采用1994年6月生猪报告数据。分析是从报告公布后交易者对近期生猪价格预测开始的，事实上这也是本章的写作时间。

供给预测

一般情况下，我们采用两种基本的统计数据预测生猪屠宰量：生猪交易量和生猪产量。表21.1列出了历史上6月1日生猪市场与6月至11月生猪屠宰量之间的关系。1994年生猪屠宰量的预测根据是前三年生猪屠宰量与生猪交易量比率基本相等的水平。同样，表21.2为上年12月—当年5月生猪产量与6月至11月生猪屠宰量之间的

① 虽然有冷冻猪肉库存，但是这些库存大约仅占每年猪肉产量的2%~3%，所以在分析时将之省略掉并无大碍。

关系。1994 年的市场预测也是基于前三年平均值等于屠宰量与猪产量比率的假设。

表 21.1　6 月至 11 月生猪屠宰量与 6 月 1 日生猪交易量

年度	6 月 1 日生猪交易量（1000 头）	6 月至 11 月生猪屠宰量（1000 头）	生猪屠宰量与生猪交易量之比
1984	45,414	41,839	92.1
1985	45,253	41,753	92.3
1986	42,240	38,183	90.4
1987	45,160	40,594	89.9
1988	48,655	44,482	91.4
1989	48,565	44,719	92.1
1990	46,772	41,955	89.7
1991	48,905	44,113	90.2
1992	51,637	47,871	92.7
1993	50,995	46,457	91.1
1994	52,555	47,983[a]	91.3[a]

[a]假设生猪屠宰量与生猪交易量的比率等于前三年的平均比率。

我们可以根据表 21.1 和表 21.2 的预测量平均计算得出生猪的预期屠宰量。在过去 10 年（1984—1993 年），实际屠宰量与生猪交易量预测均值（根据前 3 年的水平）的平均绝对偏差是 1.8 个百分点。由于 1984 年存在比较大的偏差（4.4%），剔除该年后的平均绝对偏差为 1.5%。除去 1984 年，在过去 10 年中，只有一年的平均偏差大于 2.1%（1987 年为 2.9%）。

尽管生猪基本上都在国内市场交易，但猪肉的净进口量（进口减出口）变化很大，有助于解释生猪价格每年的波动。例如，如果两年中国内价格基本相似，但其中一年猪肉净进口比较大，预期那年通胀调整后的生猪价格可能较低。可根据前 6 个月净进口价格大致估算出未来 6 个月（6—11 月）猪肉净进口量。表 21.3 说明了 6—11 月份与上年 12 月—当年 5 月份猪肉净进口间的关系。应注意的是，如果上年 12 月—当年 5 月份猪肉净进口相对偏高（偏低），随后 6—11 月份的数字也可能相对偏高（偏低）。事实上，描述 6—11 月份猪肉净进口量的回归方程可以解释上年 12 月—当年 5 月份进口数量占该数字变化的 83%。

表 21.2　6 月至 11 月生猪屠宰量与上年 12 月—当年 5 月生猪交易量

年度	上年 12 月至当年 5 月生猪交易量(1000 头)	6 月至 11 月生猪屠宰量(1000 头)	生猪屠宰量与生猪交易量比例
1984	42,406	41,839	98.7
1985	42,546	41,753	98.1
1986	40,445	38,183	94.4
1987	43,496	40,594	93.3
1988	46,883	44,482	94.9
1989	47,238	44,719	94.7
1990	45,307	41,955	92.6
1991	47,507	44,113	92.9
1992	50,578	47,871	94.6
1993	48,806	46,457	95.2
1994	50,389	47,483[a]	94.2[b]

[a]假设生猪的屠宰量与生猪交易量比率等于之前的三年平均比率。

表 21.3　上年 12 月—当年 5 月与 6 月至 11 月猪肉净进口量

年度	上年 12 月—当年 5 月猪肉净进口量	6 月至 11 月猪肉净进口量	6 月至 11 月猪肉净进口量减去上年 12 月—当年 5 月猪肉净进口量
1978	139	79	-60
1979	112	101	-11
1980	128	164	36
1981	90	117	27
1982	122	253	131
1983	242	245	3
1984	333	432	100
1985	505	492	-13
1986	477	453	-24
1987	530	579	19
1988	518	434	-84
1989	392	271	-121
1990	290	374	85
1991	258	248	-9
1992	133	115	-18
1993	156	159	3
1994	173	190(proj.)	

需求预测

影响猪肉需求的主要因素包括：

- 牛肉供应。由于牛肉是猪肉主要的替代品，意味着牛肉价格越高，其需求越少，因此会导致猪肉的需求增加。
- 肉鸡产量。肉鸡也是重要的替代品，因此肉鸡产量也会影响猪肉的需求。
- 通货膨胀。在其他条件不变的情况下，通货膨胀会增加需求——对特定的名义价格，通常以美元计价，有些报价价格较低，由于实际价格下降，消费量会增加。
- 消费者偏好。虽然消费者偏好也是确定价格的主要因素，但是其数量很难量化，要将消费者偏好纳入价格预测模型中，方法是假设任何变动将反映消费者偏好的变化。
- 人口增长。在所有条件相等的情况下，人口增长将带来猪肉需求上升。人口增长是时间变量的影响因素之一。但是，如果没有加入时间变量，人口增长的影响有限，可忽略不计。

如果肉鸡供给量呈现强势形态（见图 21.1），在多元回归模型中可能仅采用肉鸡产量或趋势，而不能同时加入两项变量（两个变量可能引起多重共线性问题——参看第 19 章）。实际检测表明，仅包含趋势变量而不加入肉鸡供给量更能体现回归模型在统计方面的优势，这一点并不使人感到意外，因为趋势变量也包括消费者偏好变化（消费者从对猪肉或牛肉的喜好转变为对肉鸡的喜好）与人口增长的影响。事实上，趋势变量反映肉鸡供给量、消费者偏好和人口增长的影响。前两个变量互补（长期以来两个因素作用逐渐减少猪肉需求），而第三个变量可减少影响（因人口增长会增加猪肉需求）。

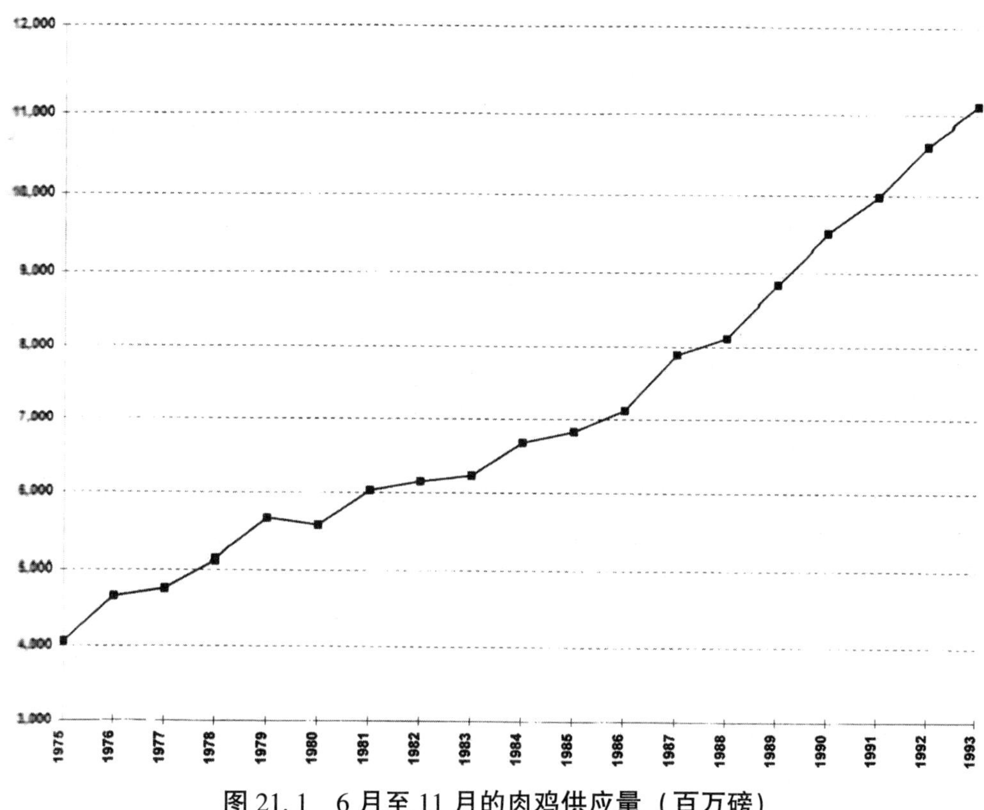

图 21.1 6 月至 11 月的肉鸡供应量（百万磅）

价格预测模型 1

基本的预测模型为：

$$DHP = a + b_1HS + b_2CS + b_3T + b_4NPI$$

其中：DHP = 7—11 月调整后的生猪价格；

HS = 6—11 月生猪屠宰量；

CS = 6—11 月活牛屠宰量；

T = 时间；

NPI = 6—11 月猪肉净进口量。

其中，a，$b1$，$b2$，$b3$ 和 $b4$ 是回归分析得出的系数。

该模型基本说明了通胀调整后的生猪价格取决于生猪屠宰量、活牛屠宰量、猪肉净进口量。供给量由 6—11 月份生猪屠宰量（HS）和 6—11 月份猪肉净进口量（NPI）组成。应注意，该方程式也包含了影响需求的五个因素：牛肉供应、肉鸡产量、消费者偏好、人口增长与通货膨胀。牛肉供应的影响直接由活牛屠宰量（*CS*）表示，肉鸡供应、消费者偏好和人口增长的影响用时间变量（*T*）表示。最后说明，模型中采用的都是通胀调整后的价格，反映了通胀的影响。表 21.4 汇总了模型中采用的数据，以及 1994 年以来自变量的预测值（下面介绍自变量的预测方法）。

通常选择 6—11 月份生猪屠宰期的数据，因为 6 月份是生猪屠宰报告公布的时间，也是生猪屠宰期。但是，细心的读者会注意到表中的价格是 7—11 月份的，理由是生猪屠宰报告通常 6 月底才公布。因此，预测 7—11 月份价格要比预测 6—11 月份的价格更合理。

表 21.4　通胀调整后的生猪价格与生猪屠宰量、活牛屠宰量、猪肉净进口量及时间趋势

年份	7—11 月的生猪价格/PPI(美分/磅)	6—11 月的生猪屠宰量(1000 头)	6—11 月的活牛屠宰量(1000 头)	6—11 月的猪肉净进口量(百万磅)	时间
1974	71.8	40,194	19,112	132	74
1975	91.9	31,666	21,191	58	75
1976	58.0	38,053	21,639	70	76
1977	57.4	38,213	21,356	41	77
1978	68.8	38,462	19,681	79	78
1979	46.1	46,627	16,803	101	79
1980	52.7	46,234	17,245	164	80
1981	52.1	43,988	17,754	117	81
1982	57.1	39,645	18,499	253	82
1983	41.6	44,967	19,047	245	83
1984	49.1	41,839	19,306	432	84
1985	41.9	41,753	18,285	492	85
1986	53.6	38,183	18,880	453	86
1987	44.4	40,594	18,133	549	87
1988	40.0	44,486	18,029	434	88
1989	39.5	44,719	17,388	271	89
1990	45.6	41,955	17,061	374	90
1991	37.5	44,113	16,672	248	91
1992	35.7	47,871	16,801	115	92
1993	39.3	46,457	17,181	162	93
1994		47,733 a	17,479[a]	190[a]	94

[a] 推测（参阅推导方法部分）

应用回归分析后，基于前面的方程获得下列公式（采用 1974—1993 年的数据）：

$$DHP=342.91-0.003091HS-0.003741CS-1.0435T-0.02389NPI$$

结果与预期相符，所有自变量的系数均为负数，即较高的生猪屠宰量、活牛屠宰量、时间变量和猪肉净进口量都对紧缩的生猪价格造成负面影响。越高的时间变量（即后来时间的点位）意味着生猪价格越低，主要是由于肉鸡产量上升造成的，尽管消费者偏好变化也起到一定的作用。

在应用回归模型预测价格前，必须先估算所有的自变量数值：*HS*，*CS*，*T* 和 *NPI*。在讨论过程中，我们假设分析的时间是在 1994 年 6 月生猪报告公布期间。

正如本章前面所述，6—11 月份生猪屠宰量预估值是屠宰量平均数值，即用 6 月 1 日市场生猪产量和上年 12 月—当年 5 月生猪产量估算平均数。假设每个品种屠宰量的比率等于前三年的比率，1994 年市场预估的生猪头数（47,983 头，见表 21.1），根据预测的生猪头数（47,483 头，见表 21.2），这两个数字的平均数为 1994 年 6—11 月生猪屠宰量的预估数（47,733）。

活牛屠宰量预估比较复杂，因政府统计的活牛头数——根据饲养牛报告统计——仅为总头数的一部分（报告中仅统计了饲养的牛）。但是，饲养牛占活牛总数的比率变化很大，因此很难根据饲养牛数推断活牛的总数量。但有一点，活牛屠宰量的变化不是很大，因此，可以根据前 6 个月的活牛屠宰数据推算未来 6 个月活牛屠宰量。我们可以应用下列回归模型：

$$CSJN_t=a+b_1CSDM+b_2CSJN_{t-1}$$

其中：$CSJN_t$＝未来 6—11 月份活牛屠宰量；

$CSDM$＝上年 12 月—当年 5 月份活牛屠宰量；

$CSJN_{t-1}$＝前 6—11 月份活牛屠宰量。

采用前期活牛屠宰量的简单模型，完全可以解释活牛屠宰量（修正的 $R^2=0.92$）的变化。用这个模型预测 1972—1993 年的活牛屠宰量，选用 1993 年 12 月至 1994 年 5 月和 1993 年 6 月至 11 月的活牛屠宰量数据，可以获得 1994 年 6—11 月活牛屠宰量为 17,479,000 头。

预测期间的时间变量为已知数，因每次间隔时间是固定的（定为 1）。应指出的是，时间变量在预测期间是不需要估算的。这便于模型中采用时间变量代替肉鸡供给量，这就是为什么采用这两个变量可以获得相同可靠的回归方程式的原因。

预测猪肉净进口量的方法与预测活牛屠宰量的方法相似，仅需采用前 6 个月的自变量，我们应采用下列回归方程：

$$NPIJN=a+b\ NPIDM$$

其中：*NPIJN*=未来6—11月份猪肉净进口量；

NPIDM=上年12月—当年5月份猪肉净进口量。

上述简单模型提供了未来几个月（修正的 $R^2=0.83$）猪肉进口的近似值。该模型选用的是1978—1993年间，加上从1993年12月—1994年5月猪肉净进口量的数据，获得1994年6—11月份猪肉净进口量为190,000,000磅。

通过在价格预测回归模型中加入1994年时间变量、6—11月生猪屠宰量、活牛屠宰量和猪肉净进口量预测值，获得1994年7—11月通胀调整后的12月份生猪期货合约预期价格，通胀调整后的预期价格为27.7美分，或名义价格为33.4美分。假设1994年7—11月生产者物价指数为120.5（根据5月份最新数据119.5估算的假设，增长0.8%）。

回归分析中选用的数据时间长短对预测方程影响很大，换言之，采用的数据时间越长方程的可靠性就越高。但是，选用很早的数据，也有一定的问题，因市场机制发生了变化，早期的数据不可能完全代表目前市场的状况。

迄今为止仍未确定采用多长时间的数据最好，目前的方法是在回归模型中加入起始日期，尽量选择接近统计数据的日期。即使如此，最初日期的选择总是很难定夺。例如，一般价格预测模型采用1976—1993年间的数据（替代前面的1974—1993年的数据）获得较低修正 R^2（0.84对0.90）的方程，因此，需要的标准误差也较低（3.70对4.55）。在这种情况下，似乎有理由按照1976年的日期进行价格预测，选用1976—1994年数据得出下列价格预测方程式：

$$DHP=269.12-0.002265\ HS-0.002405\ CS-0.903T-0.01744\ NPI$$

在模型中加入前面获得的6—11月生猪屠宰量、活牛屠宰量和猪肉净进口量的预估值，获得调整后的预测价格31.1美分，或名义价格37.5美分。假设7—11月生产者物价指数为120.5（用延后的起始日期得出的回归方程式不太可靠，只能获得大致的预测值）。由于还不确定哪个模型更可靠（选用1994年起始日期还是1996年的日期），所以只能采用上述两个模型预测价格趋势。

价格预测模型2

还有一种方式是预测价格变量而不是价格。正如我们在第19章中讨论的，预测价格变量要比预测价格困难得多，由于回归统计值（即修正的 R^2）较低，很难反映变量间的关系，该公式为：

$$CDHP = a + b_1 CHS$$

其中：$CDHP$ = 7—11 月份生猪平均价格变量（与前一年相比）；

CHS = 6—11 月生猪屠宰量的变量（与前一年相比）。

用回归分析计算下列公式的系数（采用 1974—1993 年的数据）：

$$CDHP = -1.741 - 0.002895\ CHS$$

公式中的负数代表预期价格变量与相对生猪屠宰量变量的关系。符合前面 1994 年生猪屠宰量预测数量 1267 万头的变量（47，733-46，457），将该数据代入公式中预测 1994 年 7—11 月份生猪平均价格变量为-5.4 美分（与 1993 年相比）。由于 1993 年生猪平均价格为 39.5 美分，意味着 1994 年平均价格是 34.1 美分，或名义价格是 41.0 美分（假设生产者物价指数为 120.5）。在模型中，采用 1976—1993 数据，或 1974—1993 的数据的差额相对较小，所以我们仅获取一个价格预测值。

允许的预测误差

上述模型得出的三个预期价格（模型 1 有两个，模型 2 有一个）都是根据中性假设进行预测的，但在预测中还应考虑下列两个因素：

- 在价格预测方程中输入基本数据（如生猪屠宰量），预测过程中可能存在误差。
- 上述模型只能反映一般情况，无法包含影响价格的所有因素。因此，即使公式中采用的所有数据都正确，但模型的预测值仍与实际的价格有偏差。

鉴于上述原因，应谨慎采用价格预测区间。模型 1 中取正/负 1 个标准误差计算价格区间，表明 1994 年 7—11 月和 1994 年 12 月期货平均价格的预测区间为：根据 1974—1993 年数据得出名义价格为 27.5-38.5 美分，而采用 1976—1994 年数据得出名义价格为 32.5-41.4 美分。使用模型 2 预测的是价格变量，不是价格，其中变化较大，因此在预测中使用一半的标准误差进行预测，这种方法得出 1994 年 12 月份期货平均价格在 7—11 月份区间为 36.7-46.2 美分。

预测价格的高低点

到目前为止，我们的讨论仍局限于平均价格，但预测价格的高低点是非常重要的。表 21.5 列出了 1974—1993 年间平均价格与高低价之间的比率。在此期间，高价与平均价格的比率为 111%，而低价与平均价格的比率为 89%。然而，早期调查的价格波动较大，因此采用了近 10 年的数据，也许能代表目前的价格预测范围。在 1984—1993 年间，高价与平均价格的比率为 109%，而低价与平均价格的比率为 92%。

表 21.5　12 月生猪期货高低价格与 7—11 月间平均价格的百分比

年度	高价	低价	平均价格	高价与平均价格百分比	高价与平均价格百分比
1974	45.5	33.6	40.2	113.2	83.6
1975	65.1	45.1	54.5	119.4	82.8
1976	43.3	29.8	36.0	120.3	82.8
1977	43.1	33.6	37.6	114.6	89.4
1978	55.4	41.3	49.0	113.1	84.3
1979	43.8	32.1	37.3	117.4	86.1
1980	53.5	42.5	48.3	110.8	88.0
1981	55.0	42.5	50.5	108.9	84.2
1982	62.9	52.5	57.7	109.0	91.0
1983	46.5	38.5	42.3	109.9	91.0
1984	54.0	45.9	49.6	108.9	92.5
1985	49.0	36.7	43.3	113.2	84.8
1986	57.6	49.3	53.3	108.1	92.5
1987	49.6	41.6	46.1	107.6	90.2
1988	45.0	39.4	42.0	107.1	93.8
1989	51.1	40.6	44.4	115.1	91.4
1990	55.7	49.5	52.2	106.7	94.8
1991	46.3	40.9	43.5	106.4	94.0
1992	44.9	39.4	42.0	106.9	93.8
1993	51.5	42.5	47.0	109.6	90.4
			1974—1993 年平均	111.3	89.1
			1984—1993 年平均	109.0	91.8

表 21.6　1994 年 7—12 月期间 12 月生猪期货价格（美分/磅）

假定	低价	平均价	高价
1. 模型 1　1974—1993 年数据			
低于预测值(标准误差 1.0)	25.2	27.5	30.0
预测值	30.3	33.0	36.0
高于预测值(标准误差 1.0)	35.3	38.5	42.0
2. 模型 1　1976—1993 年数据			
低于预测值(标准误差 1.0)	30.2	32.5	35.4
预测值	30.2	32.5	35.4
高于预测值(标准误差 1.0)	38.4	41.4	45.1
3. 模型 2　1974—1993 年数据			
低于预测值(标准误差 0.5)	33.6	36.7	40.0
预测值	37.6	41.0	44.7
高于预测值(标准误差 0.5)	42.4	46.2	50.4

前面模型获得三个价格预测时间（模型 1 获得两个，模型 2 获得一个），以及根据过去 10 年高价与平均价和低价与平均价比率预测的高低价格。如果我们将最低价和最高价在表 21.6 中列示出来，1994 年 7—12 月期间 12 月生猪期货价格的波动区间就是 27.5~46.2。一般来说，价格触及区间的上部意味着市场超买，很可能下跌；同样，如果价格位于区间底部，大盘可能超卖，也许会反弹。

价格预测与交易

每个人预测价格区间的方式是不同的。譬如，可以选择价格预测区间上部的 25%为卖出区间；而当价格低于预测区间下部 25%时为买入区间。根据上述的 27.5~46.2 预测区间，认为卖出区间是 41.5~46.2；而买入区间为 27.5~32.2。另一种确定卖出区间为两个较高的预测价格（40.3~44.7）预估的高点区间，而买入区间是两个较低的预测价格（30.3~34.0）预估的低点区间。

如何运用基本模型来预测套期保值与投机间的价差。套保者的主要目的是用期货锁定预期利润，投机者是用基本模型预测市场价格的高低点。譬如，如果价格在预测区间上端的 1/4 部位，生猪养殖场完全可以根据市场预期价格进行套期保值交易。由于价格下跌的风险大于增值范围，生产商可通过套期保值方式以他认为合适的价格锁定利润，如果价格继续盘升，他不必（或至少不应）关注价格。如果参与套期保值，他可能获得丰厚的利润，不必承担任何损失。买入套保者也可用类似的原理，在价格到达预测区间的下端时买入锁定价格。

但对投机者来说，情况就完全不同了。如果投机者在预测区域的上部卖出，其后价格继续向上盘升，他可能出现亏损。因此，投机者需要将基本面分析得出的结论与入场时机（采用技术分析法）和资金管理结合起来运用，通过技术分析确定交易入场的时机。这种技术分析可能涉及强市卖出的策略（即在预测的阻力区附近卖出）。同样，可能使用在弱市买入（即在预测的支撑位附近买入）或强市买入（即在明显的上升趋势时买入）的策略。最后交易可能因下列理由平仓：

- 基本面分析不再作为交易的依据（由于基本条件发生变化或价格的运行方向与预测相同）。
- 技术分析结果不利于部位预测。
- 达到资金管理风险控制点位。

结论

本章主要说明用回归分析法预测生猪价格，并探讨价格预测是否符合基本面分析。事实上，长期以来由于市场结构不断发生变化，上述模型经常需要修正。例如，10 年前出版《期货市场交易导论》时，猪肉进出口部门的规模很小，进出口增长与增加幅度对猪肉交易需求变化影响不大，不具有统计意义，但是，近几年猪肉进出口波动逐渐增大，因此成为生猪价格预测模型中的主要变量。

即使本章探讨的模型适用于商品价格预测，也有必要根据新公布的数据不断更新模型中的变量，包括近几年用统计数据建立的模型。

最后，应指出的是，本章介绍的是“实时”预测方式，如果验证后证明这些预测是准确的，也不能说明不准确的预测方法多于准确的。也就是说，仅能说明预测价格与实际价格的比较多了一个样本而已。因此，本章主要说明基本分析方法和原理的运用，而不是为了介绍模型或预测公式。

第 22 章　预测活牛价格

比尔·格雷①　杰克·施瓦格

尽管只要市场存在，关于基本分析和技术分析的争论就会一直持续下去，肉类和牲畜市场还是存在明显的价格周期现象。

——雅各布·伯恩斯坦

产量完全受消费影响

肉类产业的主要特点是全部产量都必须在相对较短时间内销售出去。因此，当活牛的体重达到约 1200 磅的屠宰重量时，基于成本考虑，最多拖延几天，也要将其屠宰。

活牛被屠宰后，牛肉必须尽快冷冻，由于冷冻设备及运费价格都很高，因此储存数量也相对有限。估计国内冷冻设备仅能储存 9 天的消费量，同时从食品包装厂到消费最少需 5 天时间，因此牛肉价格的下跌空间非常小。

---

① 比尔·格雷是《价格预测》的编辑。该杂志是一份专门从事基础市场研究的时事通讯，由商品信息系统公司（俄克拉荷马市公园大道 210 号 2970 房间）出版，也是全国历史最悠久的商品期刊之一，在农业贸易领域众所周知。比尔·格雷曾在《巴伦周刊》《华尔街日报》《福布斯》《专业农场主》《农场杂志》和其他许多国家级刊物上开辟专栏。

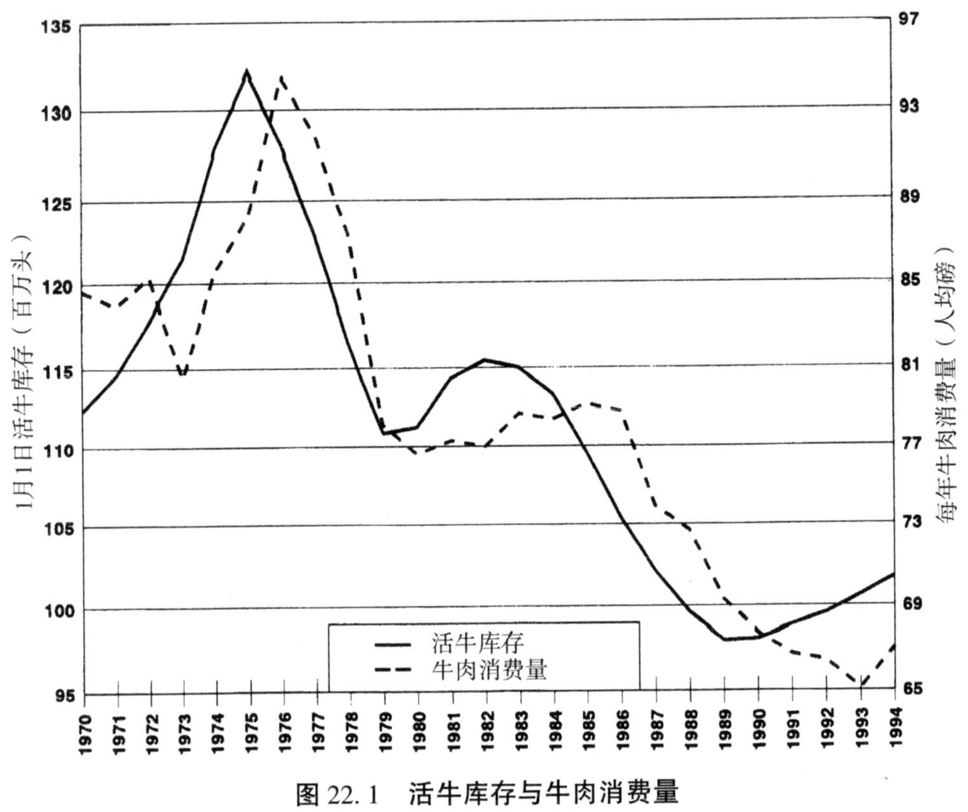

图 22.1　活牛库存与牛肉消费量

由于上述原因，当销售价格较低时，活牛和肉类明显受到活牛饲养业和牛肉产业的制约。因此，活牛的屠宰供应量是主导价格的主要因素。鉴于这个特点，家畜饲养者是价格的承受者，而不是决定者。

图 22.1 显示了 1 月 1 日活牛库存和每年每人牛肉消费量之间的关系。不像玉米或大豆，牛肉是不能长期储存的商品，其消费受供应的影响。需要指出的是，消费趋势一般滞后活牛库存一到两年时间。

长期供应因素

当养殖场决定扩大饲养量或养殖规模时，才有可能对价格产生影响。20 世纪，活牛饲养验证了“繁荣与低谷”周期循环的预言，“繁荣”时期，扩大养殖规模，一般持续大约 6~7 年的时间。图 22.2 是扩大养殖规模时期从“0”开始到最大养殖规模的年度，在此期间，价格明显上涨，刺激养殖场扩大养殖规模。

“低谷”期是养殖规模较低的时期，通常持续 3~4 年，图 22.2 显示从养殖规模波峰到波谷的周期。当活牛养殖场扩大其养殖规模至供过于求时，价格开始下降，低价的负面影响导致养殖规模不断缩小。当处于“低谷”时，市场开始出现供不应求局面，价格逐渐回升。这个转折将给养殖业带来利润，同时也标志着一个周期的结束，另一个循环的重新开始。

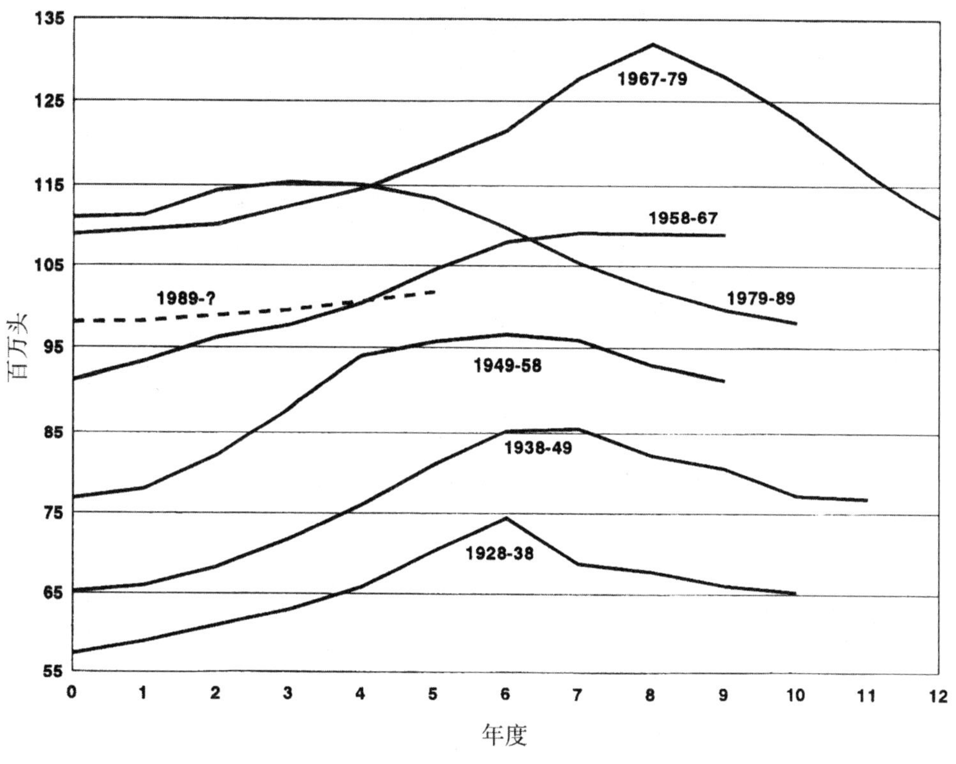

图 22.2　活牛饲养周期（1 月库存）

一般根据活牛屠宰时母牛的比率来确定当年养殖是过剩还是不足，如果养殖规模不变，公牛与母牛的屠宰数量相等。但在扩大牛群规模期间，为了繁殖需要保护母牛，因而母牛屠宰量相对减少；反之，在牛群减少期间，在屠宰过程中增加母牛屠宰数量。图 22.3 说明了每年屠宰量的变化，主要是母牛屠宰量比率的变化。

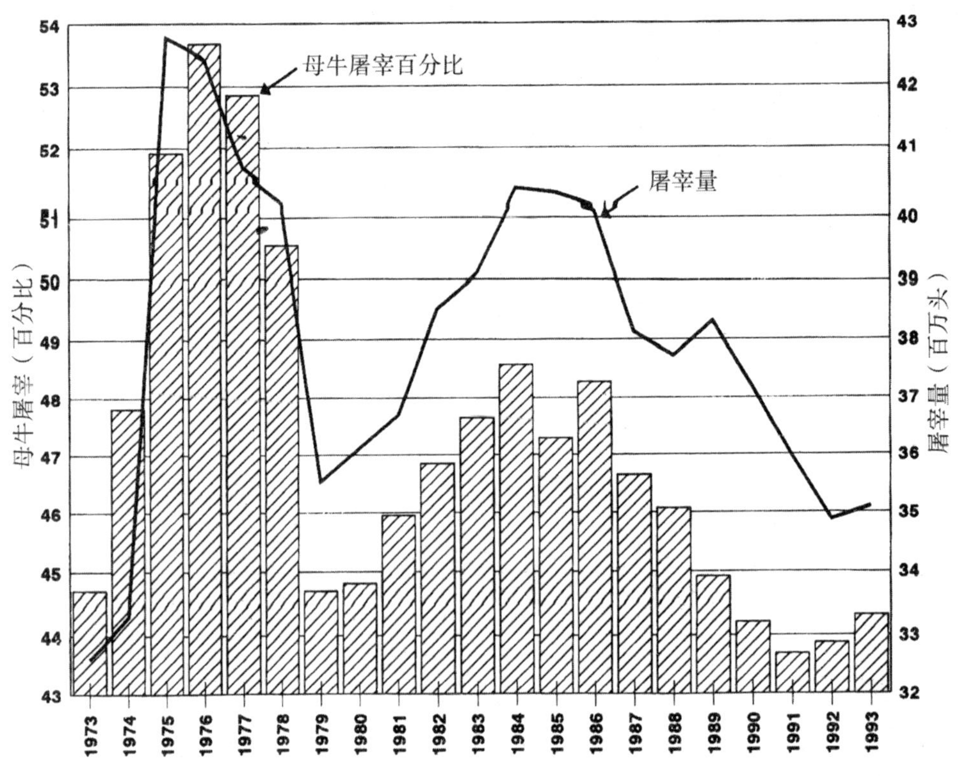

图 22.3　过剩与短缺年度母牛屠宰量（百万头屠宰量中的母牛屠宰百分比）

通常牛群养殖周期转折发生在供应与价格明显变化时，牛群养殖高峰期出现在供大于求时。减少供应的有效方法是宰杀活牛，用该方法解决供应过剩问题比仅靠调节库存量效果更好，这种由于供应增加导致价格回归称为“反向震荡”效应。

相反，周期低谷出现在供不应求时，增加供应的唯一方法是减少活牛屠宰量，并加快活牛繁殖。然而，活牛饲养规模的扩大进一步收紧了供应，加剧了供应短缺的问题。解决供应不足问题不能仅靠调节库存量。短缺的供应引起的价格上涨称为“相关”效应。

图 22.4 是活牛库存与屠宰量的波峰和波谷。应指出的是，屠宰量的高峰期出现在库存高点 1~2 年后。但是，屠宰量的低点却领先库存低点，“相关”效应一般出现在转变期，可能引起价格大幅波动。

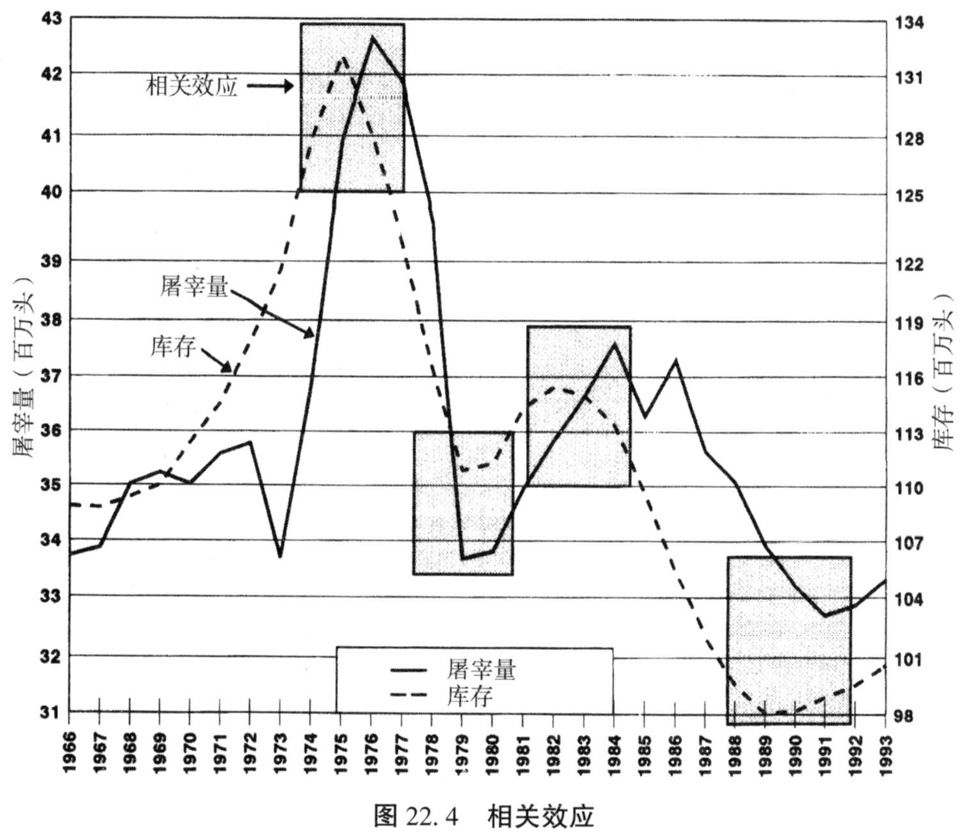

图 22.4　相关效应

养殖场存栏量

牛崽断奶后就被放养，直到重量约 700 磅左右，移交到养殖场喂养 5~6 个月，此期间重量增加 500 磅，基本达到了预期 1200 磅的屠宰重量。通常屠宰前一段时间，公牛和母牛一直在养殖场喂养。表 22.1 提供了活牛饲养年度与屠宰量的比率。

表 22.1　1992 年屠宰数量等情况（单位：1,000 头）

	数量(头)	百分比
养殖场喂养的幼崽(公牛和母牛)	25,067	76.3
放养牛	1,307	4.0
总数量	26,374	80.2
母牛	5,846	17.8
公牛	653	2.0
总数量	32,873	100.0

由于3/4以上的屠宰牛是在养殖场喂养的，饲养牛的存栏量是确定中、短期供应的主要因素。美国农业部每个月公布的报告中都有饲养牛的存栏量，包括活牛进场数量、交易量以及上月牛出场数量。表22.2说明了美国农业部报告包含的数据。

表22.2　七个周养殖场的活牛数量（单位：1000头）

	1993	1994	变化率
7月1日养殖场存栏量	7,903	7,549	-4.5
加上:7月饲养量	1,503	1,528	1.7
减去:7月市场交易量	1,692	1,652	-2.4
其他原因消耗量	81	55	-32.1
8月1日养殖场存栏量	7,633	7,370	-3.4

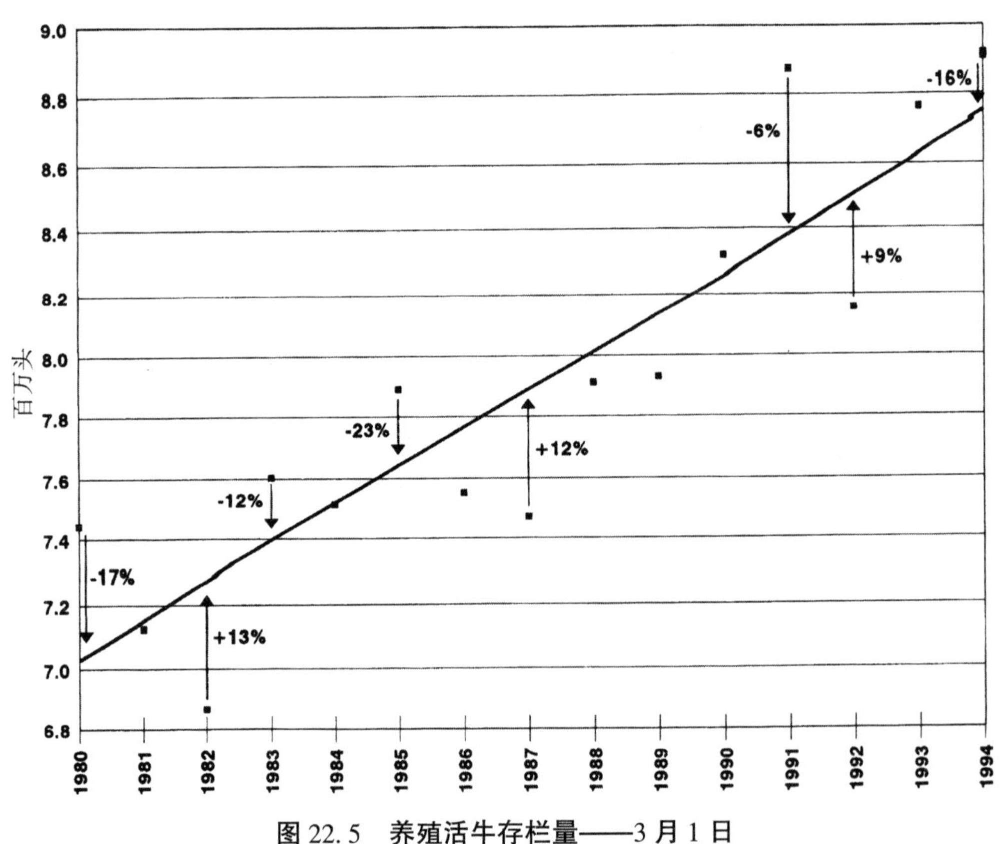

图22.5　养殖活牛存栏量——3月1日

图 22.5 为养殖场活牛存栏的长期趋势，趋势斜率向上，表示人口增长和牛肉需求增加。几年来，当 3 月 1 日的存栏量高于趋势线时，8 月合约的价格跌幅大于平时价格。相反，当 3 月 1 日的存栏量明显低于趋势线时，8 月合约的价格涨幅较正常价格高些。图 22.5 中用箭头表示偏离的年度，在 3—8 月期间，表示较大跌幅（箭头向下）与最大价格涨幅（箭头向上）。在表 22.3 中以黑体字来强调这些年度。应指出的是，3—8 月期间，5 年中有 4 年的存栏量明显高于趋势线，同样经历了最大的价格下跌，超过了相应的价格预期；相反，饲养场明显低于趋势线的年度在这一期间经历了价格大幅上涨，涨幅远大于最大跌幅。

季节性变化

活牛市场在产量、消费和价格上都反映明显的季节性形态。下面分别介绍季节性变化。

表 22.3　3—8 月间 8 月活牛期货合约的最大涨幅与跌幅

年度	3 月开盘	3—8 月最高价	3—8 月最大涨幅[a]	3—8 月最低价	3—8 月最大跌幅[b]
1980	72.10	75.12	4.2	60.00	-16.8
1981	68.25	70.92	3.9	63.45	-7.0
1982	60.60	68.50	13.0	60.45	-0.2
1983	63.35	67.85	6.9	59.95	-5.5
1984	65.40	66.60	1.8	61.80	-5.5
1985	66.05	66.90	1.3	50.72	-23.2
1986[c]	57.80	61.60	6.6	49.85	-13.8
1987	58.97	66.10	12.1	57.24	-2.9
1988	66.35	71.50	7.8	61.82	-6.8
1989	72.85	74.90	2.8	66.02	-9.4
1990[d]	70.50	79.42	12.7	70.50	0.0
1991	74.65	75.80	1.5	65.50	-12.3
1992	68.77	75.22	9.4	68.55	-0.3
1993[e]	71.15	76.85	8.0	71.05	-0.1
1994	73.45	73.50	0.1	61.65	-16.1
平均	6.1		-8.0		

a. 阴影区域对应于图 22.5 中低于趋势年份；
b. 阴影区域对应于图 22.5 中高于趋势年份；

c. USDA 为牛肉低价收购和倾销日报；
d. 归因于向日本大量出口牛肉的首年价格上浮；
e. 寒冬季节延迟了市场销售并减少了等级活牛数量。

产量的季节性变化

- 春季的牧场绿草茵茵，为活牛提供了廉价的饲料，因此，春季是活牛存栏率较低的季节。随着第一场雪的降临，大批的牛迁入养殖场，所以秋季的进栏率最高（见图 22.6）。
- 一般情况下，活牛在养殖场喂养约 6 个月。由于 11—12 月上市交易数量增加，一年中活牛存栏率最低的是该期间。春末或夏初时节也是活牛的交易高峰，存栏率下降（见图 22.7）。
- 结合存栏率与交易量的季节性变化形态，通常活牛存栏率在 9 月 1 日达到低点，该时间结束了季节性交易高峰（8 月）；12 月达到活牛存栏率的季节性高峰，图 22.8 说明了季节性存栏的趋势线。

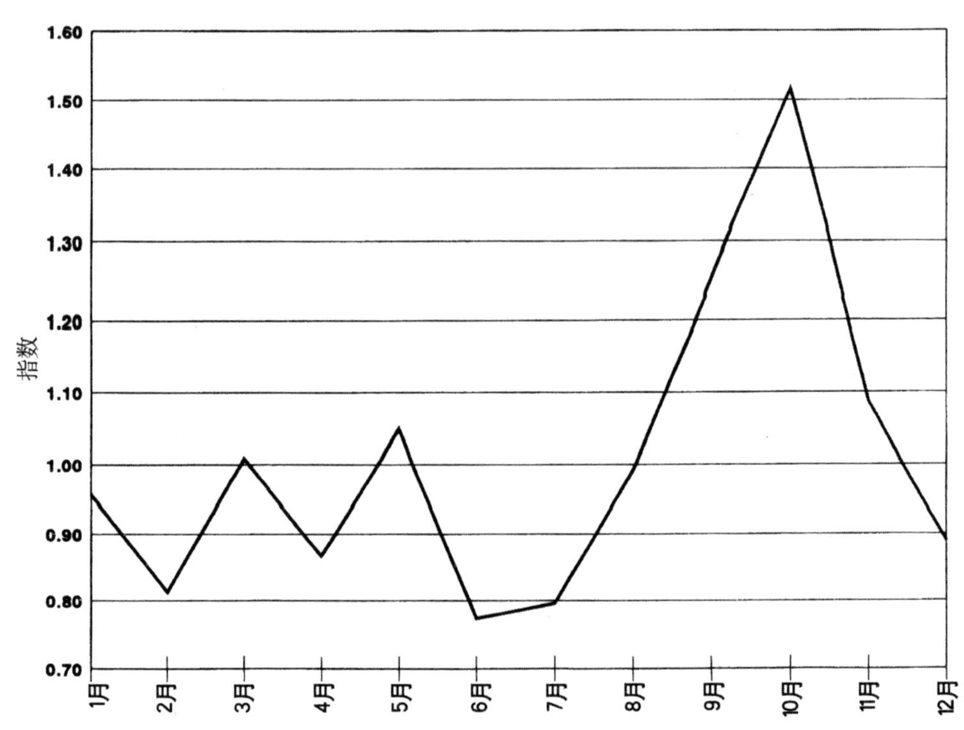

图 22.6 活牛进栏率：10 年期平均的季节性走势

图 22.7　活牛交易量：10 年期平均的季节性走势

图 22.8　活牛存栏量：10 年期平均数（1984—1993）

消费的季节性变化

- 4—6 月是烧烤野餐季节，因此是肉类需求旺季。
- 7—8 月天气炎热，牛肉需求明显下降。
- 每当学校开学时，牛肉消费量趋于上升，到了秋季需求明显增加。
- 11—12 月为传统假期，人们更偏好火鸡和火腿，因此这段时间牛肉需求减少。

价格的季节性变化

图 22.9 为活牛市场价格季节性变化的情况。从该图可以看出，活牛价格在 3 月下旬至 4 月上旬达到高峰。这种强劲的价格走势是由于市场交易量减少，以及屠宰需求增加导致的。此外，春季烧烤季节的需求也是一个因素。活牛价格的低点出现在 7 月底或 8 月初，表明春末到夏初的供应比较充裕，天气炎热也对肉类需求有影响。

一个典型的例子是，计算 3 月 1 日养殖场活牛喂养 90 多天的数量，可以预期 7 月下旬到 8 月上旬牛市价格趋势。表 22.4 标明如何估算 90 多天牛的数量。

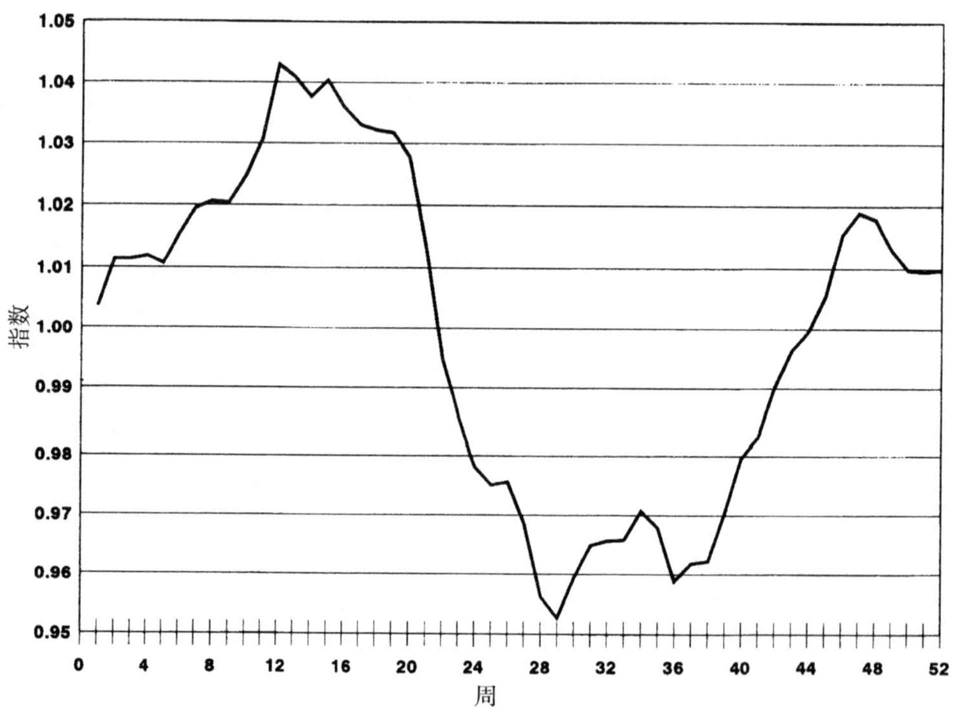

图 22.9　德克萨斯州 10 年期平均的价格季节性走势

表 22.4　美国七个州的活牛喂养数量（单位 1,000 头）

12 月饲养 11,993 头	9,307
减去：	
上年 12 月—当年 2 月期间销售量	4,562
上年 12 月—当年 2 月期间其他消费量	223
饲养 90 多天的活牛剩余量	4,522

图 22.10 为养殖场 90 多天活牛的存栏情况。多年的经验表明，当 3 月的存栏量在趋势线上方时，8 月期货合约价格从 3 月 1 日开盘价下降到春夏季的低点（由箭头数表示），下跌的百分率高于均值。从表 22.3 中可以看出，在 1980—1994 年期间，3—8 月价格下降最多的 5 次中，这些年度占 4 次。1986 年除外，美国农业部将奶牛场全部买下，大量抛售牛肉，从 3 月 1 日开盘到 8 月的最低价，价格下跌了 14%。从 22.10 中看出，仅 1993 年 3—8 月份价格跌幅最小，该年 90 天以上的饲养牛存栏量在趋势线上方。该年冬季特别寒冷，影响了销量，也减少了牛肉的供应量。

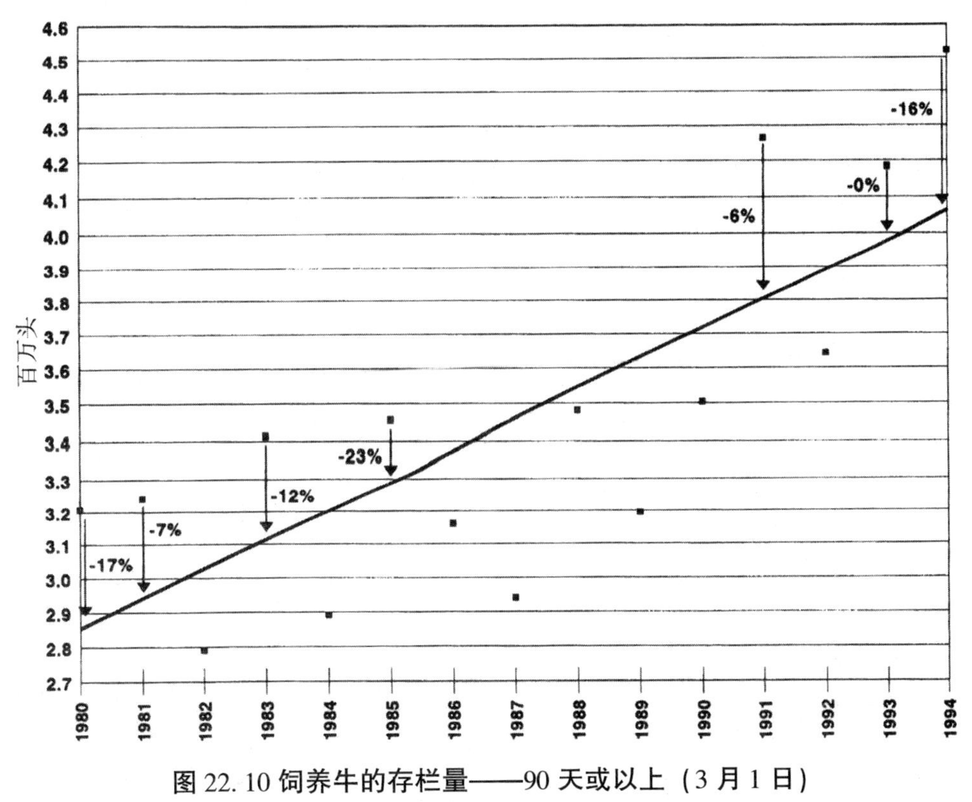

图 22.10 饲养牛的存栏量——90 天或以上（3 月 1 日）

图 22. 11 为牛肉批发市场的价格季节性走势。由于零售商为春季烧烤季节储存了大量牛肉，价格在 3 月份达到高峰，五一假期通常是一年中需求最旺盛的时期。季节性价格低谷出现在 7 月下旬，由于天气炎热需求量减少。随后，进入秋季和学校开学后，牛肉消费量恢复正常，牛肉价格开始回升。感恩节和圣诞节期间，传统习惯食用火鸡和火腿，牛肉需求有所下降。

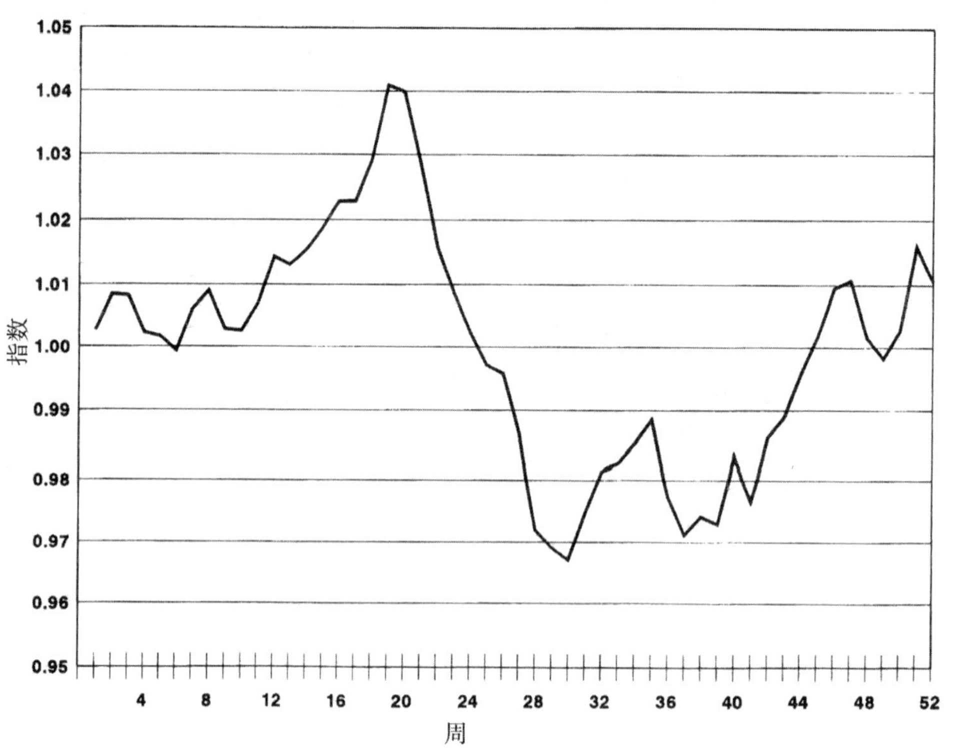

图 22. 11　盒装牛肉价格（550~700 磅）：10 年期平均的季节性形态

活牛养殖业结构变化

过去 20 年间，活牛养殖业与牛肉加工业经历了很大的变化。

- 近几年，小牛的屠宰量降至历史低点，因为将小牛喂养到出栏时屠宰利润会更大（见图2.12）。小牛屠宰后约产220磅牛肉，而喂养到成牛屠宰约产720磅牛肉。

- 与20世纪80年代相比，养殖场的母牛产肉量增加了近20%（见图22.13）。
- 由于遗传科学的快速发展，每头牛的产肉量比1970年增加了17%（见图22.14）。
- 自从20世纪70年代中期以来，牛肉消费量开始下降，（见图22.15）。家禽养殖场发现了“增值”产品，如“炸鸡块”，开始跟牛肉和猪肉分割市场份额。除非消费者对肉类的偏好发生重大变化，牛肉的销售量仍会减少。
- 近几年，牛肉出口量明显增加（见图22.16）。因亚洲和墨西哥的消费者收入逐步增加，牛肉消费也随之增加。美国牛肉的出口量与发展中国家经济增长率的关系越来越密切。

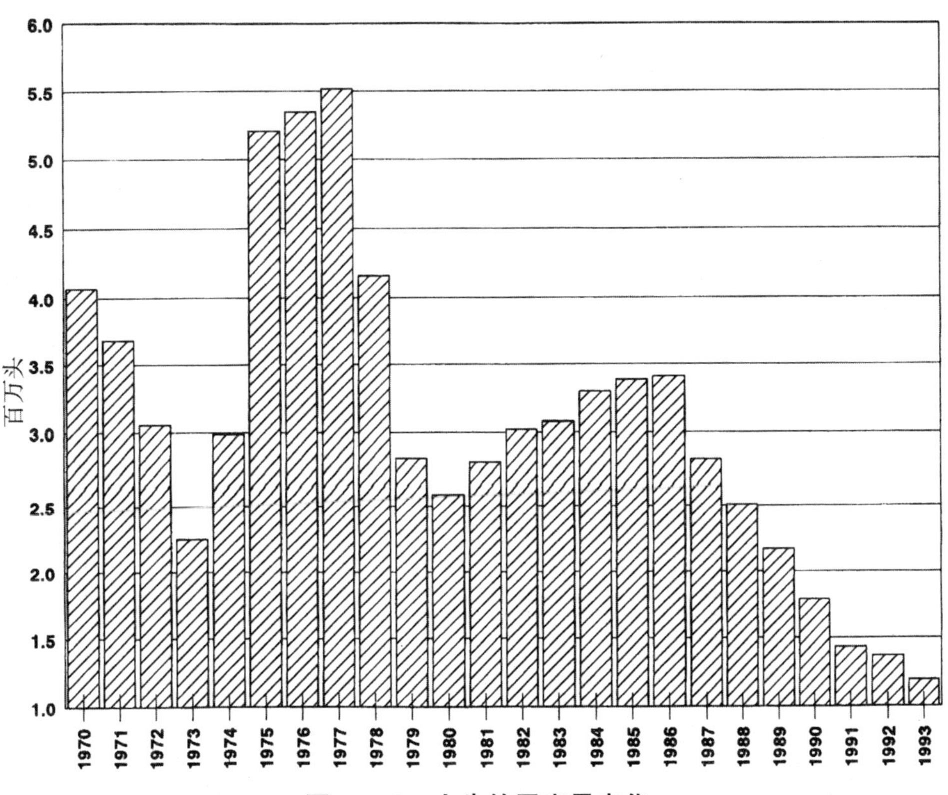

图22.12　小牛的屠宰量变化

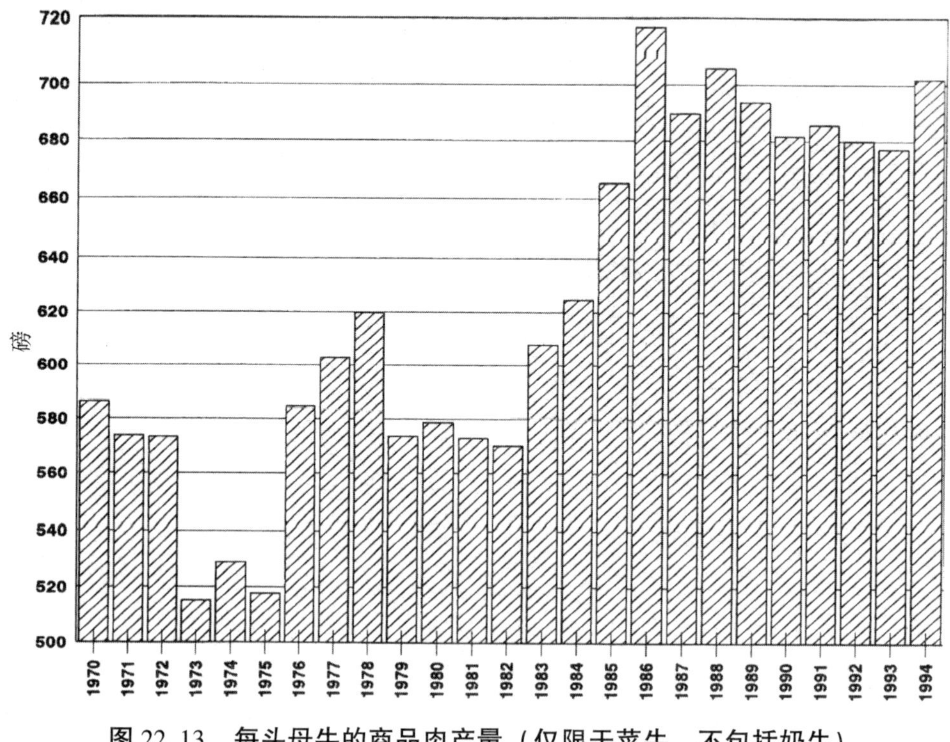

图 22.13　每头母牛的商品肉产量（仅限于菜牛，不包括奶牛）

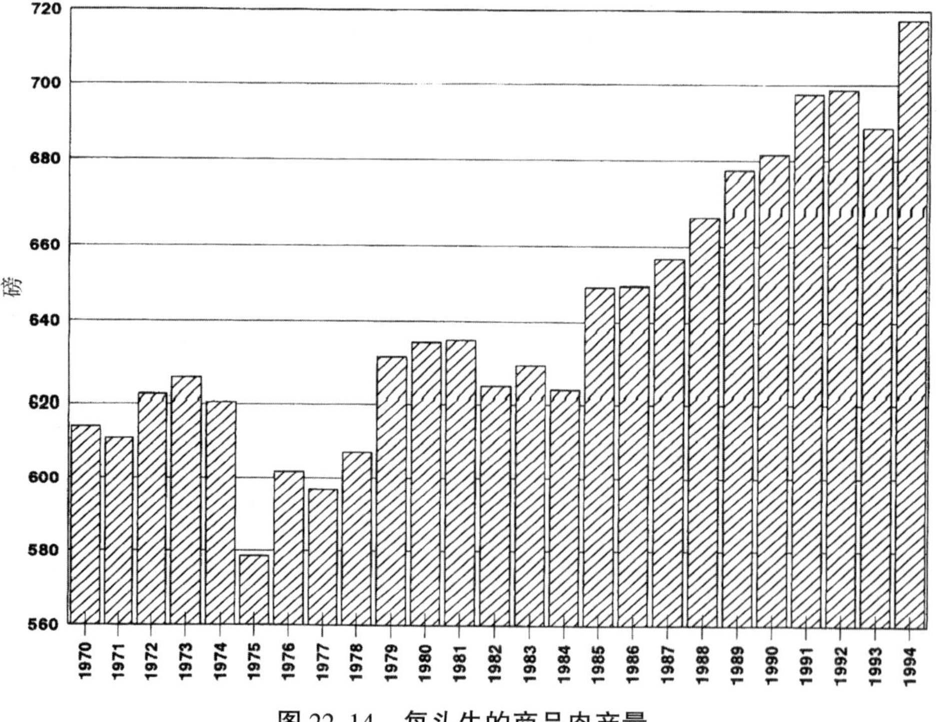

图 22.14　每头牛的商品肉产量

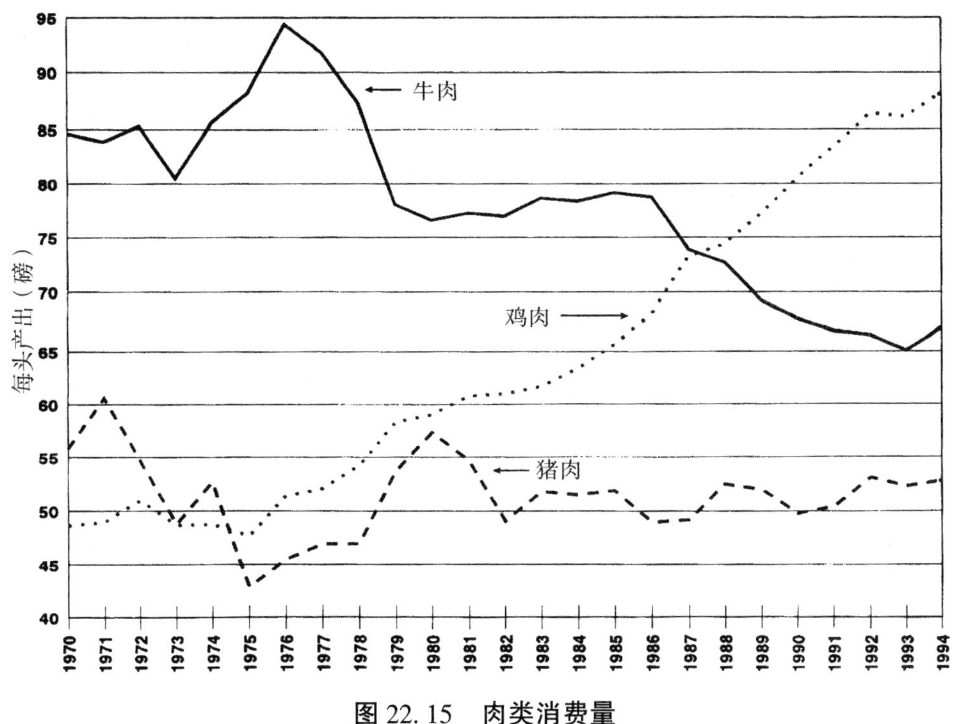

图 22.15　肉类消费量

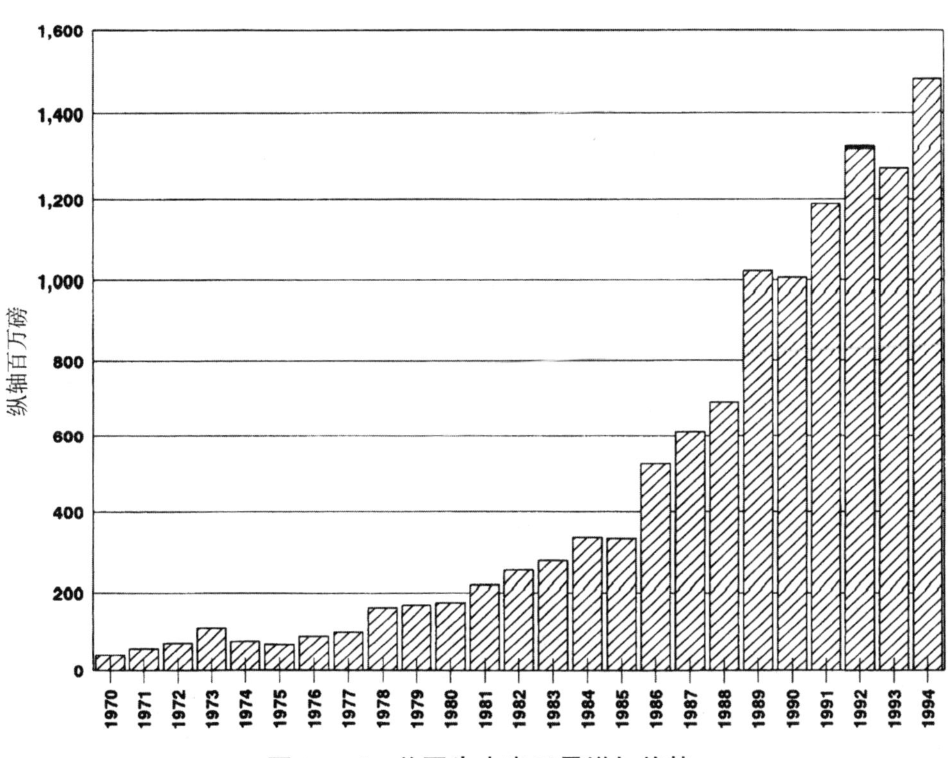

图 22.16　美国牛肉出口量增加趋势

结论

活牛市场分析，不仅要评估目前市场处于循环周期的哪一阶段，还要考虑活牛存栏量和季节性变化形态。最后，分析过去 20 年中市场发生的结构性变化，得出活牛市场的分析是动态的而非静态的过程。基本面分析师应根据活牛市场结构变化的实际情况不断改变分析方式，以适应该行业的分析需求。

第23章　预测谷物价格

如果你真能看到时间的种子，

并且知道哪颗种子会发芽，哪颗不会，

那就说吧！

——威廉·莎士比亚，《麦克白》

库存/消费比：主要的基本面指标

与生猪这种非储存的商品相比，谷物是可以从一季储存到下一季的。这个基本特性使得谷物市场的季节性期末库存成为主要的统计量。季末库存水平低意味着供给紧张，价格就会上升。相反，季末库存水平高意味着供给有盈余，价格就会下降。

需要强调的是，库存水平应该参照相关的使用数量计算。这点很重要，因为谷物使用量近些年大幅度攀升。譬如，相比于1971—1972年的1.75亿吨与1961—1962年的1.39亿吨，美国1981—1982年的饲料粮消耗量达到2.12亿吨。因此，与20世纪60年代的消耗水平充分相关的季末库存水平，反映了以20世纪80年代的使用水平为基础的供给紧张的情况。因此，参照消费量获得的期末库存为实际供需平衡提供了有意义的经济指标。

期末库存/消费比由给定季节期末库存水平除以当季消费水平推导而来。但是，使用平均消费水平（譬如5年）会使库存量（而不是当季消费水平）标准化更为可取，因为这是市场规模更具代表性的测量值（当季消费水平更易于被当季因素所影响；譬如，价格水平高会造成消费水平低）。

基本的价格预测模型将通胀调整后的价格表示为季末库存/平均消费比率的函数。此线性回归方程是：

$$DP = a + b(\frac{ES}{D5})$$

其中，DP = 特定时期的去掉通货膨胀后的平均价格；

$ES/D5$ = 季末库存/五年平均消费比率；

a，b = 通过回归分析得到的常数。

但是，这种形式的方程，在季末库存/平均消费比非常高或非常低的时候，不能正确反映它与通胀调整后价格之间的关系。图 23.1a 显示了上述方程暗含关系的本质。可以看出，此模型表明比率非常高时会导致价格为负——这明显是不可能的。另一个问题是，即使在季末库存水平下降至零的情况下，方程也有一个非极端的价格上限。这些不协调之处表明，线性回归方程是在与季末库存/平均消费比呈反比例关系的基础上。正如表 23.1b 所示，此模型更符合真实的市场行为。（如果通胀调整后的价格与季末平均消费/库存比呈线性关系，那么就意味着通胀调整后的价格与季末库存/平均消费比的关系是双曲线型的。）

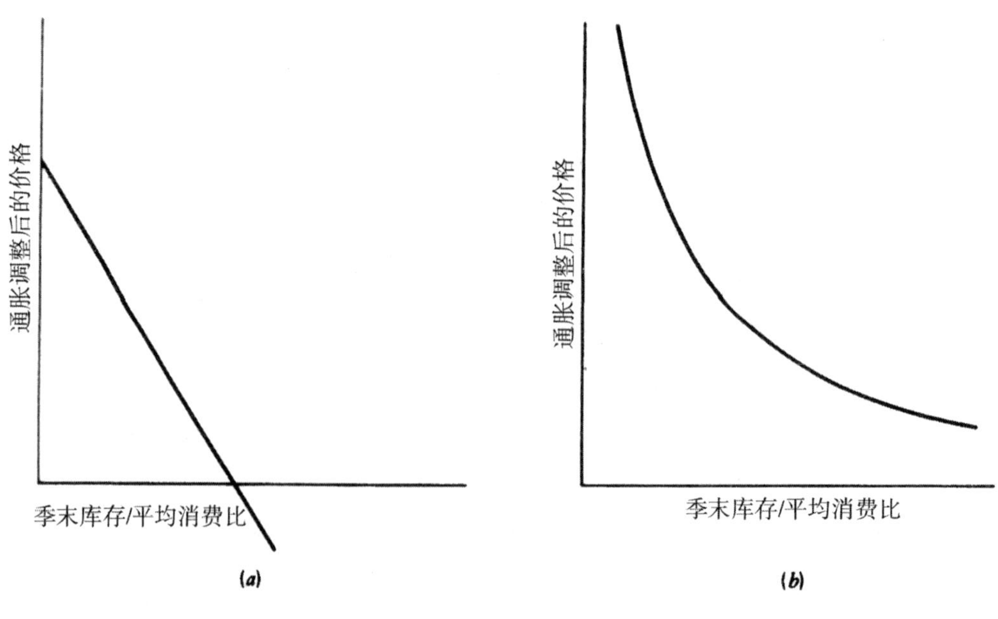

图 23.1　两个模型的比较

如果自变量值的波动范围不大，两个模型（即通胀调整后的价格与季末库存/平均消费比，和通胀调整后的价格与平均消费/季末库存比）会产生近似的结果。原因是：在季末库存/平均消费比的范围受限制时，双曲线不会大幅度偏离于直线。因此，在许多例子中，将季末库存/平均消费比作为自变量会得到令人满意的模型。但是，比率的倒数形式应用得更多。（关于基于季末库存/平均消费比模型的更大局限性的实例，将会在本章小麦市场部分给出。）由季末库存/平均消费比的倒数形式得到的线性回归方程的一般形式是：[①]

$$DP = a + b \left(\frac{D5}{ES}\right)$$

这个简单的方程提供了在谷物市场建造价格预测模型的逻辑起点。一旦对这个基础模型进行测试，研究者就可以尝试增加其他变量。

使用上述回归方程需要季末库存的预测值（要提前确定 5 年的平均消费量）。反过来，期末库存预测值需要供给与消费的预测值：

期末库存=期初库存+产量-国内使用量-出口量

每月发布 1~2 次的美国农业部世界农产品供需预估报告，主要提供季节性产量预测和当年农作物统计数据。预测这些变量的相关基本知识的背景性的探讨，会在本章下一节展示给读者。应该注意的是，由于自变量 D5/ES 的值在预测期（因为季末库存水平不明确）之前并不知晓，该比率的估计值必须在预测期间周期性地重估。

小麦基本知识的背景性概况

小麦品种

小麦不是同质性农作物。小麦有许多品种，可以满足不同的需求：

① 需要注意的是，该方程不能满足回归方程的基本假设。问题在于自变量 D5/ES 不是完全独立的。也就是说，在某种程度上，D5/ES 会取决于价格水平。比如，较高的价格会减少消耗，因此会比在其他情况下，导致较高的季末库存水平（价格水平也会轻微影响比率的分子：五年平均消耗）。严格意义上来说，这种情况意味着需要一个联立方程模型（参照第 4 章题目为“计量经济学模型”的小节）。但是，从实际角度出发，将问题复杂化并不必要，因为线性回归方法会产生相似的价格预测。

- **硬红冬小麦**（HRW）。这种类型的小麦大约占美国小麦总产量的50%，主要产于堪萨斯州、俄克拉荷马州、科罗拉多州和得克萨斯州，小部分也种植于内布拉斯加州和南达科他州。它主要用于烤面包。硬红冬小麦（HRW）是堪萨斯期货交易所的交易品种。
- **软红冬小麦**（SRW）。这种类型的小麦大约占美国小麦总产量的18%，生长于密苏里州、伊利诺伊州、印第安纳州、俄亥俄州、密歇根州和南部州。软红冬小麦（SRW）主要用于生产饼干，蛋白质含量低于硬红冬小麦（HRW）（麦粒越软，蛋白质含量越低）。软红冬小麦（SRW）是芝加哥期货交易所的交易品种，其他品种（硬粒小麦除外）也可交付。但是，正常情况下，在芝加哥期货中，价差和运费会使交付其他品种的小麦无利可图。
- **硬红春小麦**（HRS）。这种类型的小麦大约占美国小麦总产量的16%，主要生长于北达科他州和明尼苏达州。硬红春小麦（HRS）的蛋白质含量高于硬红冬小麦（HRW），是用于烘焙产品的优质小麦品种。硬红春小麦（HRS）是明尼阿波利斯期货交易所的交易品种。
- **白皮小麦**。这种类型的小麦大约占美国小麦总产量的10%，生长于太平洋西北地区和密歇根州。白皮小麦主要是冬季作物，但是一小部分（约占五分之一）是春季作物。白皮小麦是一种软质小麦，与软红冬小麦（SRW）用处相同。
- **硬粒小麦**。这种春季种植的小麦生长于北达科他州和明尼苏达州。硬粒小麦大约占美国小麦总产量的6%。硬粒小麦麦粒非常硬，蛋白质含量高，用于通心粉和意大利面制品的生产。

小麦在冬季还是春季种植并不重要。也就是说，同种小麦可以在不同的季节种植。小麦于冬季种在堪萨斯州、俄克拉荷马州和科罗拉多州的原因是，那里的土地是半干旱性土地，在冬季种植可以使小麦在冬季开始前开始生长。春季一到，土地湿润，小麦恢复生长，因此比在春季种植的小麦产量更高。但是在更靠北的地区，冬季天气更恶劣，所以春季种植的结果会更好。

小麦产量（蒲式耳/英亩）和蛋白质含量存在反相关关系。粗略地说，不管种植哪一种小麦，每英亩地的蛋白质总含量大概是相同的。通常硬粒小麦的价格高些。正常情况下，小麦价格（从高至低）的顺序为：硬粒小麦、硬红春小麦、硬红冬小麦、软红冬小麦和白皮小麦。

尽管不同种类的小麦有着不同的使用目的，但是由于彼此之间可以替代，这就能保证总体的价格结构主要取决于小麦总产量，而不是每个品种的产量。但是，这种替代通常情况下是尽可能避开的。不同品种小麦的价格差距取决于三个基本因素：

- **产量分布**。对于给定的一类小麦，它占总产量的比例越高，其价格相对其他小麦的价格就越低。
- **质量因素**。对于给定的一种小麦，质量问题会引起使用量的变动，降低这类小麦的相对价格。
- **出口分布**。通常发展中国家倾向于购买最便宜的小麦——通常是软红冬小麦或者白皮小麦。这种情况也视产量而定，出口到发展中国家的比例越大，软红冬小麦和白皮小麦相对其他小麦价格越高。另一个例子，苏联往往购买硬红冬小麦，这与前面介绍的情况不同。

产量

冬小麦大概占总产量的 75%。硬红冬小麦和软红冬小麦大约在 8 月末至 10 月中旬之间播种；硬红春小麦种于 5 月。冬小麦在 6 月至 7 月间收获；硬红春小麦在 8 月至 9 月间收获。小麦季被定为上年 6 月 1 日至当年 5 月 31 日，正好在冬小麦收获之前开始。① 图 23.2 提供了一份示意图，阐明了上述相互关系。

通常情况下，12 月冬小麦播种报告预测当季农作物的产量。因为此份报告在种植完全结束后发布，其随后的修改不大。冬小麦播种的估算与 6 月份春季种植面积估算相类似。12 月小麦播种估计值可以和长期趋势产量假设合在一起，提供初步的产量预测。打算用于春小麦的耕地面积和其他春季作物同时汇报。② 冬小麦的作物产量估计值在 4 月至 10 月之间发布，在大多数年度里，这个估计值与最后的产量数字非常接近。春小麦产量估计值在 6 月至 11 月发布。总的来说，初步的产量预测在当季期开始半年前就可以做出，但是合理的作物估计值在正常情况下是在当季开始

① 在 1976—1977 年小麦季之前，作物年度被定为上年 7 月 1 日至当年 6 月 30 日。季节重新定义是因为收获开始的时间有提前的趋势。

② 1971 年之前在 3 月；1971—1975 年间在 1 月和 3 月；1976—1980 年间在 1 月和 4 月；1981 年在 3 月；1982 和 1983 年在 2 月。

时做出（至少对于主要冬季作物是这样）。

消费

美国大约35%的农作物用于国内消费。国内消费包括食物、种子和饲料。食物用途是最大的组成部分，也相对稳定，呈现缓和的增长趋势。种子是次要的部分，可以被很好地估计出来。饲料通常来说是次要的一项，但是如果麦子供给量充足，小麦价格对饲料价格贴水相对较低，饲料的使用可能多些。因此，在预测国内用途时，必须考虑预期价格。总体来说，国内消费相对稳定，能被合理预测。谷物库存报告显示每个地方的库存量，每季公布四次库存报告，它可以用来监测国内消费的趋势。

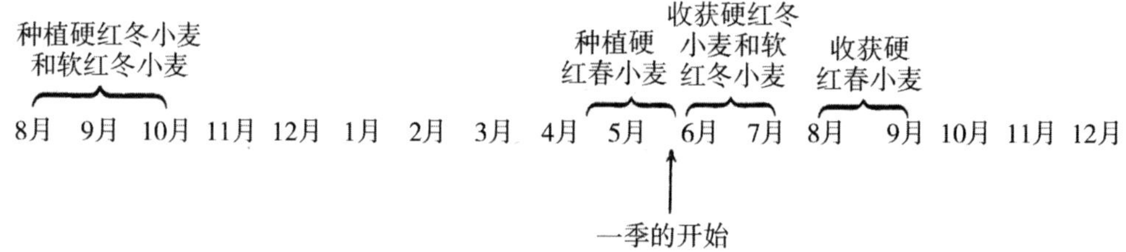

图 23.2 小麦种植与收获时间

占整个消耗大部分的出口是更加不稳定的。因为主要的出口国家（加拿大、澳大利亚和阿根廷）不一定把某一作物年度的库存留存在下一年，我们能够假设可以用来出口的供给都会被运走。因此，美国的出口量等于世界总进口需求量减去出口国家的有效总供给量。世界范围的进口需求量可以根据国家或地区基础估计出。在估计进口需求量时需要考虑的重要因素有主要进口国家的产量、世界经济状态、粮食供应竞争、国际援助项目和国际贸易协定。

因为出口预计值在准确性上比产量或国内使用量预测值差得多，所以监测出口趋势以获得关于整季出口水平的线索是很重要的。按季调整的推断值用于整季出口预测值的持续调整。

每周的出口信息有两个重要来源：

- **调查报告**。每周一发布调查报告，除了不包括一些陆地运输的情况，与真实运输量接近一致。

- FAS **每周出口销售报告**。这份报告包括真实出口数据和新销量数据。这份报告中的出口量不是特别重要，因为它在很大程度上出自以前的检查报告。但是新销量的数字很重要，因为它反映日后的出口趋势。FAS 报告在每周四公布。

总之，调查报告用于监测运输速度，FAS 报告用于追踪新销量。

小麦年度价格预测模型

尽管我们解释了消费/期末库存比比更常使用的期末库存/消费比在理论上更可取，但是如果研究者使用后一种方法，观察它会发生什么可能会具有启发性。这种模型的特定形式应用于小麦市场会是：

$$\frac{PKCW}{PPI} = a + b\left(\frac{WES}{WD5}\right)$$

其中，$\frac{PKCW}{PPI}$ = 堪萨斯#1 硬红冬小麦（普通蛋白质）的平均当季期现货价格除以相应时期的平均生产者价格指数；

$\frac{WES}{WD5}$ = 小麦期末库存除以五年平均消费的比率。

典型的现货价格反映硬红冬小麦的产量最多，大约占总产量的 50%。注意到因为方程是基于现货价格的，而期货价格的准确度是基于现货与期货之间基差的假设。选用生产者价格指数作为通胀调整因素，是因为它比其他测量值（如：GNP 价格平减指数、CPI、农民生活费用价格指数和 CRB 期货指数）拟合数据效果更好。

图 23.3 描述了上述模型在 1971/1972 年至 1981/1982 年的情况。奇怪的是，通胀调整后的价格与库存/消费比之间的相关性并不明显。如果我们观察图 23.3（图 23.3 的标记对应第一年）中各点的季节标记，这种解释就更好理解了。类似的条件下，后几年的价格更低，对 1986/1987 的远月合约而言更应注意这种形态。

很明显，单个变量的方程并不能充分说明价格的特性，模型中应包括某种趋势变量。接下来，我们要证明的消费/期末库存比（而不是期末库存/消费比）是线性价格预测模型中比较合适的形式。

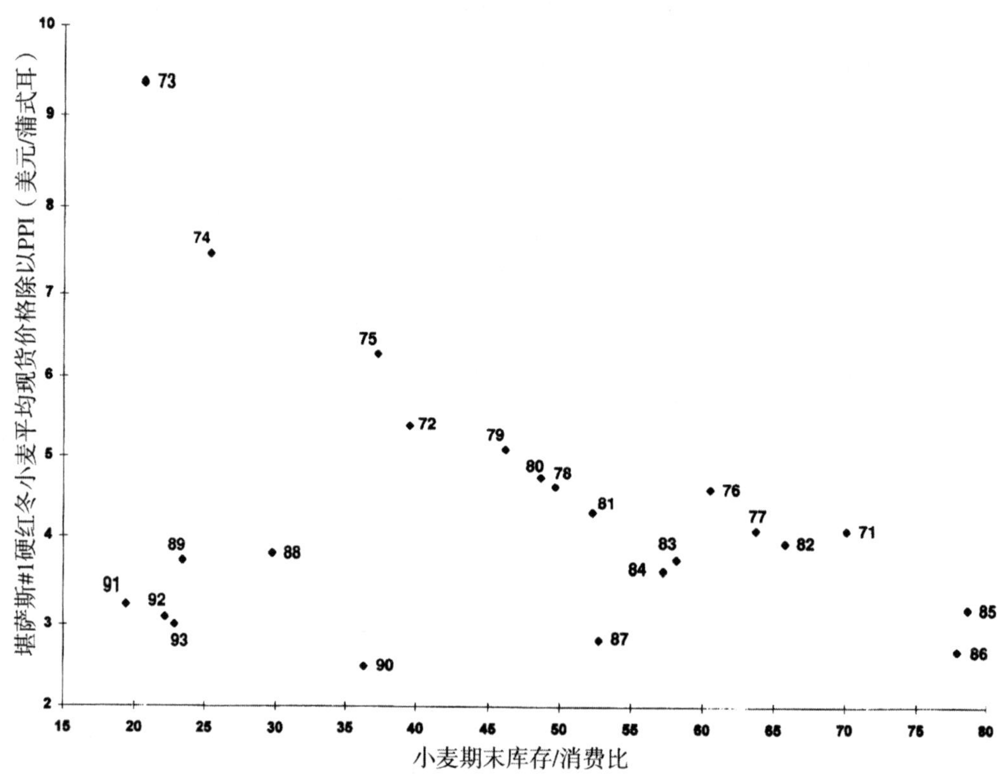

图 23.3　通胀调整后的堪萨斯小麦现货价格 VS.

期末库存/5 年平均消费比（1971/1972—1993/1994）

实际上，为了说明这一点，我们将分析范围确定在 1986/1987 以前——该期间价格特性可以通过期末库存/消费比这一单一的变量说明（见图 23.4）。

正如图 23.4 中所示，通胀调整后的价格与库存/消费比之间的关系是双曲线而不是线性关系。散点图的双曲线形式要求使用期末库存/5 年消费比相反的形式。因此，该模型可表示为：

$$\frac{PKCW}{PPI} = a + b\left(\frac{WD5}{WES}\right)$$

该方程是第一节介绍的价格预测模型的典型例子。正如我们在图 23.5 中所见，平减价格与消费/期末库存比之间的关系与线性模型完全一致。该方程的 R^2 为 0.96，而根据更常用的期末库存/消费比率建立的回归方程的 R^2 仅为 0.84。

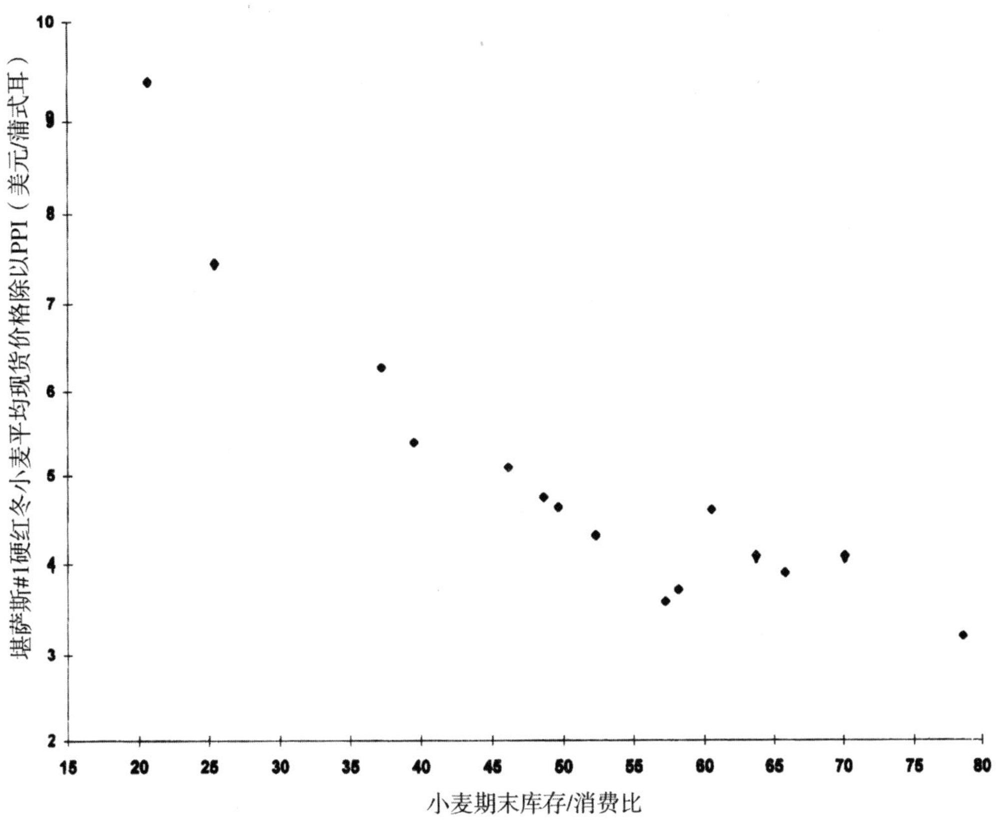

图 23.4　通胀调整后的堪萨斯小麦现货价格 VS.
期末库存/5 年平均消费比（1971/1972—1985/1986）

正如前面讨论的，消费/期末库存比只能说明季节间价格变化，这是因为类似的基本面导致了后几年较低的通胀调整价格。增加时间变量后改善了模型性能。现行价格预测方程如下：

$$\frac{PKCW}{PPI}=a+b_1\left(\frac{WD5}{WES}\right)+b_2T$$

其中，T=时间趋势。

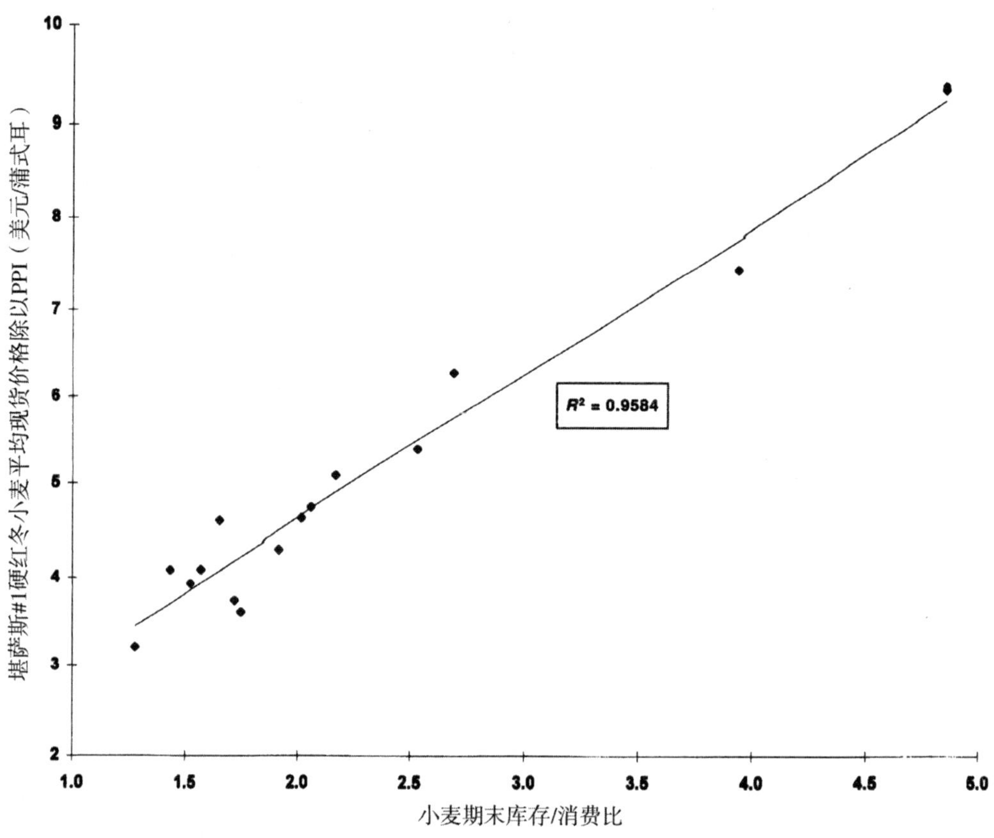

图 23.5　通胀调整后的堪萨斯小麦现货价格 VS.

期末库存/5 年平均消费比（1971/1972—1985/1986）

由于市场结构发生了明显的变化，如果只选用 1979/1980 期间的数据，前面回归模型获得了许多可靠的统计数据（即模型预测价格与实际价格更接近），前几年的小麦市场与近期无法相比。应用回归模型获得的 1979/1980—1993/1994 期间的 R^2（公式）值=0.933。

应注意的是，同一时期单一变量的模型（不包括时间趋势变量）反映出消费/期末库存比与价格间不存在相关性：R^2接近零，T 统计值不重要，实际上有的信号不一定正确。因此，当消费/期末库存比是重要的解释变量时，如果方程中不包含时间变量，其效果不明显。一旦包括了时间变量，消费/期末库存比与时间趋势变量都很重要（T 值分别为 8.6 和-13.8），这时方程反映出这些变量与价格间有很高的相关性。图 23.6 说明了预测价格与实际价格之间的关系。

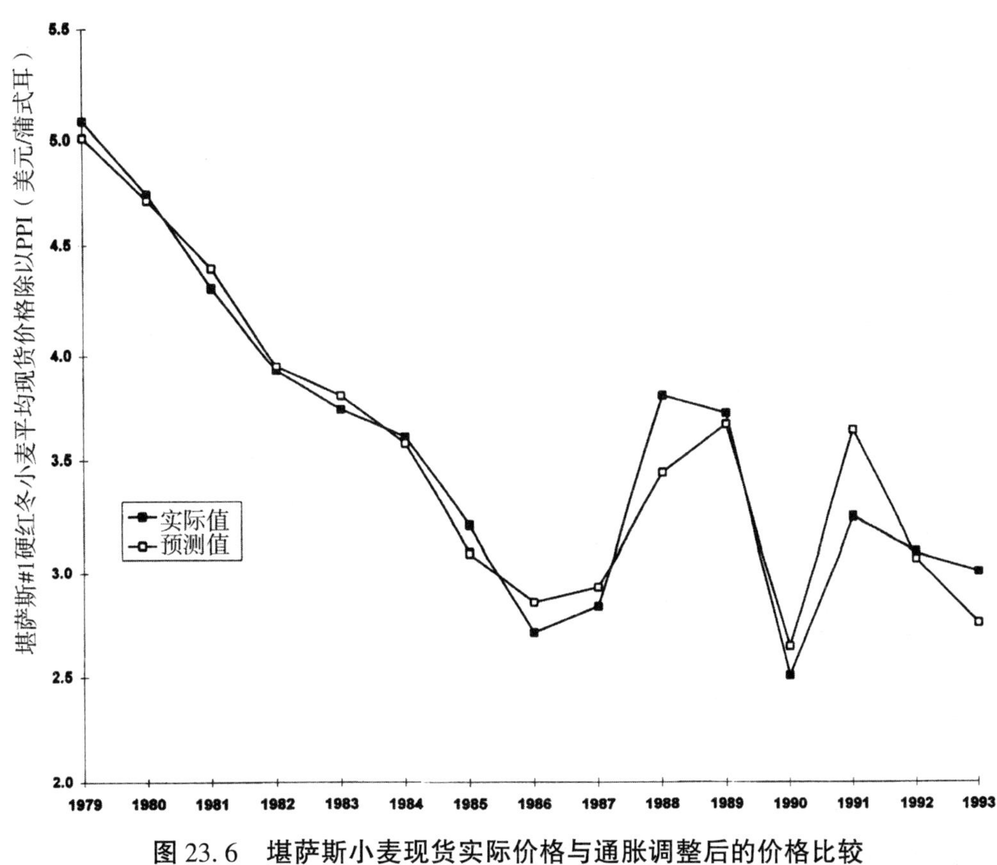

图 23.6　堪萨斯小麦现货实际价格与通胀调整后的价格比较

可用上述回归方程确定特定季节的均价。如果主要价格偏离预期价格线，就认为基本面有利于市场交易。当然，一年的价格预测可能对近期的交易参考价值不大。因此，下一步将建立半年和季度模型。这些短期价格预测模型经常需要加入新的解释变量，从而得出满意的预测方程。随后，我们会提供玉米市场的季度基础模型。

玉米基本知识的背景性概况

产量

美国的饲料粮包括玉米、高粱、燕麦和大麦。玉米是最重要的组成部分，大约占美国饲料粮总产量的 83%。总体来说，基于总饲料粮统计量的玉米价格预测模型，与仅仅基于玉米统计量的玉米价格预测模型之间并无太大区别。

玉米的作物年度是上年 9 月 1 日至当年 8 月 31 日。美国农业部作物预期报告提供第一份新作物耕地面积的预测值。耕地面积的第一个估计值于 6 月公布。月度作物产量估计值在 8—11 月期间发布。因此，初步的产量预测在当季开始半年前就可以做出，但是新作物产量估计值在当季开始时（9 月 1 日）做出比较恰当。

玉米通常在 4—5 月间种植。如果因干旱而推迟种植，意味着产量会减少，也会产生牛市。但是，如果种植延期适中，恰好遇上湿润的条件，那么长期来说可能会产生熊市，因为湿润的底土可以抵销种植日期推迟的副作用。

玉米的授粉时期大概持续 10 天，正常情况下发生在 7 月中下旬，这是玉米作物重要的生长阶段。在授粉期间，玉米需要水分。天气越炎热，需要的水分越多。在授粉期间天气炎热干燥，可能对玉米产量产生极大影响。玉米收获期在 9 月下旬至 11 月中旬。

消费

近几年，大约 80%的玉米作物用于美国国内消费。与小麦相比，美国国内的玉米用途包括饲料、食物、酿酒和种子。其中，饲料的比重最大，大约占总使用量的 75%以上。因此，饲料消费量估计值就可以当作美国国内消费量的估计值。饲料消费量取决于饲养家畜数量和饲养率（每一单位动物所消费谷物量）。美国农业部通过汇编的家畜饲料消费量（Grain-Consuming Animal Units，GCAU）进行估算，将全部家畜变换成相同的奶牛头数。但是，GCAU 统计量往往是个很粗略的指示量，在预测美国国内饲料消费上用处有限。另一个方法是，通过长期趋势预测来获得美国国内饲料使用量估计值。包含趋势的使用量水平可以根据现行的饲料收益率、GCAU 数字中的趋势和近期饲料使用量水平与长期趋势的偏离值做出调整。上年 9 月、当年的 1 月、4 月和 6 月发布的谷物库存报告，涵盖了用于检测美国国内使用量的重要数据。

尽管玉米出口仅占总消耗的约 20%，但是这大概占全球饲料粮交易的 55%～60%。关于决定小麦出口的说明也同样适用于玉米出口。应该密切关注周出口报告，因为它有助于修正当季总出口预测值。

玉米价格季度预测模型

在前一节小麦的介绍中，我们使用年度模型预测价格。本节，我们将介绍用季度预测模型进行价格分析。总之，在交易中用季度模型预测价格变化更适用。以玉米市场为例，价格预测模型的方程如下：

$$\frac{PDCSN}{PPI}=a+b_1\left(\frac{ETD}{EES}\right)+b_2T$$

其中：$PDCSN$=9—11 月份期间的 12 月玉米期货的价格；

PPI=9—11 月期间生产价格指数；

ETD=预估的总消费量（美国农业部 10 月的预估值）；

EES=预估的期末库存（美国农业部 10 月的预估值）；

T=时间趋势。

正如第 7 章中所讨论的内容，修正的季度统计数据经常与初期统计数据有很大出入，价格也与初期统计数据有很大关系。前面的方程表明，根据美国农业部 10 月份预估和时间趋势，12 月期货合约在 9—11 月期间的通胀调整价格是预期总消费/期末库存比的函数。应指出的是，前面方程采用的是消费/期末库存比。本章前面已讨论过选用消费/期末库存比的理论依据。正如图 23.7 所示，刚才讨论的季度模型与相关的历史数据吻合（正确的 R^2=0.93）。

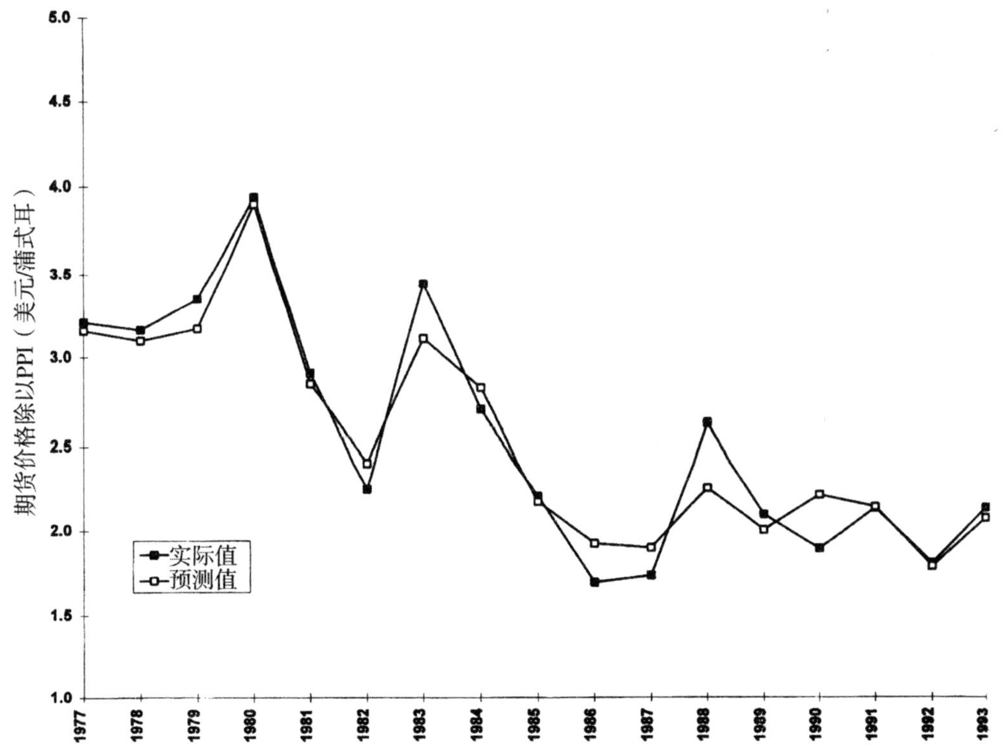

图 23.7　9—11 月期间的 12 月玉米期货通胀调整价格：实际值与预测值的对比

总结

本章是向读者提供可以应用于谷物市场的基础预测模型。为了清晰起见，模型越简单越好。在更完整的基础分析中，其他因素也应该被考虑进来。同时还要注意的是，由于市场结构经常发生变化，任何基本分析模型都会过时。因此，有必要对价格预测模型进行定期评估和完善。

第 24 章　预测大豆价格

安妮·弗瑞可[①]　杰克·施瓦格

凡是过去，皆为序章。

——威廉·莎士比亚，《暴风雨》

季节性类比研究：基本分析法的时效性

经济发展的基本规律是基本分析的基础。当供给过剩时，价格必然下跌，从而刺激消费增加；当供给短缺时，价格就会上涨。分析师常用数据统计模型作为分析工具，根据基本因素的变动预测价格变化。但是，要知道价格的高低需要经过一段时间演变，而市场常在短期内大幅波动，有时价格预测结果对交易参考价值不大。即使对特定的基本面来说价格很低（或很高），市场的心理作用也可能导致价格超出经济调整的正常范围。

传统的基本分析不能及时提供时效信息，使得技术分析成为广大投资者交易参考的方法。一般情况下，基本分析运用经济学预测市场运行方向（趋势），而利用技术分析预测进场的时机和部位。通常，技术分析是基于反映价格方向的基本信息判断未来的价格走势。

季节性类比法为交易提供了适用的分析方法，该方法是从另一个角度，将基本面因素转变成中长期的价格预测。其目的是推断未来几个月主要价格形态或震荡幅

① 安妮·弗瑞可是保诚证券公司的高级油脂油料分析师，拥有 20 年的豆类市场研究经验。

度，绘制出价格运行的“路线图”。其中有两个主要因素：价格与时间，这种分析可用作交易工具和展望市场运行的方法。

该方法的基本前提是：“历史将会重演”——即基本面情况大致相同时，价格运行形态与历史上某个阶段相似。季节性类比法就是在价格预测中加入季节性因素，由此形成的价格走势对其后的价格运行有一定的促进作用。有人将季节性类比法称为价格预测的“基本面的技术分析法”。

季节性类比分析步骤如下：

- 确定基本面因素对行情发展的影响时间（通常为一年）。
- 关注过去基本面条件相类似情况，季节性价格的高点或低点（价格与日期）。
- 分析以往价格和形态类似的季节，观察价格运行的形态是否与多数或所有年度相同。
- 根据价格震荡幅度和主要高低点出现的时间，找出基本面相同的年度，用当季价格形态预测价格走势。

然而，大家都知道，历史上不可能出现价格走势完全相同的两个季节。例如，随着全球的消费和产量持续增长，不同国家的油菜籽基本面和产量都会发生变化。这种观察结果不成问题，因为大豆平衡表中加入了油菜籽市场基本面变化的影响因素。例如，其他国家（尤其是南美国家）油菜籽产量增长的重要性会在美国出口数据和大豆压榨数据中反映出来，后者可以决定部分豆粕和豆油的出口需求。同时，虽然南非大豆产量增长，但它与美国的季节不同，美国大豆消费十多年来变化不大。在过去 40 年中，10—12 月份的平均消费量维持在一定的范围内：1953/1954—1962/1963 为 27.9%；1963/1964—1972/1973 为 27.9%；1973/1974—1982/1983 为 27.7%；1983/1984—1992/19993 为 28.0%。

本章主要采用预期的基本面数据预测价格。美国农业部每月公布美国和全球供应与消费数据，大体上代表多数机构的预测结果，很多分析师都利用这些数据进行分析。但应指出的是，应用季节类比法获得的价格预测是否准确，取决于采用的基本面数据的精确程度，而数据主要来自美国农业部的预测。因此，如果美国农业部的产量或使用量数据存在很大的不确定性，那么价格预测很可能不准确。即使很难精确预测平衡表上的主要成分，但预测这些统计数据的方向变化比较简单。

大豆基本知识的背景性概况

大豆相关产品

大豆、豆油和豆粕的基本面情况相互影响，通常将其称作“大豆相关产品”。大豆产品通常指压榨后的豆粕和提炼出的豆油。美国绝大多数的大豆要么在国内压榨，要么出口到其他国家。有些大豆应用在食品中，一部分大豆用作种子，约占总使用率的 3%~4%。

由于所有大豆使用量都反映在报告中，因此，可用期初供应量减去使用量获得每季的库存。计算结果与报告中季节性库存之间的差额为残差。尽管残差很小，却很重要，因为它可以用来验证美国农业部产量的预估值。在大豆供应紧缺的年度，美国农业部数据的任何误差都是导致市场大幅波动的重要因素。

大豆中豆油和豆粕的比例通常是：豆油约 18%，豆粕为 79%（其余 3%为水分)，根据种植条件不同略有变化。由于大豆压榨中豆粕占的比例较大，因此，大豆供应对豆粕价格影响比豆油要大。通常，60 磅大豆压榨后，有 47~48 磅的豆粕，10.5~11.5 磅的豆油，大豆的含油量与豆荚生长期的温度有关。

如果压榨是为了满足豆粕消费的需求，过剩的豆油可以储存，但豆粕却不能长时间保存。通常豆粕的数量来源于压榨量，有时也视具体情况而定。如果超过了豆油储存量，就需要控制压榨量。有时，压榨也受豆油需求的激励，但多出的豆粕必须尽快消费，有时可能要压低价格出售。

压榨边际利润是衡量压榨过程中单位的利润，即每压榨 1 蒲式耳大豆产生的豆粕和豆油的价值。总的来说，损益两平的压榨边际利润大约为 50 美分/蒲式耳。市场参与者通常关注大豆相关产品中的豆油份额，作为衡量豆粕与豆油相对价格的一种方式，然后判断豆油的供应量。一般情况下，豆油通常占大豆产品利润的 30%~40%，但在豆油牛市中，利润可能超过 50%。

美国大豆产量

美国大豆作物年度是从 9 月 1 日到来年 8 月 31 日（豆粕和豆油年度是 10 月 1 日到来年 9 月 30 日)。美国大豆的种植时间为 5—6 月份，收割期间为 9—11 月份。决定大豆产量的关键时期为 8—9 月初豆荚生长期。绝大多数的大豆都生长在玉米作物带，产量最多的六个州为伊利诺伊州、艾奥瓦州、明尼苏达州、印第安纳州、俄亥俄州和密苏里州，占美国大豆总产量约2/3。表24.1是过去40年大豆的供给与消费分类表，图24.1反映了美国大豆每年供给和消费情况。

美国出口

美国是全球最大的大豆出口国，日本是美国大豆最大的进口国之一，但欧盟是最大的大豆消费地区，出口量受国外油菜籽供应竞争和外国大豆压榨利润的影响。

15年来，全球大豆产量大幅增长，尤其是巴西、阿根廷、中国和印度等国的产量明显增加。从表24.2中可以看出，国内外的大豆产量在此期间增加了一倍多。而美国的产量近年来却变化不大，因而美国大豆出口量明显减少。

表24.1　美国大豆每年的供给与消费（单位：百万蒲式耳）

年度	期初库存	产量	总供给量[a]	压榨量	出口量	饲料种子残差	总消费率	结转库存	库存/消费比
1953/1954	22	269	291	218	40	25	283	8	2.8
1954/1955	8	341	349	241	58	27	326	23	7.1
1955/1956	23	374	397	282	68	26	376	21	5.6
1956/1957	21	449	470	314	84	40	438	32	7.3
1957/1958	32	483	515	351	88	33	472	43	9.1
1958/1959	43	580	623	399	105	31	535	88	16.4
1959/1960	88	533	621	394	140	35	569	52	9.1
1960/1961	52	555	607	406	135	39	580	27	4.7
1961/1962	27	679	706	431	149	48	628	78	12.4
1962/1963	78	669	747	473	180	48	701	46	6.6
1963/1964	46	699	745	437	187	54	678	67	9.9
1964/1965	67	701	768	479	212	47	738	30	4.1
1965/1966	30	846	876	537	251	52	840	36	4.3
1966/1967	36	928	964	559	262	53	874	90	10.3
1967/1968	90	979	1066	576	267	57	900	166	18.4
1968/1969	166	1107	1273	606	287	53	946	327	34.6
1969/1970	327	1131	1458	737	433	58	1228	230	18.7
1970/1971	230	1127	1357	760	434	64	1258	99	7.9
1971/1972	99	1176	1275	721	417	65	1203	72	6.0
1972/1973	72	1271	1343	722	479	82	1283	60	4.7
1973/1974	60	1548	1608	821	539	77	1437	171	11.9
1974/1975	171	1216	1387	701	421	77	1199	188	15.7
1975/1976	188	1549	1736	865	555	71	1491	245	16.4
1976/1977	245	1289	1534	790	564	77	1431	103	7.2

1977/1978	103	1767	1870	927	700	82	1709	161	9.4
1978/1979	161	1869	2030	1018	739	97	1854	176	9.5
1979/1980	176	2261	2437	1123	875	81	2079	358	17.2
1980/1981	358	1798	2156	1020	724	99	1843	313	17.0
1981/1982	313	1989	2302	1030	929	89	2048	254	12.4
1982/1983	254	2190	2444	1108	905	86	2099	345	16.4
1983/1984	345	1636	1981	983	743	79	1805	176	9.8
1984/1985	176	1861	2037	1030	598	93	1721	316	18.4
1985/1986	316	2099	2415	1053	740	86	1879	536	28.5
1986/1987	536	1943	2479	1179	757	107	2043	436	21.3
1987/1988	436	1938	2375	1174	802	97	2073	302	14.6
1988/1989	302	1549	1855	1058	527	88	1673	182	10.9
1989/1990	182	1924	2109	1146	623	101	1870	239	12.8
1990/1991	239	1926	2168	1187	557	95	1839	329	17.9
1991/1992	329	1987	2319	1254	684	103	2041	278	13.6
1992/1993	278	2188	2468	1279	770	127	2176	292	13.4

资料来源：美国农业部

a. 包括进口

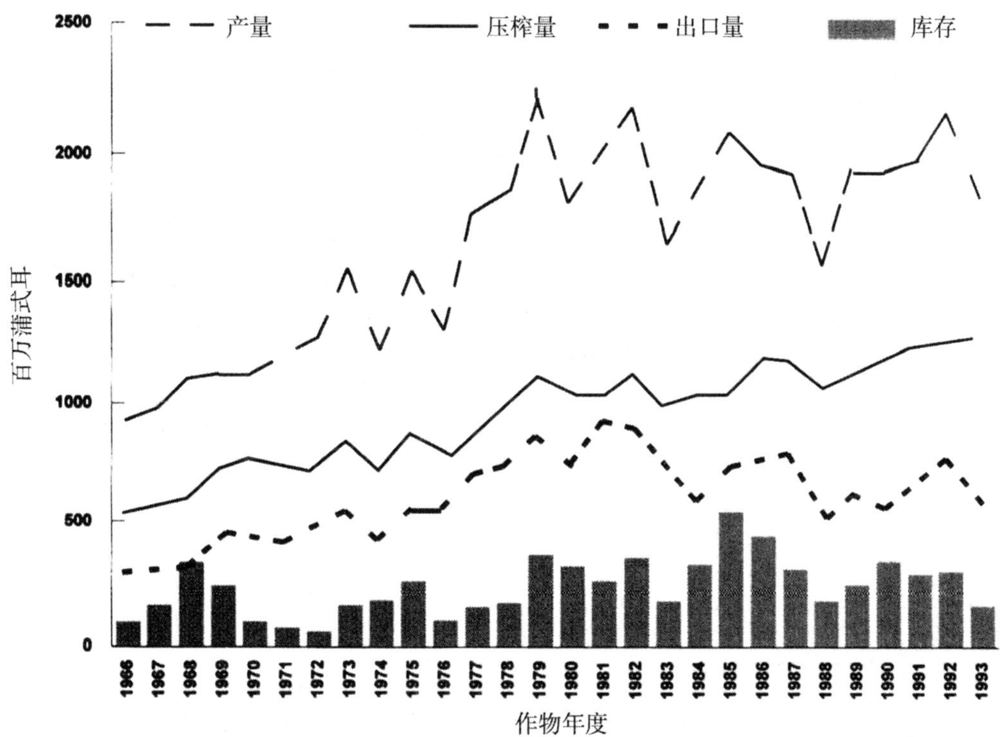

图 24.1　美国大豆产量与库存

南美洲作物生长期与美国相反，南美洲大豆种植期间是美国的秋天，收获期是美国的春天。如果南美洲大豆产量减少，可能会造成全球上半年的供应减少，从而导致大豆价格上涨。该时期也是出口市场竞争的高峰期。如果南美洲大豆产量减少，就不会威胁美国农作物上半年的出口量，由于南北半球存在明显的反季生产形态，如果美国的供应不足造成价格上涨，可适当增加南美洲的种植面积。

由于大豆的相关产品（豆油和豆粕）在全球竞争激烈，大豆市场基本面的分析必须包括油菜籽和非油菜籽压榨的油，其中对棕榈油关注度最高。在所有油菜籽中大豆是含油量最低的一种，但蛋白质含量却最高。

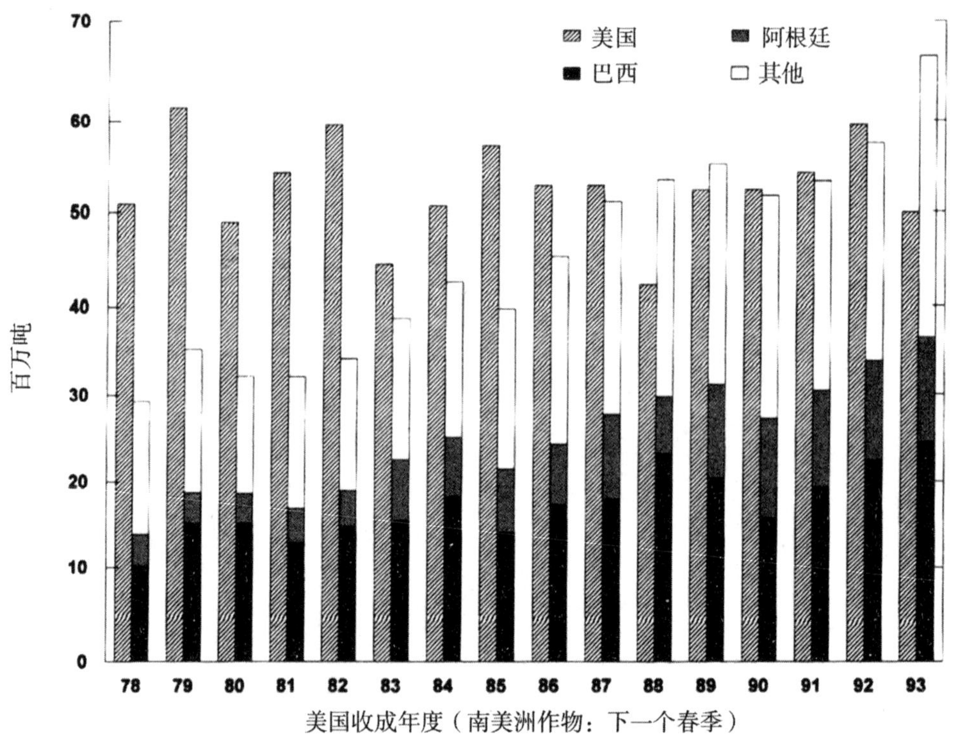

图 24.2　大豆主要生产国

豆粕的使用率

表 24.2 列出过去 40 年豆粕的供应与消费数据。国内豆粕主要是用做饲料，其中家禽与活猪是最大的消费群。豆粕因其蛋白质含量较高，适合作为家禽饲料。通

常豆粕和玉米为互补性饲料，因豆粕价格较低，可降低饲料的成本，这也是豆粕作为饲料的主要原因之一。国内豆粕的消费占其总使用率的 74%~84%，其余部分都出口。长期以来，南美市场竞争激烈，减少了美国豆粕的出口量，使美国的豆粕出口通过政府计划完成（例如 PLA80 和 CSM 信用融通）。

表 24.2　豆粕年度平衡表（单位：100 吨）

年度	期初库存	产量	进口量	总供给量	国内消费量	出口量	总消费量	期末库存
1953/1954	57	5052	0	5109	4981	66	5047	62
1954/1955	62	5706	0	5768	5459	272	5731	37
1955/1956	37	6546	0	6583	6070	402	6472	111
1956/1957	111	7510	0	7621	7123	443	7566	55
1957/1958	55	8284	0	8339	7990	301	8291	48
1958/1959	48	9489	0	9537	8965	513	9478	59
1959/1960	59	9153	0	9212	8479	650	9129	83
1960/1961	83	9454	0	9537	8867	592	9459	78
1961/1962	78	10,343	0	10,421	9262	1065	10,327	94
1962/1963	94	11,129	0	11,223	9587	1477	11,064	159
1963/1964	159	10,608	0	10.767	9165	1480	10,645	122
1964/1965	122	11,286	0	11.408	9242	2060	11.302	106
1965/1966	106	12,901	0	13,007	10,274	2601	12,875	132
1966/1967	132	13,483	0	13,615	10,820	2657	13,477	138
1967/1968	138	13,660	0	13,798	10,753	2900	13,653	145
1968/1969	145	14,581	0	14,726	11,525	3044	14,569	157
1969/1970	157	17,597	0	17,754	13.581	4036	17,617	137
1970/1971	137	18,035	0	18,172	13,467	4559	18,026	146
1971/1972	146	17,024	0	17,170	13,173	3805	16,978	192
1972/1973	192	16,709	0	16,901	12,160	4558	16,718	183
1973/1974	183	19,674	0	19,857	13,792	5558	19,350	507
1974/1975	507	16,702	0	17,209	12,552	4299	16,851	358
1975/1976	358	20,754	0	21,112	15,612	5145	20,757	355
1976/1977	355	18,488	0	18,843	14,056	4559	18,615	228

1977/1978	228	22,371	0	22,599	16.276	6080	22,356	243
1978/1979	243	24,354	0	24,597	17,720	6610	24,330	267
1979/1980	267	27,103	2	27,372	19,214	7932	27,146	226
1980/1981	226	24,312	0	24.538	17,591	6784	24,375	163
1981/1982	163	24,634	0	24,797	17,714	6908	24,622	175
1982/1983	175	26,714	0	26,889	19,306	7109	26,415	474
1983/1984	474	22,756	0	23.230	17.615	5360	22,975	255
1984/1985	255	24,529	0	24,784	19,480	4917	24,397	387
1985/1986	387	24,951	0	25,338	19.090	6036	25.126	212
1986/1987	212	27,758	0	27,970	20,387	7343	27,730	240
1987/1988	240	28,060	0	28,300	21,323	6824	28,147	153
1988/1989	153	24,943	17	25,113	19,498	5442	24,940	173
1989/1990	173	27,719	36	27,928	22.291	5319	27,610	318
1990/1991	318	28,325	45	28,688	22,934	5469	28,403	285
1991/1992	285	29.831	67	30,183	23,008	6945	29,953	230
1992/1993	230	30,364	93	30,687	24,251	6232	30,483	204

资料来源：美国农业部

豆油的使用率

表 24.3 为过去 40 年豆油供应与消费情况。尽管美国国内使用量占豆油总消费量的 84%~94%，但豆油的出口与库存对豆油的价格影响较大，其原因可能在于，国内使用率是预测的数据，计算的时间存在偏差，而出口量和库存是直接公布的数据。除了时间趋势外，国内消费量相对稳定，而出口量则是重要变数。

由于美国豆油价格在全球市场竞争力不大，大量的豆油出口均按政府计划完成，或通过提供长期低利率贷款（如 PL480），或是政府补贴。

期末库存

期末库存是影响大豆和豆油价格的基本面的关键因素，而豆粕是非储存品，豆粕期末库存数据参考价值不大。由于豆粕不能长期储存，所以不论价格高低都要销售出去，这样豆粕的消费几乎与需求关系不大，完全取决于供给情况。

核心因素

进行季节性类比分析，最好选择作物一年中价格运行相似的年度。某些情况下，我们所选择的年度仅是一部分，而不是全部价格类似年度，这可能降低研究结果的准确性。可通过单纯地限制基本面因素简化分析程序，不包含太多的指标减少参照的年度，这就要求对基本面因素进行优选排列。下面将以大豆价格为基准，探讨最有影响的因素。

表 24.3　美国豆油年度平衡表（单位：百万磅）

年度（10 月起）	期初库存	产量	进口量	总供给量	国内消费量	出口量	总消费量	期末库存	库存/消费比
1953/1954	174	2349	0	2523	2324	72	2396	127	5.3
1954/1955	127	2712	0	2839	2610	50	2660	179	6.7
1955/1956	179	3142	0	3321	2536	558	3094	227	7.3
1956/1957	227	3432	0	3659	2567	806	3373	286	8.5
1957/1958	286	3800	0	4086	3001	804	3805	281	7.4
1958/1959	281	4253	0	4534	3308	928	4236	298	7.0
1959/1960	298	4337	0	4635	3367	960	4327	308	7.1
1960/1961	308	4419	0	4727	3327	723	4050	677	16.7
1961/1962	677	4790	0	5467	3543	1,306	4849	618	12.7
1962/1963	618	5090	0	5708	3619	1,169	4788	920	19.2
1963/1964	920	4823	0	5743	4061	1,104	5165	578	11.2
1964/1965	578	5147	0	5725	4071	1,357	5428	297	5.5
1965/1966	297	5800	0	6097	4712	923	5635	462	8.2
1966/1967	462	6076	0	6538	4865	1,077	5942	596	10.0
1967/1968	596	6032	0	6628	5125	962	6088	540	8.9
1968/1969	540	6531	0	7071	5786	870	6656	415	6.2
1969/1970	415	7904	0	8319	6357	1419	7776	543	7.0
1970/1971	543	8265	0	8808	6292	1743	8035	773	9.6
1971/1972	773	7892	0	8665	6482	1398	7880	785	10.0
1972/1973	785	7501	0	8286	6704	1066	7770	516	6.6

1973/1974	516	8995	0	9511	7468	1249	8717	794	9.1
1974/1975	794	7375	0	8169	6582	1028	7608	561	7.4
1975/1976	561	9630	0	10,191	7964	976	8940	1,251	14.0
1976/1977	1251	8578	0	9829	7511	1547	9058	771	8.5
1977/1978	771	10,288	0	11,059	8273	2057	10,330	729	7.1
1978/1979	729	11,323	0	12,052	8942	2334	11,276	776	6.9
1979/1980	776	12,105	0	12,881	8981	2690	11,671	1210	10.4
1980/1981	1210	11,270	0	12,480	9113	1631	10,744	1736	16.2
1981/1982	1736	10,979	0	12,715	8536	2077	11,612	1103	9.5
1982/1983	1103	12,040	0	13,143	9857	2025	11,882	1261	10.6
1983/1984	1261	10,872	0	12,133	9588	1824	11,412	721	6.3
1984/1985	721	11,468	20	12,209	9917	1660	11,577	632	5.5
1985/1986	632	11,617	8	12,257	10,053	1257	11,310	947	8.4
1986/1987	947	12,783	15	13,745	10,833	1187	12,020	1725	14.4
1987/1988	1725	12,974	196	14,895	10,930	1873	12,803	2092	16.3
1988/1989	2092	11,737	138	13,967	10,591	1661	12,252	1715	14.0
1989/1990	1715	13,004	22	14,741	12,083	1353	13,436	1305	9.7
1990/1991	1305	13,408	17	14,730	12,164	780	12,944	1786	13.8
1991/1992	1786	14,345	1	16,132	12,245	1648	13,893	2239	16.1
1992/1993	2239	13,778	10	16,027	13,053	1419	14,472	1555	10.7

资料来源：美国农业部

结转库存

结转库存是平衡表中的主要成分，该数据从总供应量中扣除总使用率得出。结转库存数量可反映总供应与消费的均衡情况，显示价格变化是否能促进消费。大豆是可以长期储存的商品，这意味着在新豆上市前，结转库存量至少足够一年的消费需求。通常保证最小库存为一个月的使用量，一般认为结转库存低于使用率 10% 为紧缺。价格变化的方向与库存/消费比变化方向呈逆相关关系（见图 24.3）。图 24.4 反映春高秋低价格比率与库存/消费比之间的关系。

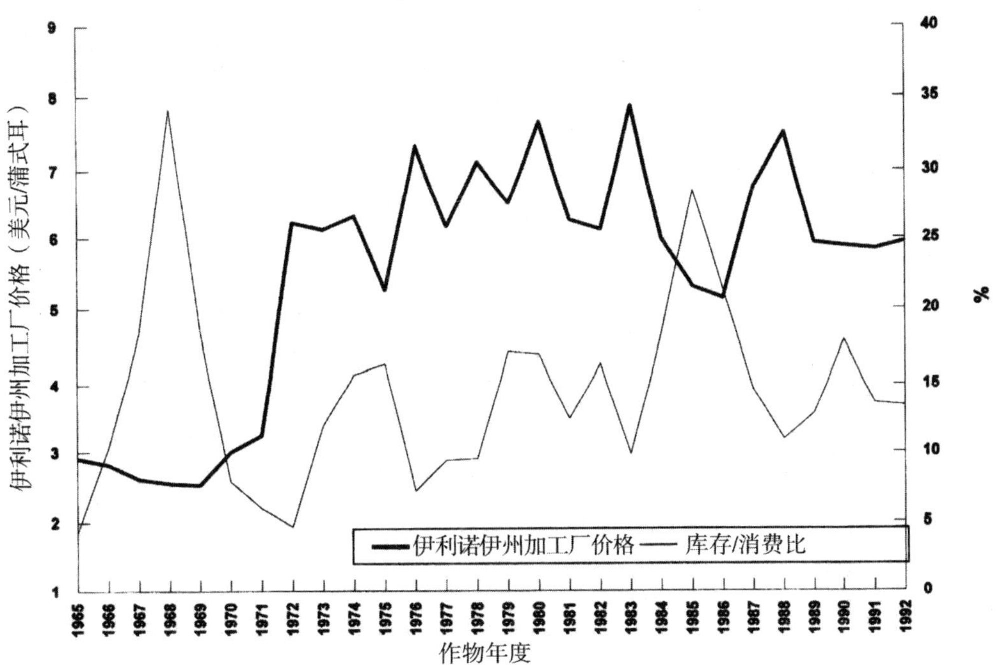

图 24. 3　大豆库存/消费比与价格之间的关系

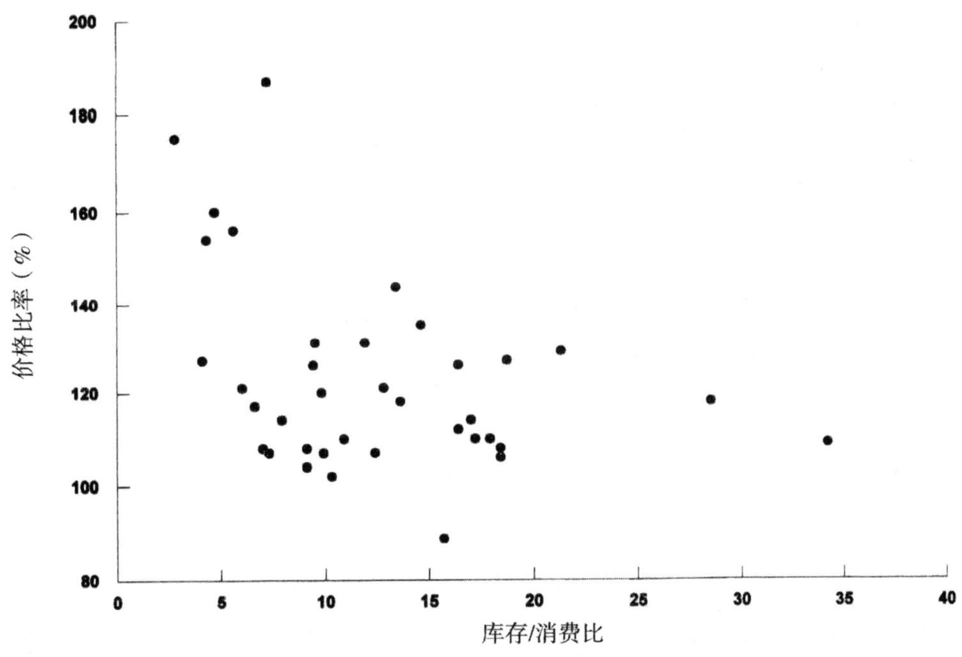

图 24. 4　春季高点/秋季低点价格比率（近月）与库存/消费比之间的关系：1953/1954—1992/1993（不含 1972/1973）

作物产区结转库存的增减也是影响价格的主要因素。老作物的基本面对市场投资者的心理和价格会有影响，有 4 种情况：

1. 年产量大于使用量，当年产量也大于使用量（结转库存连续增加）。

2. 上年产量小于使用量，当年产量也大于使用量（结转库存由下降转增加）。

3. 上年产量大于使用量，当年产量小于使用量（结转库存由上升转下降）。

4. 上年产量小于使用量，当年产量小于使用量（结转库存连续下降）。

根据上述分类，可以将过去的作物年度（两年而不是一年）按结转周期分成 4 类，分别代表 4 个阶段。从理论上看，第一类对价格运行最不利，有利的是第四类；而第二和第三类的价格波动比较大，但从市场的角度看是相反的。例如，假设结转库存有一定的增加，如果是由下降转为上升，价格将超过结转库存连续上升。因此，有三点要注意：

1. 利用结转库存与使用量比率预测供应量。

2. 上年作物结转库存的变化方向。

3. 结转库存在循环升降阶段的变化情况。

产量

产量预期对春、夏和秋季价格都会产生重要的影响。但 11 月大豆作物报告公布后，对市场不再有影响，市场关注点转向其他因素，比如，平衡表的使用率。春季市场比较关注新作物的供应，大约是在美国农业部公布春季种植报告期间，通过估算老作物的消费量预期新作物的产量。目前消耗量将影响市场对新豆产量的平均水平。应强调的是，当老作物供应充足，对新作物使用量没影响时，才能将老作物使用率作为年内有效的比较基数。

总供应量

总供应量增加属正常情况，总供给减少则可能使消费受到潜在的制约，对价格的发展有利。总供应量通常是上年相关的数据与上年总消费量的比较。

使用量

使用量是通过结转库存间接与总供应量进行比较，直接与上年的使用量比较。如果供应增加，而使用量减少，说明基本面情况不好，使用量下降反映消费减少。当使用量超过上一年水平时，说明美国农业部可能低估了实际的消费量。在 1974 到

1992/1993年期间，共有12个年度使用量增加，但美国农业部在8月份的供应与消费报告中，低估了新作物的实际使用量。

压榨量取决于产品消费和压榨边际利润，长期有上升的趋势。出口量由国外油菜籽供应量、产品需求和压榨利润决定，对价格影响也很大。虽然种子和残差数据也属使用范畴，但在类比研究中不包含该因素，因占总使用量比例很小。

作物年度初期的使用率很重要，有两个原因：

1. 作物当年使用率与期初的使用率有较高的相关性。图24.5说明10—12月份压榨、出口和年度总使用量间的密切关系。在类比研究中，加入使用量因素，要考虑压榨量和出口量的变化数据。由于国内使用量很大，有不断上升趋势，而出口量每年变化很大，在使用量中是不确定的因素。

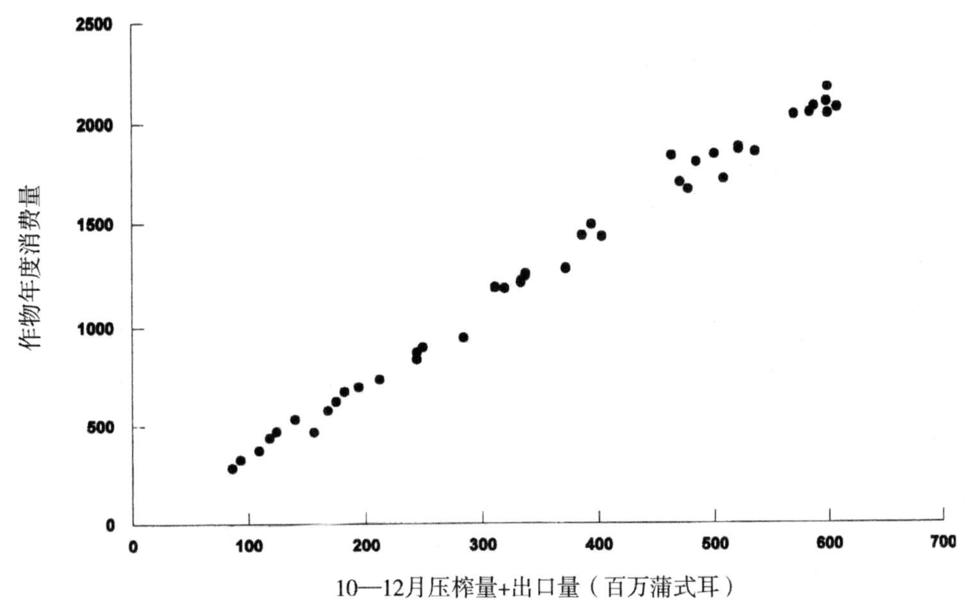

图24.5　当年大豆使用与10—12月压榨量与出口量关系

1953/1954—1992/1993

2. 期初的使用量与供应比率可作为指标衡量使用量是否大于供应量。尽管大豆从9月1日开始收割，但9月份的使用量在陈豆供应不足或新作物收割滞后情况下会受到一定影响。所以10—12月份的数据能反映新豆消费状况，如果10—12月的使用量占10月1日供应比率的28.0%或以上，代表市场的基本面很好；反之，10—

12 月的使用量占 10 月 1 日供应比率的 24. 5%或以下，说明基本面情况较差；如果 10—12 月份使用量与供应量的比率在 24. 5~28. 0%之间，认为市场为中性趋势。

价格行为

除了基本面因素外，也可加入价格作为类比研究的变量。通常，当价格突破某月的高点或低点，可能代表趋势将发生变化。比如，如果 7 月大豆价格超过了 1—3 月份的高点，其后的价格上涨可能性较大。

综合因素

有时候，基本面因素可能综合在一起发生作用。譬如，当结转库存低于上一年度平均水平时，使用季节类比法可能是有效的；但当消费比例超过 15%，就应该在季节性类比中剔除这一年份。

稳定的季节性形态

大豆期货市场有几个重要的季节性转折点，可以作为价格预测的基准点。下面介绍 4 个转折点及其影响基本面的因素：

作物生长期的担忧

在农作物生长期间，气候变化是主要的因素之一。美国国家气象局每周一、三和五发布 6~10 天的天气预报，并在每月中旬发布 30 天和 90 天的天气展望。农作物最怕气候异常，比如 1993/1994 年连日大雨和洪水冲毁了西部地区的玉米带，导致玉米价格大幅上涨。

对农作物生长的担忧从春季开始，特别是地下土壤含水量过低对作物生长有较强大的影响。一般情况下，最让人担心的时间是 6 月 15 日至 7 月 15 日之间。尽管 8 月份是最重要的产量确定月份，由于对作物生长担忧的预期，尤其是 7 月份价格通常比较高，延续到 8 月份只有四分之一的时间对作物不利。因此，在美国农业部的农作物报告中公布产量减少时，价格已经提前在市场上反映。

如果农作物供应紧张，或新作物的种植面积减少，市场会对农作物生长期的天气变化很敏感。1964—1993 年的 30 年中，有 24 年农作物的期末库存低于使用量的 18%，其中有 19 年的 11 月份大豆期货经历了令人担忧的价格上涨。农作物生长恐慌期延长到秋天的年度有 1974 年、1980 年和 1983 年，价格上涨导致消费量下降，这种现象称作“短多长空市场”。

如果遇到下面两种情况，美国农业部在8—10月期间公布的最低产量预估值与担忧11月大豆作物价格上涨比率存在一定的关系：

1. 美国农业部8月份公布的产量预估值较6月收成预估和生长趋势假设至少低1%；

2. 老作物的结转库存低于消费量20%（因结转库存/消费比越高，对新作物产量关注越少）。

图24. 6说明对农作物生长担忧通常在美国农业部10月份公布产量报告前，这意味着产量的变化对价格上涨有一定的影响。

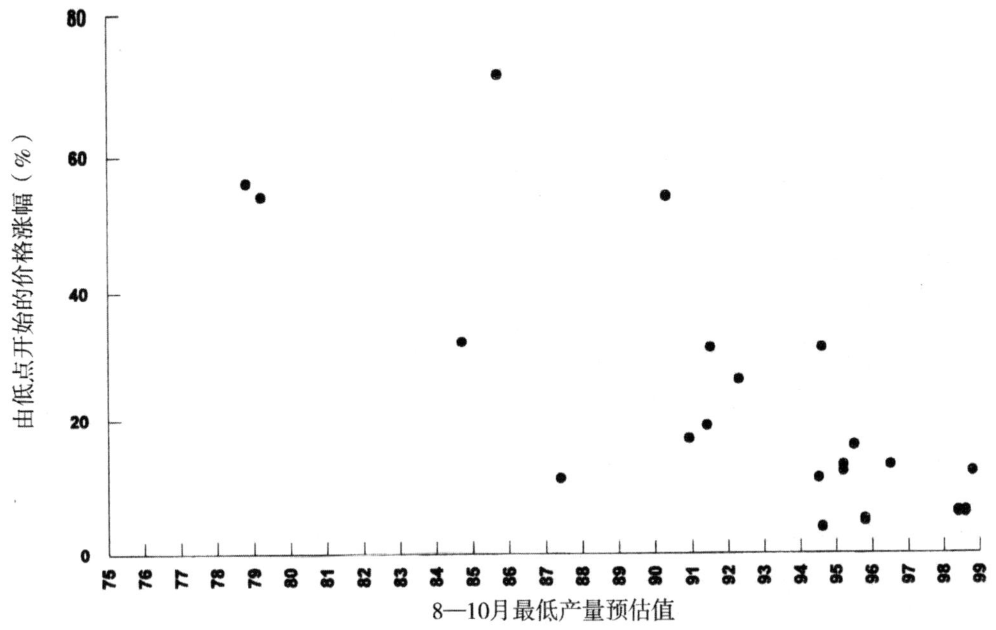

图24. 6　11月大豆合约恐慌性涨势：价格涨幅与产量预估值的比较

收割期低点

我们以11月份大豆期货合约为例，虽然收割于9月底开始，但11月份合约的收割预估经常在8月份。一般情况下，当新作物统计数据越有利于多头市场时，低点出现得越早。如果某年新作物结转库存增加，10月份是最常见的收割低点。收割低点通常是作物价格从恐慌性上涨结束后的回档，表示新作物供应变化对行情的影响。

收割后的高点

收割期间价格可能会出现高点，但一般情况下，高点经常在收割后出现。1965—1994 的 30 年间，有 18 年 1 月合约价格高点出现在 11 月 15 日之后，大约是 60%。收割后价格高点提前表示价格从收割的低点逐步恢复，由于 10—12 月份季节性使用量增加，伴随着空头套保头寸的平仓都有助于价格上涨。

二月下跌

众所周知“二月下跌”的季节性走势是指 1 月底到 2 月份的价格下跌形态。虽然低点都出现在 2 月，但有时跌势持续到 3 月份，特别是从 1 月份开始的下跌。冬季的价格疲软可能是新会计年度引发的厂家销售，或者因收割后的技术性抛售所致。在 1 月底或 2 月份，已知美国农作物的供应和消费数量。供应一直比较充裕可能是 2 月份价格下跌的原因之一。近年来，大豆 2 月份的下跌形态越来越不明显，可能是因为 2 月是巴西大豆产量的关键月份。如果巴西或阿根廷的农作物生长出现问题，美国大豆 2 月份的季节性价格下跌很可能不再发生。

季节性合约的选择

尽管 9 月份是首个新作物期货合约确定，但 11 月合约才是新收获月份的风向标。作物的价格高点和收割低点通常是选用 11 月合约进行预测。一般用 1 月合约预测收割后的高点，而用 3 月和 5 月合约预测 2 月下挫的低点。历史资料显示，7 月合约是农作物的代表性合约，但 5 月合约有取代 7 月合约成为美国陈豆主力合约的趋势。7 月合约是第一个能反映南美新豆收割情况的合约。

季节性类比分析的范例

预测春季高点和下跌低点（1993 年 7 月大豆合约）

1992/1993 年是季节性类比分析的典型例子。因为当年基本面情况正常，价格的变化幅度不大。总体来看，1992/1993 年大豆供应量增加，消费量与结转库存都增加——过去的 40 年中有 18 年的基本面情况类似。虽然上期的结转库存有所下降，但期初库存不紧俏，因此，当时的基本面不利于市场。由于美国 1992 年 8 月份公布的供应/消费报告中的供应与结转库存没有增加，所以，接近“二月下跌”的低点时，1993 年 7 月合约有足够的时间对结转库存的增加做出反应。7 月大豆交易价格在 551~597 美元之间。下面的例子说明如何用类比分析法预测春季的高点和其后的低点，基本步骤如下：

第一步：预测并列出本年度作物的基本面特性

该例引用美国农业部预期和已公布的数据，在 1999 年 3 月美国农业部公布的供应/消费报告中，大豆的主要特性有：

1. 产量高于前期的使用量。

2. 产量高于前期的产量。

3. 总使用量增加。

4. 10—12 月份的使用量与 10 月 1 日总供应量比率为 25%~27%。

5. 结转库存继上期下降后转为上升。

6. 结转库存占使用量的比率上升。

第二步：注意 7 月合约基本面相同的年度中价格的高低点

在某种程度上，选择价格的高低点很关键。总的来说，最好采用价格的宽幅震荡加以说明。

表 24.4　类似的形态：7 月大豆合约（美元/蒲式耳）

季节	收割高点		冬季低点		春季高点		7 月 1 日前低点	
1956/1957	2.67	11 月 30 日	2.37	2 月 18 日	2.44	3 月 6 日	2.32	6 月 17 日
1961/1962	2.50	1 月 8 日	2.45	2 月 19 日	2.51	5 月 5 日	2.44	6 月 11 日
1977/1978	6.54	11 月 21 日	5.71	1 月 17 日	7.58	5 月 29 日	6.56	6 月 15 日
1982/1983	6.34	2 月 1 日	5.85	2 月 28 日	6.72	4 月 11 日	5.76	6 月 29 日
1989/1990	6.31	11 月 16 日	5.78	1 月 29 日	6.71	5 月 1 日	5.83	6 月 18 日
1992/1993	5.97	12 月 28 日	5.70	2 月 8 日				

第三步：观察价格震荡高低点的类似关系

如表 24.4 所示，春季价格高点发生的时间不同，而低点发生的时间却一致。观察结果显示，高点适用于预测价格，而低点更适合预测时间。一般情况下，转折点的时间或者相关的价格可能一致，但通常不会相同。在基本面类似的 5 年中有 4 年的春季价格高点高于收割后的高点，这意味着 1993 年春季价格高点在 597 美元上方，但是，没有可靠的数据显示 6 月的价格低点低于冬季的低点。

第四步：根据价格震荡相同年度的时间预测价格

通过预测春季的价格高点来预测冬季的低点，还可以根据上次的价格震荡形态预测收割后的高点下降到冬季低点的幅度。对前面每个相似的年度，要计算从春季高点的涨幅到冬季低点的跌幅比率。例如，1989/1990 年，春季高点涨幅为 93 美分（6. 71 减去 5. 78 美元），冬季的低点跌幅为 53 美分（6. 31 减去 5. 78 美元）。这些价格震荡的比率（93 除以 53＝175）可以用来预测当年（1992/1993）的价格高点。特别是冬季低点跌幅 27 美分（597～570 美元）时，意味着价格上涨到冬季高点的幅度为 47 美分（1. 75×27＝47）。冬季低点的 5. 70 美元加上震荡幅度 47 美分就可得出春季高点的预测值为 6. 71 美元。为了获得历史上类似年度的预测结果，可以用上述计算方法。

有时也预测其后的价格震荡幅度与底点，可通过下面两种方式计算 6 月低点：

1. 基于春季高点与 6 月低点间价格震荡的幅度计算 6 月份价格低点。用价格震荡期间的春季高点预测值得出 1992/1993 年 6 月的价格低点为 5. 66 美元。由于春季高点预测值为 6. 09 美元，事实证明预测的价格偏低（实际为 6. 14 美元）。由此推断，预测的 6 月价格低点（5. 66 美元）也会偏低，6 月的实际价格低点应为 5. 80 美元。

2. 用以前的资料。计算收割后高点到冬季低点的价格震荡幅度，以及收割后高点到 6 月低点之间的价格震荡幅度。该方法的优点是锁定了预测的价格，预测 6 月低点的平均值为 5. 73 美元。

基于价格行为的季节性类比分析方法：预测 11 月大豆合约的 7 月高点和下跌低点

在类比分析法中可以选择价格因素（而不是基本面）。在所举的例子中，仅采用一个类比因素：11 月大豆合约在 7 月初创出历史新高的年度。如表 2. 45 中所示，符合这个条件的年度都在 7 月出现明显的顶部（多数发生在该月前 20 天内），随后开始回抽，几乎跌去大部分涨幅。

我们用 1993 年交易情况进行年度类比分析。1993 年大豆市场从 6 月到 7 月出现快速的上涨行情，这次行情是由于降水太多引起洪水泛滥，淹没大面积的农田，同时种植面积较上年减少引起的。但是，价格上涨的时间却没有变化。1993 年 11 月大豆合约在 7 月 1 日创出新高，为 6.76 美元。这符合表 24.5 的条件，意味着高点出现后接下来是价格回抽，几个星期后（7 月 19 日）价格再次上升到高位，至7.58 美元。其后的几个月市场大幅回调，不断走低。

表 24.5 中显示了下跌的低点。这里用预测价格低点的方法预测从高点回调到低点的跌幅，以及计算春季价格低点到夏季价格高点的涨幅。然后，用上述每年的百分率，分别乘以 1993 年春季价格低点到夏季价格高点的涨幅（7.58—5.76＝1.82），每个百分率为 1.82 美元，从 7.58 美元中扣除该乘积得出预测的价格低点，获得表 24.5 每年的预测值。以 1963 年为例，下降 32 美分，是前一次涨幅 34 美分的 94.1%。将这个比率（94.1%）乘以 1993 年的涨幅 1.82 美元，乘积 1.71 美元是 1993 年的回调幅度。也就是说，根据 1993 年资料，预测的回调低点是 5.87 美元（7.58—1.71）。

虽然可以用以前的资料推算涨跌幅的均值，然后预测当前价格的低点。我们知道，预测价格区间要比预测单一的价格容易些，通过对价格区间的预测可以了解预估值的情况，数值比较集中，仅有 1~2 个离群值，或者预测值很分散。若预测 4 年以上，用均值效果比较好，可剔除最高与最低预测值。实例显示，如果直接取 7 个预测值平均数，预测的低点为 6.31 美元，而实际低点是 6.04 美元，出现在 10 月 4 日。预测高点是 7.58 美元，这些价格在合理预测的范围内。

表 24.5 类似年度的形态：11 月大豆合约（美元蒲式耳）

年份	春季低点		夏季高点		下跌低点	
1963	2.49	5 月 17 日	2.83	7 月 2 日	2.51	8 月 12 日
1966	2.77	5 月 17 日	3.34	7 月 19 日	2.88	10 月 28 日
1970	2.56	5 月 19 日	3.02	7 月 16 日	2.75	9 月 1 日
1971	2.81	4 月 29 日	3.42	7 月 18 日	3.05	9 月 22 日
1972	3.14	5 月 1 日	3.31	7 月 5 日	3.17	7 月 31 日
1976	4.89	4 月 5 日	7.77	7 月 7 日	5.90	8 月 3 日
1980	6.34	6 月 2 日	8.40	7 月 17 日	7.40	7 月 28 日
1993	5.76	6 月 16 日	7.58	7 月 19 日		

添加豆油和豆粕因子

也可用类比分析法预测豆油和豆粕价格。通常预测豆油和豆粕价格选择的年度与大豆分析的年度不同。如果分别预测与大豆相关的三个品种，都认为分析结果会一致。例如，预测结果是看多大豆市场，却不看好豆油与豆粕市场走势，这样的预测结果可能不准确。因为与大豆相关的三个品种的价格与压榨边际利润相关，因此这种预测结果自相矛盾：豆油与豆粕价格下降将导致压榨利润减少，压榨量随之减少，大豆的使用量也减少。短期来看，豆油与豆粕价格走势有时不同，但长期来看，大豆价格至少与其中一个相同。

相关报告与信息来源

美国农业部每年都公布几个重要报告，有的足以改变价格运行方向。市场对数据统计报告比较敏感，因为这些数据都是经过充分调查的。美国农业部采取非常严格的安全措施，保证报告在公布之前不泄露任何内容。一般 12 月份公布年度报告和下一年报告公布的时间。

重要报告

公布的第一个重要报告是种植面积预估报告，该报告公布时间不确定（有时美国农业部甚至要公布两个种植计划报告），近几年都在 3 月份公布。最初种植报告是对新一年农作物产量的预期，而 6 月底公布的种植和收割面积报告，包含了计划的和实际的种植面积数据。

美国农业部每月公布农作物产量报告，但只在 8—11 月份，以及 1 月份的报告中公布大豆的产量预估，这些报告每个月中的前一周公布。农作物的产量报告是调查人员对农场进行详细调查后预测的数据。

美国农业部每月公布美国和全球供应/消费报告，一般与农作物产量报告同日公布。另一份报告是 9 月份公布的新作物供应消费预估值，在新作物种植前 5 月份公布。

还有 4 个季度报告是农业部调查的库存情况，包括美国农业部统计调查的数据，报告中数据上报时间是 9 月 1 日、12 月 1 日、3 月 1 日和 6 月 1 日，报告通常在月底公布。市场比较关注 12 月 1 日的报告，一般都用该报告验证美国农业部对产量的预估值。尽管 9 月 1 日的报告中有老作物的结转库存，但到了公布的日期，对价格已不构成影响。

次要报告

每年还公布供分析师参考的大豆消费量、豆油和豆粕产量与使用量的报告。统计调查局公布每月大豆实际压榨数量，以及豆油和豆粕的产量，压榨厂大豆和相关品种月末库存量。此外每月还公布进出口数量的报告。

美国国家油菜籽加工协会（NOPA）是一私营交易团体，每周四公布会员公司的压榨数量，每月中旬公布一个月的总结报告。由于压榨量可反映大豆的使用量，因此，这些报告受到市场的密切关注。

商品期货交易委员会（CFTC）每周公布一次“多空持仓报告”，一般周五公布。报告包含商业与非商业交易者持有的多空头寸。市场对“多空持仓报告”一直持有不同的看法。通常来讲，异常庞大的投机性净多头头寸（尤其是小型交易商这一类别）表明，股市很容易下跌；如果投机性净空头头寸偏高，认为市场可能上涨。虽然“多空持仓报告”可能预示市场运行方向将发生变化，但这些报告本身不可能影响价格方向。

结论

运用类比分析法应注意以下几点：

1. 季度类比分析法是运用基本面的数据获得交易信号，属于技术分析范畴。

2. 该分析不应采用所有年度进行分析，应选择基本面条件不同的年度，这样的分析结果可能更可靠。

3. 选择季节性类比分析因素，衡量标准是加入了这些因素价格有所反应，不添加这些因素价格则没有反应。

4. 季节性类比分析不应纳入太多的因素，因为选择的因素越多，能达到要求的年度越少。

5. 通常用季节性类比分析法预测高低点时间或者价格，但两者不能同时预测。

6. 大豆的价格预测应与其相关产品的价格预测一致。

7. 当使用量因供应量受到限制时，不应用作物的使用量作为比较基数。

8. 评估产量和使用量的统计数据，应考虑这些数据的长期成长趋势。

9. 如果可能，在预测某段时间的价格变化时，应采用已知的价格为基准，而不是预测价格。

第 25 章　预测糖类价格

首先，对于所有嗜赌的人，每一个人的信心都达到了顶点。郁金香批发商推测郁金香存货的涨跌，通过在价格下跌时购买和在价格上涨时卖出获取了巨额利润。很多人突然变得富有。金饵诱人地出现在人们面前，他们一个接一个地冲进郁金香市场，像苍蝇围绕着蜜罐。每个人想象着对于郁金香的热情将会永远持续下去，并且世界各地的财富都将发送到荷兰，并且可以向他们要求任何支付的价格。房屋和土地以超低价出售，或者是在郁金香市场进行交易。外国人也变得同样疯狂，金钱从四面八方涌入荷兰。后来，更精明的人开始意识到这种荒唐之事不可能永远持续下去。富人们不再买花让他们在自己的花园中生长，而是卖掉他们赚取百分之百的利润。大家都知道，有一些人最终会面临巨大的损失。随着这种想法的蔓延，物价开始下跌并且再也不会上涨了。

——查尔斯·麦基，《惊人幻觉与大众疯狂（1841）》

关于郁金香和糖

查尔斯·麦凯描述了“郁金香的狂热”，投机现象席卷了 17 世纪的荷兰（1634 — 1636）。郁金香与糖有什么关联吗？答案是用对郁金香的狂热来解释 1974 年不可思议的糖牛市。在 1974 年 11 月的市场高峰时，糖价达到了上年同期水平的 8 倍（见图 25.1）。仅在牛市的最后两个月里，期货飙升至 36 美分/磅，这一数值是二战之前的近 3 倍。

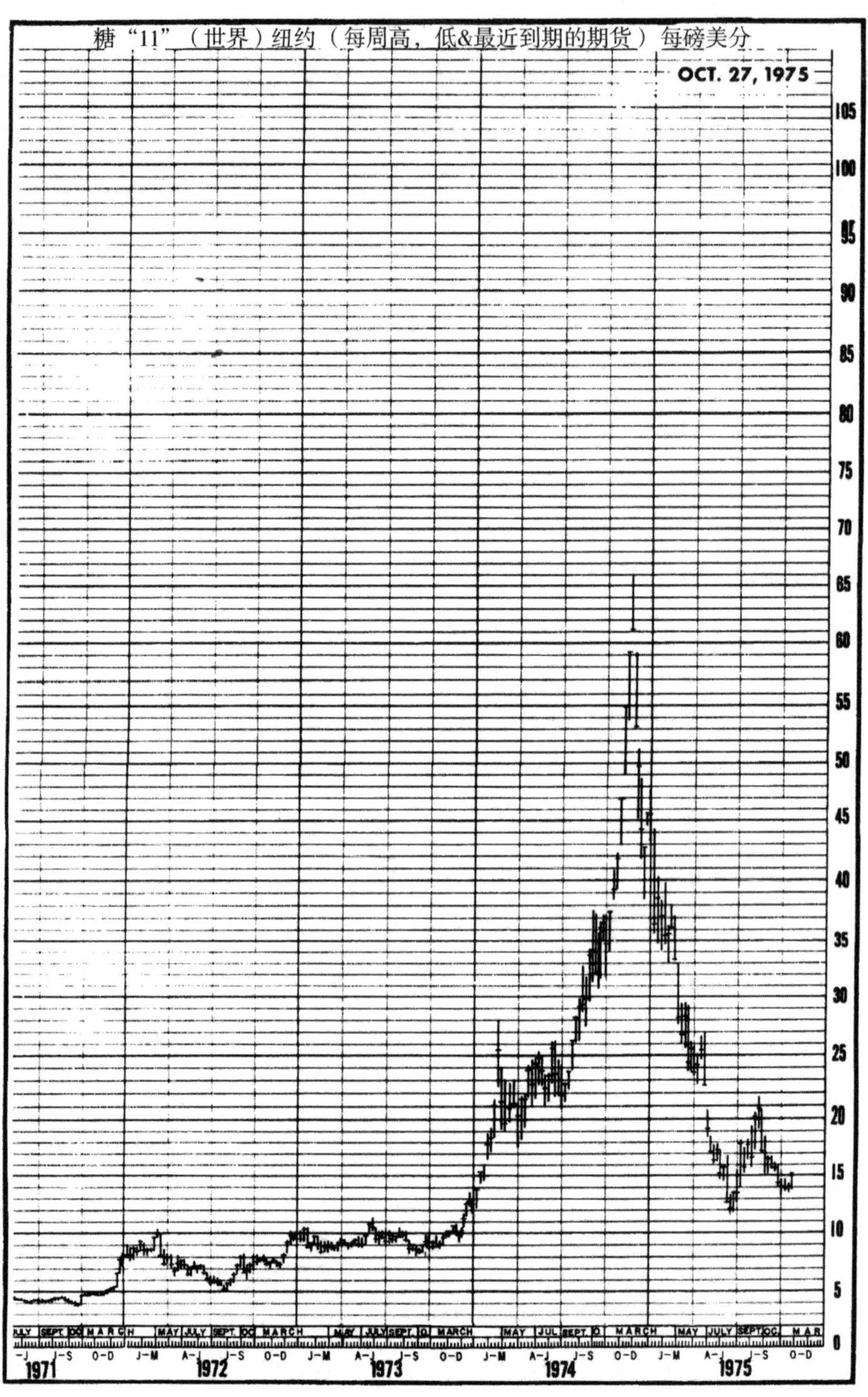

（图转自商品图表服务公司——每周公布商品研究的公司，泽西城，蒙哥马利街 75 号，N. J. 07302。）

图 25. 1　糖#11

当然，1974 年糖价暴涨并非完全是疯狂投机的结果，当时的基本面情况也有利于做多。当时的预测显示，1973—1974 年的期末库存/消费比低于 20%（处于较低水平）。并且，欧洲所有白糖产区的生长状况很不理想，预期下一年度供需关系将进一步趋紧。尽管存在上述因素，也只能促使糖价上涨 20 美分左右，上涨幅度预计最多达到 30 美分，肯定不会涨到 66 美分的疯狂程度。譬如，1962—1963 年的期末库存/消费比也很低，而那次行情的价格高点为 13.5 美分。如果仅用供需因素或其他基本面情况解释 1974 年糖价的大幅拉升缺乏说服力（例如，增加了中东购买量）。

分析结果是，牛市的失控程度只能用过度的投机来进行解释。对未来可获得供给担忧的加重，促使工业用户在很高的价格水平下增加库存。这一历史性的涨价所产生的广泛宣传效应，甚至鼓励消费者囤积糖。许多投机者看好糖的上涨趋势，相信他们已经找到一条简单的快速致富道路。小部分卖空的交易员因为他们相信价格已经从根本上过头了，最后只能认输做多，进一步推动了物价的螺旋上升。价格越是上涨，就有越多的人相信进一步的涨价是不可避免的。1 美元的糖的价格预测被广泛传播，尽管事实是基于郁金香狂热的基本面已经很难证明当前的价格是合理的。最后，脆弱的大厦不堪重负终于倒塌，价格下降得比他们攀升时更迅速（见图 20.1）。具有讽刺意味的是，在价格发生反转时，新作物产量的初步估算值证实了此前的悲观预期——这是一个典型的“谣言买进，事实卖出”的案例。

1974 年的牛市提供给我们很多至关重要的教训。这里我们所关注的一点是，并非所有的价格形态都能用基本面进行解释。这种考虑重要的原因有两个。第一，在交易过程中，基本分析师应避免过于关注供需因素。譬如 1974 年白糖行情就是最好的例子，说明价格的发展完全不能用基本面情况解释。第二，1974 年不能纳入一个基本模型。为了解释 1974 年的价格行为，一个价格预测模型在更多时候会产生存在误差的预测。1974 年的糖市场是典型的“异常值”（详情见第 16 章）。尽管对于这一异常时期没有完美的解决方案，从模型剔除明显的异常数据点（如 1974 年）可能是引起最小争议的方法。[①] 否则，分析师会发现很难构建一个合适的价格预测模型。

---

① 这句话隐含的假定是异常值是一个独立的、非定量因素（例如给定时期的过度投机）。

不幸的是，1974 年并不是近年来唯一价格出现明显的偏离并具有深远影响的年度。1980 年糖价格峰值达到了 45 美分，相对于普遍预测期末库存/消费比约 26%是极度过头的，即使预期下一年度作物产量减少、供应趋紧的情况下，这样的价格也不合理。（在修正的统计数据的基础上，1980 年涨价的幅度是一个更大的异常：1979—1980 年期末库存 /消费比为 28. 1%，而在接下来的时期里，比例仅略下降到 27. 5%。）用名义价格解释 1980 年的价格走势，可与 1974 年媲美，但用紧缩的价格衡量，1980 年的价格上涨或许可以理解（见图 25. 2）。

总之，糖期货的研究者必须认识到，为了构造一个满意的糖价格预测模型，可能需要删除一些历史数据（1974 年甚至 1980 年）。因为常常剔除多头走势的年度，如果模型预测显示的是多头市场，那么这种方法基本不会有太大的异议。然而，不包括 1974 年或 1980 年的数据所产生的空头预测结果，那就必须要谨慎。不过，包括所有年度的模型更是不可取的，因为这样一个模型可能依据偏高价格数据预测。

产量

糖的统计期被定义为上年 9 月 1 日至当年 8 月 31 日。蔗糖约占世界糖生产总量的 60%，是一种多年生作物。各地甘蔗生长时间的长短取决于不同的生长环境，但平均是 18 个月。收获后留下的断株，来年会重新发芽生长，经过几次收割后，蔗糖产量会有所下降，这时需要重新种植。糖的生长期和正的边际收益，意味着增加甘蔗种植面积将产生扩大市场影响。甘蔗在全球广泛生产并且每一年都在收获。四个最大的甘蔗生产国——巴西、古巴、印度和澳大利亚——占全球蔗糖产量的 45%。

甜菜是一种一年生作物，甜菜糖占世界糖产量的 40%。绝大多数的甜菜糖产于欧洲（大约 85%），欧洲是世界上主要的糖产区（约为全球糖产量总量的 1/3）。因为生产规模大，欧洲的糖产量在糖交易市场中扮演着关键角色。欧洲糖春季种植面积与成长期间的产量预期值对市场有一定的影响。遗憾的是，甘蔗行业占了世界糖产量的大部分，然而，对甘蔗产量进行预测的数据往往是非常少的。

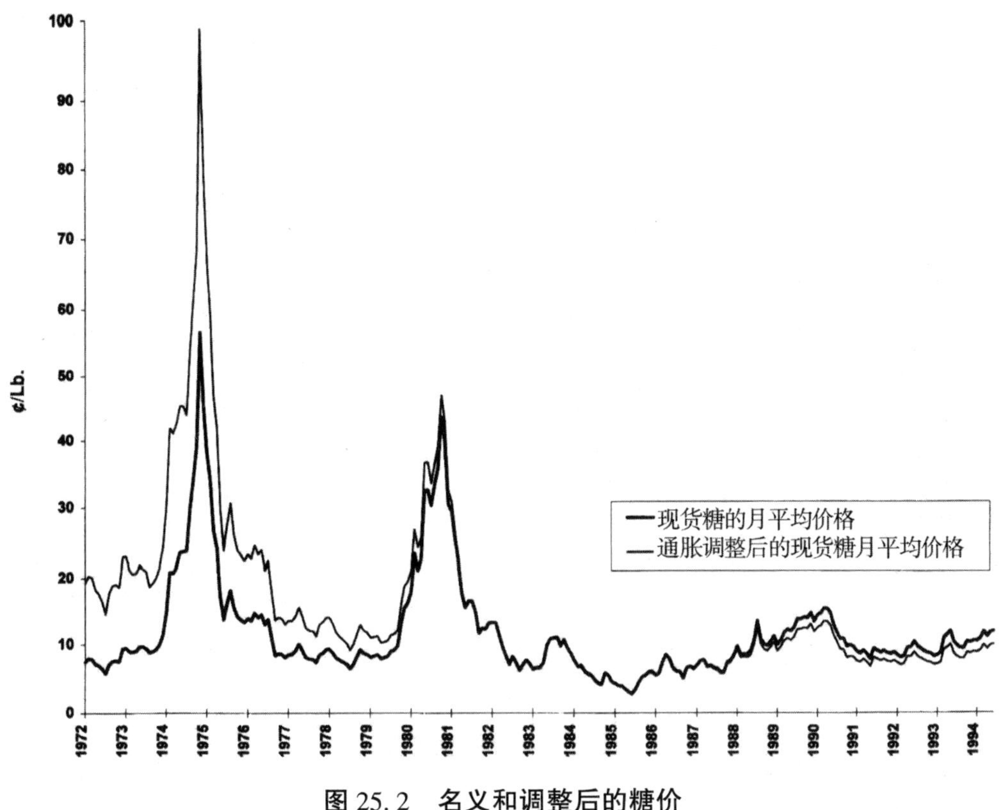

图 25.2 名义和调整后的糖价

世界糖产量在过去的 20 年经历了一个不稳定的上升趋势。我们可以看到，在图 25.3 中，牛市之后产量往往增加。这些产量正常来说往往会持续几个季节，毫无疑问，这是以前讨论的甘蔗产量的农业经济学特征。由于 1974—1975 年不良的生长条件，生产扩张推迟了一个时期（见图 25.4）。

在糖的生产循环周期下考虑当前糖的生产布局，图 25.3 可以在获得其他可用信息之前，用来粗略地预估下一时期的产量。当然，这样的预估产量范围会很广（例如 500 万吨）。然而，即使是这样一个宽泛的预测，如果发生新季期货大幅脱节的情况，在评估重要交易机会上也是非常有用的。最早公布新作物糖产量预测报告是 F. O. Licht，负责欧洲甜菜种植面积的统计预测。第一个世界总产量的估计通常是在糖的作物年度开始后 1 个月才公布。然而，F. O. Licht 的报告、贸易和经纪公司市场报告可提供新作物年度产量的大致概况。

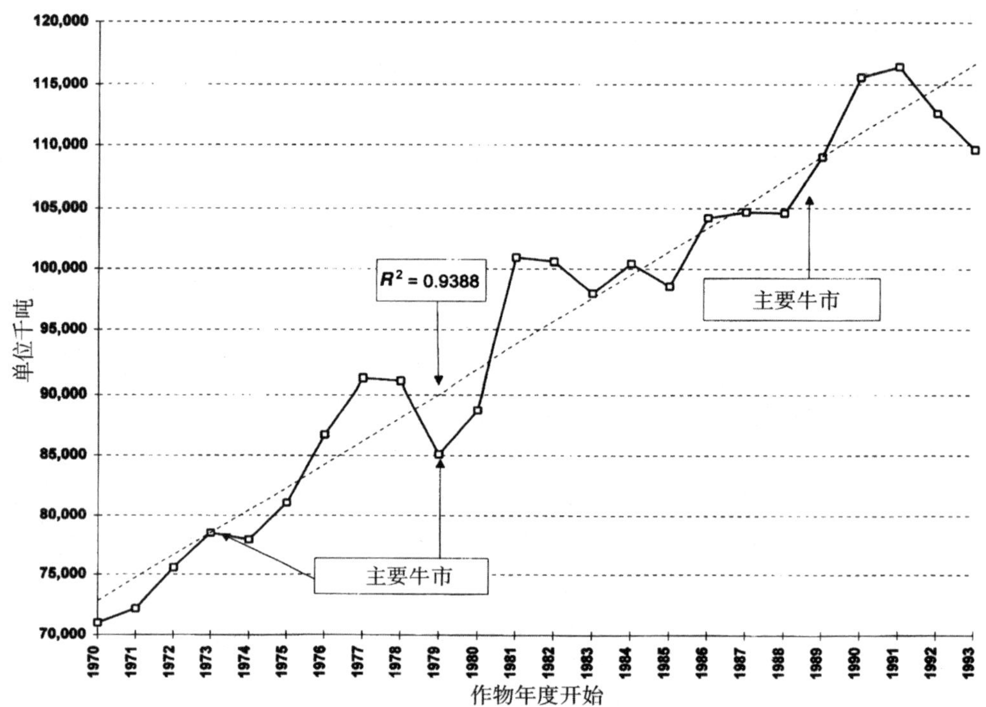

图 25.3 世界糖产量

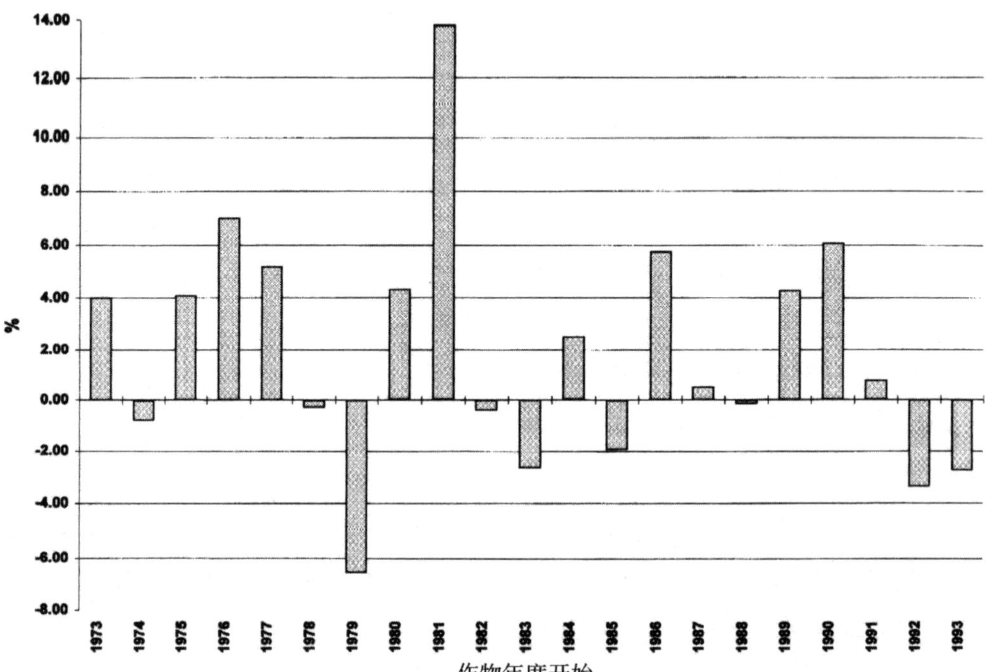

图 25.4 世界糖消费量

消费

糖的消费量多年来一直稳步增加。在 20 世纪 70 年代，消费增长率约为每年 3%~3.5%（见图 25.5），20 世纪 70 年代后期开始，由于高果糖（玉米糖浆）的竞争比较激烈，糖的增长率受到抑制。进入 80 年代，糖的消费量年增长率接近 2%（1986—1989 年的两个榨季是不正常的，1986—1987 榨季的消费量超常增长导致随后几个季度的消费低迷。然而这三年的年平均消费增长率大致为 2%），进入 90 年代，年增长率则滑落至 1%以下。

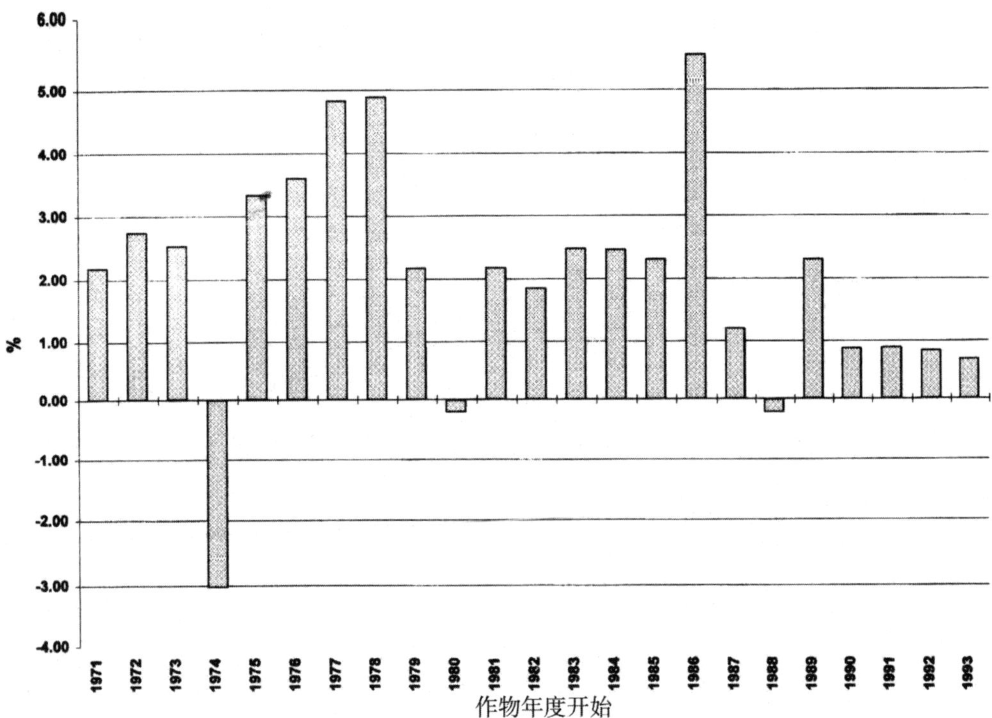

图 25.5　糖消费量年增长率变化：上年 9 月—8 月作物年度

尽管糖的消费量在过去三五年的年均增长呈现典型的线性增长态势，但是在糖价畸高的年份之后会出现消费稳步回落。1974—1975 和 1980—1981 两个榨季的糖消费就出现反季节下降（1988—1989 榨季的消费下降则是出现在温和的价格上涨之后）。价格上涨后糖消费量的小幅下滑反映出消费量对于价格上涨的滞后反应。在价格暴涨后有限的消费下降程度（即需求的高度非弹性性质）则主要取决于以下几个因素：

1. 由于大多数国家的糖价都直接或间接受到政府调控，全球每年仅有大约15%的需求通过市场自由调节；其余的消费量则由国内产量或长期贸易协定调节，因此，全球的主要消费量不受市场价格波动的影响。

2. 在许多用途中，没有理想的糖替代品。

3. 即使那些可将高果糖（玉米糖浆）用作糖代替品的工业用户，也很难改变产品成分。通常在糖价大幅上涨时才会选择高果糖作为替代品。

4. 由于没有满意的替代品，白糖的非商业消费（个人消费）缺乏需求弹性。事实上，个人消费在糖的消费中仅占很小比例。

对下一时期糖的消费量的预测是一个非常简单的事情。如果最近几个时期没有出现极端的牛市，在过去两到四个时期的消费比重增加的平均水平可以被用作预测新时期消费量的指南。如果前一时期经历了一个非常大的涨价，可以预期消费量将会有一个适度的下降。

价格预测模型

消费/期末库存比率反映了一个年度供应紧张的情况。相对期末库存来说，消费水平越高，供应越紧俏，价格就会上涨。图25.6描述了消费/期末库存比与糖价的关系。如同理论上预测的情况，消费/库存比率与价格运行方向相同。消费/期末库存比率高时价格也高，消费/期末库存比率低时价格相对也低。

虽然上述的关系比较明显，但是消费/期末库存比率与价格之间的关系还不能充分说明价格的偏离。例如，1988/1989年的消费/期末库存比率同1979/1980年的一样。但年初通胀调整价格明显偏高，这种情况表明，如果仅采用消费/期末库存比率的回归模型预测价格，结果可能不准确，还应考虑下面几点改进意见：

不包括离群值。如前所述，1974和1980年糖价暴涨使得过度投机导致市场偏离基本面预期，或者，从另一个角度看，其他几个基本面条件相同年份的价格却比较低。甘蔗生长期间直接或间接受到价格影响的年份有1974/1975，1975/1976，1929/1950和1950/1951，如果模型中加入这几年的数据，预测的价格很可能不准确，所以，回归模型中应剔除上述年份。

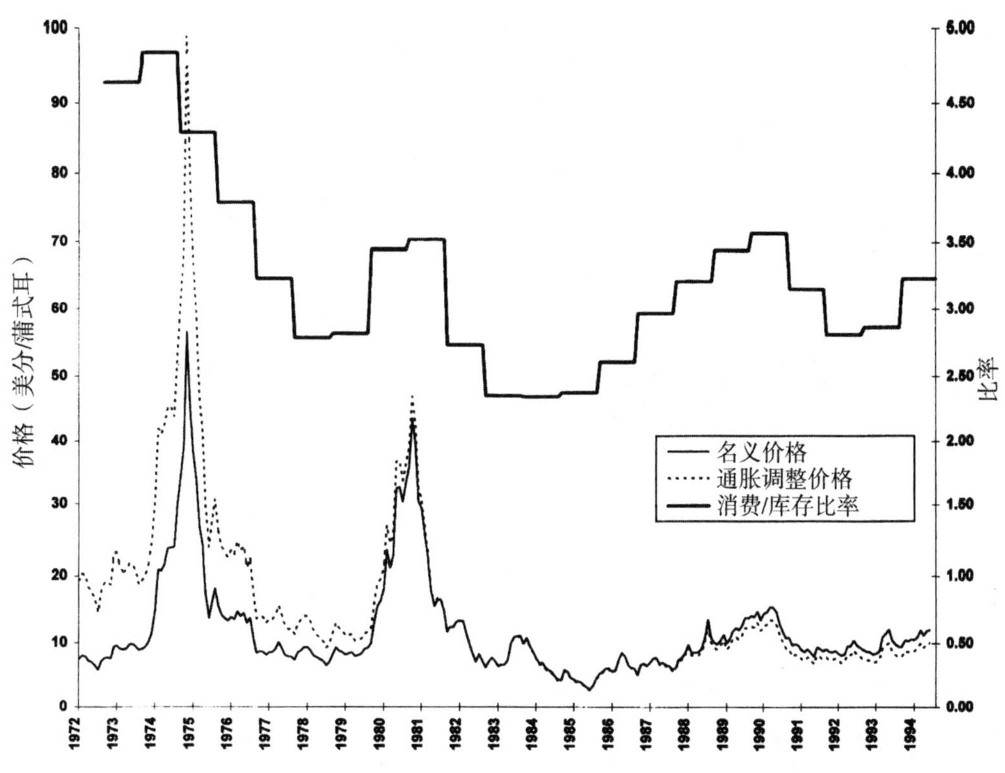

图 25.6　消费/库存比率与名义价格和通胀调整价格之间的关系

应强调的是，剔除离群值的步骤很重要，不能简单随意地剔除一些异常年份，必须有充分的理由。比如，1974 和 1980 年糖市的狂热以及过大涨幅分析结果是比较有说服力的理由。

时间趋势。白糖需求近几年来明显下降，这种变化可能是库存不断下降的结果。在其他条件不变的情况下，需求下降意味着通胀调整后的糖价也随之下降。该趋势的影响很大，说明趋势变量在回归模型中还是比较重要的。①

① 很可能在未来某时，趋势效应可能趋于平稳。在这种情况下，趋势变量仍然可以通过以下方式纳入回归方程。在一般模式下，变量应该被确定为逐年增加直至假定趋势效应结束时的价值增量。此后，无论如何，确定趋势变量价值量将在最后价值处保持不变。如果趋势最为重要的话，趋势变量不应该从回归定义中删除的原因是该趋势对于解释 20 世纪 70 年代，80 年代和 90 年代（迄今为止）的价格变化至关重要。

预期数据的应用。一般对价格而言，市场预期的基本面数据要比实际数据重要，因此，以前的市场预测值通常比实际数据更容易理解。所以，模型中最好采用以前公布的消费/期末库存比率数据，而不用修正后的数据。

关注上半年。到了下半年，统计数据平衡已经确定，价格有很大差别。事实上，由于当年作物的预期对市场价格影响较大，因此，当年的统计数据平衡对上半年的价格影响最大，下半年的价格预测模型也要包括某些变量。

下面的方程说明如何将这些因素纳入价格预测模型：

$$P_{S-F}=a+b_1C+b_2T$$

其中：

P_{S-F}=3 月份糖期货在上年 9 月到 2 月之间的平均通胀调整价格；

C=消费/期末库存比（前几年的预估值）；

T=时间趋势；

a，b_1，b_2=通过多重回归获得的常数。

由于我们采用了前几年 F. O. Licht 公布的全球食糖消费/期末库存比率数据（F. O. Licht 在 10—11 月份第一次公布的全球糖平衡表），因而在预测初期就获得预期的市场数据。在预测价格之前，应了解前几年的消费/期末库存比率，并对未来一段时间市场进行预测。通常根据产量和消费趋势获得一定范围的预测值，如本章前面讨论的，在预测初期，可以根据政府计划和贸易状况，对消费/期末库存比率进行预测。

图 25. 7 为通胀调整后的价格与采用 1972/1973—1973/1974 数据建立回归方程的比较，其中不包括前面提到的离群观测点（图 25. 7 中不包括这些年的价格）。从图中可以看出，该模型清楚地反映了以往价格的变化。

应强调的是，需要通过添加新的因素不断地完善模型，同时还要经常检验其有效性。这是因为市场的结构经常发生变化，模型有可能过时。总之，该模型只简单地说明了基本面分析的应用和对糖价的初步预测，要获得更精确的数据，就要继续开发和不断地完善模型。

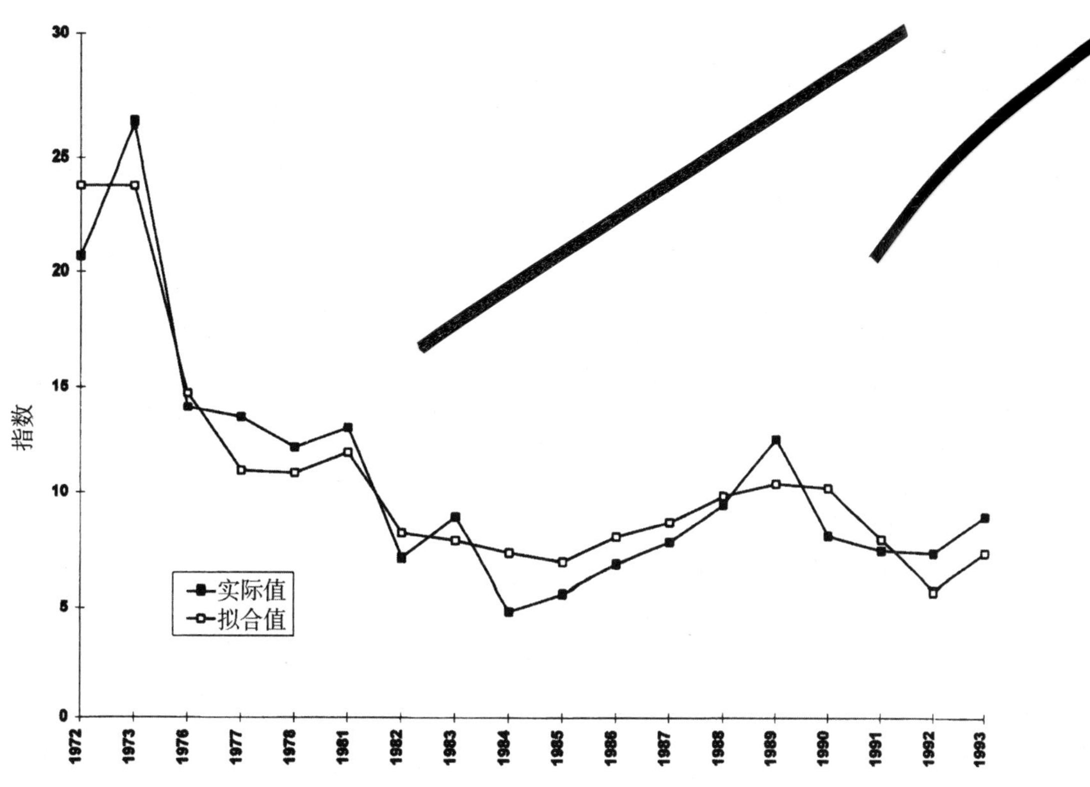

注意：3 月期货合约的 9—来年 2 月平均价格是通胀调整后的价格

图 25.7　通胀调整后的糖价：实际价格与模型预测价格

年初预测价格

通常每年年初都存在比较好的交易机会。换句话说，用可能发生的基本面情况分析，新一年糖期货存在很大的变数。通常政府对新一年的年产量和消费量的预测会滞后两个月左右。

有时缺乏官方的数据对价格预测也影响不大，首先，在没有充足信息的情况下，已知糖消费的情况可比较准确地预测出下一年的消费量。其次，采用历史产量、形态、前几年的价格和欧洲甜菜糖的种植计划可预测新一年糖的大概产量，这种初步的预测也能为交易决策提供一些依据。例如，将预测的产量范围与假设的消费量结合起来估算价格。

结论

虽然本章的重点是应用基本分析来分析糖的市场，但是讨论中提出了一些重要原则：

1. 有些市场为了建立适用的基本面分析模型，要删除异常年度的数据。

2. 即使缺乏相关的信息，有些市场的长期产量和消费趋势也可以提供下一年产量和消费的大致范围。

3. 采用过去公布的数据解释价格特性比用修正的数据更具说服力。

4. 在许多价格预测模型中时间趋势是很重要的因素。

第 26 章　预测咖啡价格

桑德拉·考尔撰文[①]　杰克·施瓦格编辑

一个国家的政府往往是由一杯咖啡选出来的。

——G. P. R·詹姆斯，《黎塞留》

出口控制前后的咖啡价格

由于咖啡市场的结构正在发生重大的变化，因此需选用新的方法预测咖啡价格。图 26. 1 是 20 世纪 80 年代全球咖啡价格走势情况，95%的咖啡生产国和 85%的咖啡消费国都是国际咖啡组织的会员。

在咖啡需求旺季，国际咖啡组织通过分配年度出口配额管制进入主要消费国的总量，调节供需平衡。根据“交易援助”计划，有的消费国同意支付高于自由市场的价格，以确保稳定的需求，并且生产国同意在确保公司出口税收的前提下限制装船量。

---

① 桑德拉·考尔是纽约史密斯·巴尼公司的财务顾问和加利福尼亚州帕罗奥多市特立克期货有限公司的常务董事。考尔女士负责或直接在特立克公司进行交易，特立克公司是一家专门从事基本面分析的软商品（咖啡、可可、含糖棉和冷冻浓缩橙汁）期货公司。在与她的合伙人乔纳森·克拉斯合作成立特立克公司之前，她在雷曼兄弟公司和史密斯·巴尼公司做了 10 年的软商品期货分析师。她曾经接受过包括美国公共广播电台和英国广播公司在内的媒体采访，并被《时代周刊》《商业周刊》《经济学家》《华尔街日报》和《纽约时报》等刊物转载。考尔女士还在许多行业会议上特别发言。

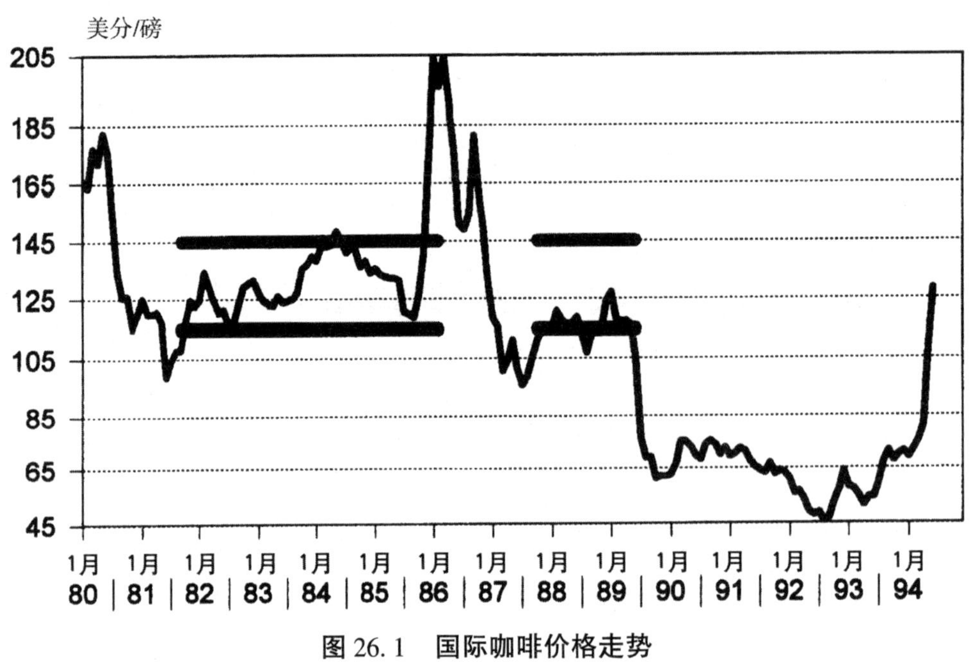

图 26.1　**国际咖啡价格走势**

咖啡生产与消费国在新季度开始前确定年度出口配额的额度，并确定新阶段的价格支撑区域。总之，20 世纪 80 年代国际咖啡组织的咖啡定价在 1.15～1.45 美元之间。当 15 天的市场均价接近该价格区的上沿时，配额开始增加；当价格接近该区间的底部时，配额开始减少。换言之，针对进口的需求而调整出口的数量。

该期间的价格预测依据两个主要因素：季节性出口和季节性需求形态。全球的产量变化对价格的影响有限，可通过配额限制生产商向协议中的消费国提供更多咖啡，消费国存储的数量也要适当地考虑市场需求，因为购买者很清楚装船时间滞后。如果生产国不能在规定的时间内履行配额义务，就有可能将供应的配额分配给其他国家。

评估季节性出口的价格模型与商品需求有关，通常季节性消费变化很大，许多人将咖啡作为热饮料。比如，北半球寒冷的冬季咖啡需求特别旺盛，而温暖的夏季需求明显下降。理论上讲，配额重新分配应与每季额度相等，这种情况可能导致 10 月—来年 3 月需求上升，4—9 月需求趋势下降。

咖啡收获情况也可反映这个阶段的价格走势。多数生产国在 10 月—来年 3 月期间收获咖啡，但一般情况下都推迟到 4—9 月初。到了 4—9 月，生产国可能发现上半年登记的配额不够充分，需要调整供应计划。

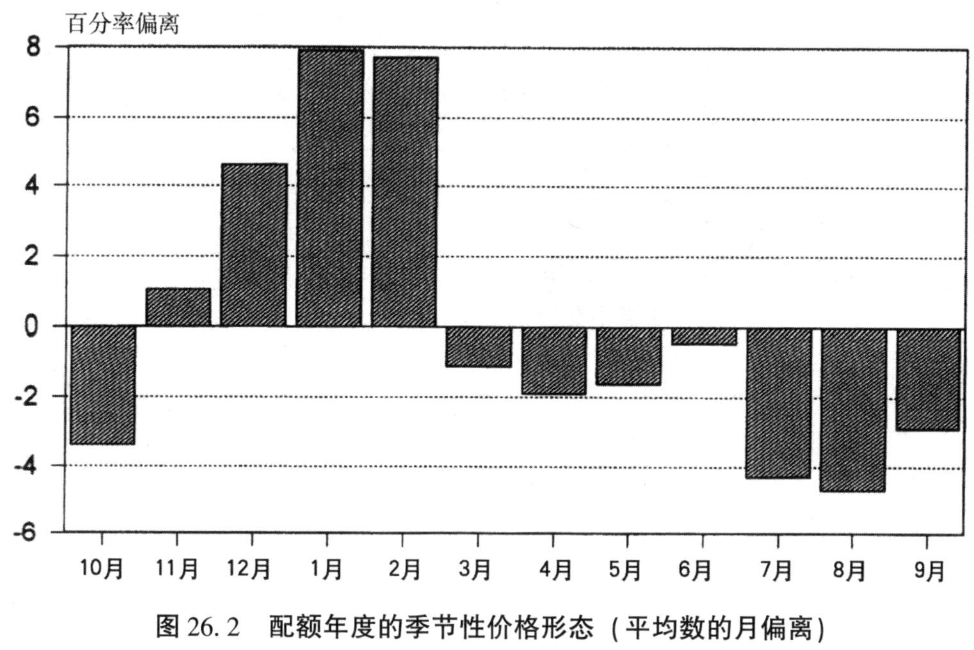

图 26. 2　配额年度的季节性价格形态（平均数的月偏离）

图 26. 2 中说明配额价格受两个因素的影响。如图所示，价格在第一季度（10—12 月）明显较强，到 1—3 月创新高，在其后的几个月逐渐下滑，7—9 月为年度低点。

1989 年 7 月 4 日，国际咖啡组织暂缓出口配额制，从经济条款转变到统计数据。这种转变需要预测价格的新方法，因为描述前一阶段价格波动的主要变量已失效，同时不再控制装船量和每季的进度，也不必根据相关价格调整出口规模。

图 26. 3 说明了该变化对市场的影响。这些年的季节形态与出口配额年的形态完全不同：其价格在第一季度呈下降趋势，到 1—3 月达到一个低点，最后一季再现低点，下半年创出新高。

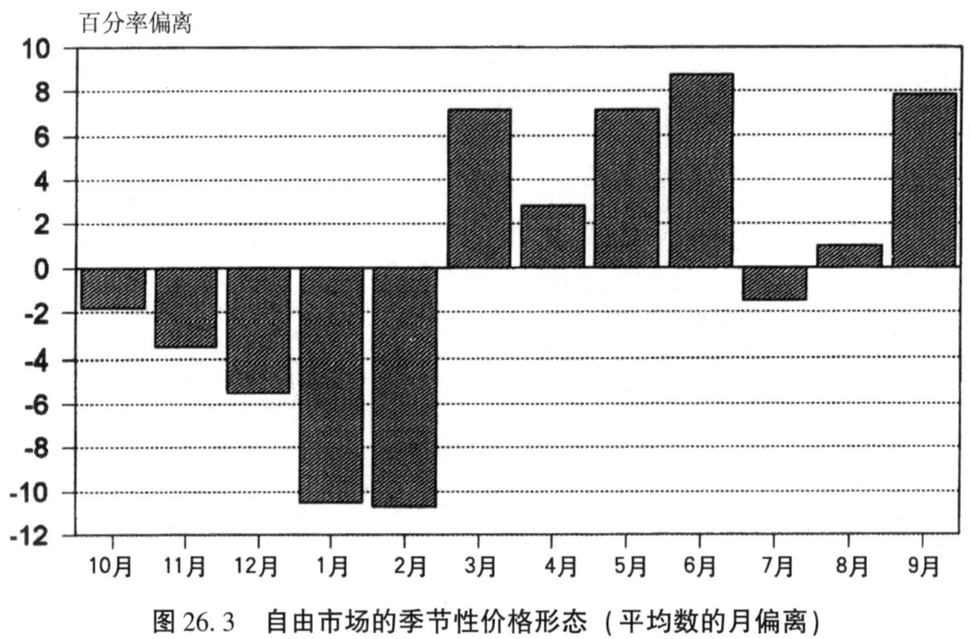

图 26.3 自由市场的季节性价格形态（平均数的月偏离）

归类分析法

1989 年废除国际价格调控体制前，自由市场的基本结构不适合采用回归分析法，因为统计的重要数据太少，这种情况下，比较适用的分析方法是归类分析法。用该方法，意味着基本分析师要列出市场上主要的变量，与上年和近几年数据进行比较，确定是看涨、看跌还是保持不变。这一季的总销售额为市场的潜在价格走势提供了一些线索。

下面表格为数字归类法的例子：

评估	数值分类
看多	+2
适度看多	+1
中性	0
适度看空	−1
看空	−2

根据每个分析师的观点选择具体数字，主要是确定模型中录入的基础数值。

评估生产国的平衡表

表 26. 1 是咖啡市场平衡表。美国农业部于每年 6 月和 12 月公布相关数据，通常有生产国的数据。

表 26. 1　全球咖啡生产国供需平衡表

年度（10 月起）	期初库存	产量	进口量	总供给量	国内消费量	咖啡豆出口量	烘干后出口量	速溶咖啡出口量	总出口量	总消费量	期末库存
1980	25,523	86,174	675	112,372	20,463	56,692	179	2916	59,787	80,250	32,122
1981	32,122	98,152	755	131,029	24,056	61,037	235	4068	65,340	86,396	44,633
1982	44,633	82,074	733	127,440	20,620	62,739	220	2495	65,454	86,074	41,366
1983	41,366	88,975	606	130,947	21,080	65,080	351	2771	68,202	89,282	41,665
1984	41,665	90,508	456	132,629	22,968	68,493	306	3341	72,140	95,108	39,521
1985	37,521	95,837	397	133,755	21,386	67,367	248	2506	70,121	91,507	42,248
1986	42,248	79,549	262	122,059	22,201	63,777	298	2333	66,408	88,609	33,450
1987	33,450	103,285	296	137,031	23,074	64,484	337	2329	67,150	90,224	46,807
1988	46,807	94,363	415	141,585	22,664	47,874	162	2856	70,892	93,556	48,029
1989	48,028	97,286	258	145,572	23,036	79,953	129	3239	83,321	106,357	39,215
1990	39,215	100,487	352	140,054	23,806	73,968	83	2976	77,027	100,833	39,221
1991	39,221	104,315	349	143,885	22,097	77,712	53	3032	80,797	102,894	40,991
1992	40,991	92,909	770	134,670	22,223	73,094	113	3984	77,191	99,414	35,256
1993	35,256	94,162	542	129,960	24,676	70,849	139	4173	75,161	99,837	30,123
1994	30,123	90,585	510	121,218	24,982	70,445	103	4034	74,582	99,564	21,654

在开发价格预测模型中，我们基于生产国平衡表选择三个主要变量：

1. 可提供的出口数量。

2. 预期出口数量的百分率。

3. 将来的供应量。

可供出口量

将可提供的出口量定为扣除国内消费的剩余数量，简单地说，可提供的出口量等于期初库存加上生产国消费的进口量减去国内消费。由于生产国将大量的咖啡投放全球市场，因此全球供应量受出口数量的影响。

在规定可提供出口数量时，分析师应了解生产国提供装船量的增减。为了确保下一年度能与其他年份一致，要与上年和其他年份比较。如果可供出口数量比上年多，但比 3 年和 5 年的均值少，我们可将该数字定为 0（中性），而不是-2（空头），事实是上年的数值较少，可供出口数量高于上年，但是低于平均值。

预期出口量百分率

仅用可供出口量不能完全说明问题，在出口需求中要观察实际供应情况，并要考虑计划装船的出口数量，可供出口的计划装船量与上年相关数量为分析师提供了参考数据，也就是咖啡生产国要调整的出口数量。

如果计划出口量与上年和几年来的可供出口量吻合，可能使市场供应趋于紧张。这种情况下，为了缓解紧缺的供应需提高咖啡价格，因此，较高的出口量和近几年的可供出口量的比率定为多头数值。相反，如果出口量很低，意味着市场供应充足，较低的出口量与近几年可供出口量比率可能得出空头排列数值。

未来的供应量

对咖啡生产国平衡表中第三个变量的评估，实际由两个不同成分组成：新季度期末库存的预测和其后产量的初步预期。若新季度的期末库存上升，那下季的产量预期可能降低；如果新作物预期增加，库存的增加比预期的影响要小些。如果预期的新作物期末库存和下季的产量都增加，将来的供应量可定为空头排列；如果预期两者都下降，可定为多头排列；如果预计的变化为反向，可认为是中性排列。

咖啡生产的基本情况

为了评估来年产量的潜在变化，熟悉咖啡的基本生长情况很重要。咖啡是一种生长周期为 12~15 个月的树形灌木，作物成熟后采摘果实，将咖啡豆烘干后生产出绿咖啡，咖啡树来年又长出新的果实。由于咖啡树在一定时期内结出两茬咖啡豆，咖啡产量通常有高低周期循环，咖啡产量增加的年份树枝结出了太多的果实。因此，下年度的新芽发芽率就明显减少，产量也会减少。

这种交互的周期形态会由于下面的情况改变，例如，主要生长区出现霜冻。此外，在主要咖啡生产国，由于一些新树进入了结果周期，因此有时低产年会出现高产（从咖啡树种植到产果需要大约 2~4 年的时间）。

由于气候是影响咖啡产量的关键因素，从一个季节到下一季节的产量变化的准确程度是很难预测的。尽管如此，预测咖啡产量还是要结合新作物生长的气候和环境条件，才能大致预测出产量——为我们的模型提供必要的信息。

生产国平衡表的变量排列

生产国平衡表中可能列出的最大数字为+6，而最小数字为-6。很明显+4 以上看多，而-4 以下看空。一般认为-1 到+1 间为中性，而在两种绝对值中间的要么为适度看多，要么为适度看空。

产量变量的排列：两个实例

表 26. 2 运用生产国平衡表的评估法，回顾 1990 年 6 月基本分析师的展望，参照当月公布的美国农业部报告。在表 26. 2 中，可以看到预测的 1990/1991 年可供出口量，从 10 月开始为 13,980 万包，实际上，该数字与前一年登记的 14,020 万包变化不大，因此，相对于一年前的数量，可供出口数量定为中性（0）。但是，可供出口数量比 3 年前均值略有上升，反映出空头排列（-1）比 5 年前的均值明显增加，完全是空头排列（-2），这三个比较的均值，采用变量-1 的排列数值。

方程中产量的其他两个变量，用相同的方法计算综合性排列数字。出口量与可供出口量的比率反映出预期装船量为供应的 68. 4%，较前一年（+1）登记的 67. 4%略有增加，比 3 年和 5 年均值（+2）明显增加。总而言之，该变量确定为多头排列（+2）。

最后，1990/1991 年新产量库存略有下降，从开始的 3770 万包到 3620 万包，与随后 1991/1992 年预期的产量上升在周期形态上一致。因此，未来供应包含的变量确定为中性排列（0），结合生产国平衡表中 1990/1991 年三个变量的数字用总排列数+1（-1+2+0=+1），属于中性。

表 26.2 生产国平衡表评估（千包，60 公斤/包）

	1990/1991	1989/1990	3 年均值	5 年均值
期初库存	37,716	47,301	42,731	41,600
产量	101,690	92,563	95,684	92,390
进口量	343	293	300	310
总供给量	139,749	24,309	23,360	22,713
国内消费量	25,158	24,309	23,360	22,713
可供出口量	114,591	115 848	115 355	111,587
出口量	78,406	78,132	71,290	71,660
可供出口百分率	68.4%	67.4%	61.8%	64.2%
期末库存	36,185	37,716	44,065	41 659
1991/1992 产量变化	UP			
排列	组合排列数	与上年比较	与前三年均值比较	与前五年均值比较
可供出口量	-1	0	-1	-2
可供出口量百分率	+2	+1	+2	+2
预测未来供给量	0 +1			

注意：平均价格=128.81 美分。配额于 1981 年 10 月至 1986 年 2 月生效，并于 1987 年 10 月至 1989 年 6 月再次生效。

在表 26.3 中，我们可以看到 1994 年 6 月美国农业部预测的 1994/1995 年生产国平衡表，预测新的一年（1994/1995）可供出口量比上年、前 3 年和前 5 年的均值明显下降，完全反映出该变量应为多头排列+2。出口与可供出口量的比率比上年、3 年和 5 年的均值明显上升，反映出多头排序+2。最后，新产品期末库存和 1995/1996 年初期产量预测都比其后三个比较阶段低，是很强的多头排序+2。三个生产国平衡表中输入综合序列数+6，可能是最大的数值。因此，生产国平衡表 1994/1995 年的变化明显呈多头预期。

表 26.3 生产国平衡表评估（千包，60 公斤/包）

	1994/1995	1993/1994	3 年均值	5 年均值
期初库存	30,123	35,256	38,489	40,542
产量	90,585	94,162	97,129	97,832
进口量	510	542	554	454
总供给量	121,218	129,960	136,172	138,828
国内消费量	24,982	24,676	22,999	23,168
可供出口量	96,236	105,284	77,716	78,699
出口量	74,582	75,161	77,716	78,699
可供出口百分率	77.5%	71.4%	68.7%	68.0%
期末库存	21,654	30,123	35,457	36,961
1995/1996 产量变化				
排列	组合排列数	与上年比较	与前三年均值比较	与前五年均值比较
可供出口量	+2	+2	+2	+2
可供出口量百分率	+2	+2	+2	+2
预测未来供给量	+2 +6			

注意：平均价格=81.06 美分。自由市场条件自 1985 年 3 月至 1987 年 9 月生效，并从 1989 年 7 月开始继续生效。

评估消费国平衡表

产量仅为方程中的部分变量，在根据基础指标制定咖啡市场交易策略前，必须关注消费国的需求情况。

编制消费国平衡表

迄今为止，尚无预测机构公布消费国的供应与使用率分类表，而咖啡分析师需依据各类信息和数据编制适用的平衡表。

确定消费国平衡表的第一步是确定其咖啡存量，在 20 世纪 80 年代期间，ICO 将消费国季末库存量列成表，可以看出公布数据的滞后性，因此，库存数据一般 6~9 个月后才公布。

20 世纪 90 年代初期，ICO 出口配额制度取消后，消费国的库存量更加受到市场关注，对其中两个数据来源一直存在争议。美国是全球主要的咖啡消费国，原味咖啡协会每月都对主要咖啡库进行调查，相关数据大约在每月 15 日公布，反映上月底前库存状况。

伦敦一家公司 E. D. &F. Man 是全球咖啡市场主要参与者，该公司将绿咖啡协会关于美国咖啡库存数据纳入其广泛的调查，其中还包括其他主要消费国的数据。关于平衡表的数据，从 1989 年开始，许多分析师采用 ICO 库存数据，并参照绿咖啡协会/E. D. &F. Man 的数据。各国政府有关部门都在公布进口数据，这些统计数据来自咖啡生产国、ICO 统计报告和德国统计公司 F0. Licht´s 国际咖啡统计局。

咖啡进口有三种类型：咖啡豆、速溶咖啡和烘焙咖啡。咖啡豆进口以 60 公斤一包（132 磅）计，速溶和烘焙咖啡进口以磅计，绿咖啡协会的转换形式为，1984 年前，速溶咖啡装船的计量单位是磅乘以 0. 02267985122；1984 年后是磅乘以 0. 1965587107；烘焙咖啡装船的计量单位是磅乘以 0. 00899994096。

总进口不能完全反映出消费国实际供应量，然而，由于咖啡豆交易不如速溶咖啡和烘焙咖啡活跃，因此，出口和供应必须考虑净进口数字，然后从总进口数据中扣除出口量。

要确定消费量比较困难，美国每月公布咖啡烘培量报告，虽然仅代表美国咖啡烘烤厂家，但这些数字是基于咖啡生产国的调查，通常这些数字不包括速溶咖啡，因此，这些数字只反映加工的咖啡量，不是消费国最后的进口和使用量。

由于缺乏总的消费数据，实际上更多的是用库存和进口数量来计算总消费量。近年来有关消费国库存量的信息有所增加，这样就比较容易计算净进口量，下面是计算消费量的公式：

消费=净进口+期初库存−期末库存

如果从年底到年初的期末库存量增加，为了确定实际消费的咖啡量，必须从净进口中减去储备的变化量。如果消费国年初到年底的库存量下降，须将下降量加净进口数字后得出消费量。用该方法得出的消费量仅能反映库存的变化，而不是实际使用率，也就是消费量。

表 26. 4 为近几年全球咖啡市场消费国平衡表分类，表中的数字是用上述方法得出的。该平衡表为进一步评估咖啡市场提供了基本数据。

应指出的是，由于消费平衡表只汇集了过去一年的数据，因此，必须分析比较生产国的产量变化。鉴于消费平衡表不能提供下一年的预测，因此，我们看到的是将当年的数据与上年、前 3 年和前 5 年均值进行比较的情况。

表 26.4　ICO 消费国咖啡供需平衡表：10 月—来年 9 月（钱包 60 公斤/包）

年度(10 月起)	期初库存	净进口量	期末库存	库存变化	消费量	库存/消费比
1980	13,760	53,976	12,377	(1383)	55,359	22.4
1981	12,377	56,015	12,370	(7)	56,022	22.1
1982	12,370	55,859	11,508	(862)	56,721	20.3
1983	11,508	56,961	12,218	710	56,251	21.7
1984	12,218	56,729	13,179	961	55,768	23.6
1985	13,179	59,105	15,197	2018	27,087	26.6
1986	15,197	57,339	15,813	616	56,723	27.9
1987	15,813	55,561	14,182	(1631)	57,192	24.8
1988	14,182	56,422	13,404	(778)	27,200	23.4
1989	13,404	63,876	18,480	5076	58,800	31.4
1990	18,480	57,386	17,566	(914)	58,300	30.1
1991	17,566	64,716	19,982	2416	62,300	32.1
1992	19,982	59,418	19,200	(782)	60,200	31.9
1993	19,200	57,500	15,700	(3500)	61,000	25.7

开发价格预测模型需要在消费平衡表中确定三个主要变量：

1. 消费国库存。
2. 消费国消费。
3. 库存/消费比。

消费国库存

在自由市场的环境下，了解消费国库存数量很重要，以前实行配额制时，如果装船流动性不能保证，仅从消费国的评论中了解其库存量。如果上年消费国的库存量下降，当年的库存变化不大时，就更要关注这些国家的供应量。若近期消费国的库存下降，应为多头排序（+1 或+2，取决于分析师的评估）；若库存变化不大，认为是中性排序（0）；如果库存有所增加，定为空头排序（-1 或-2）。

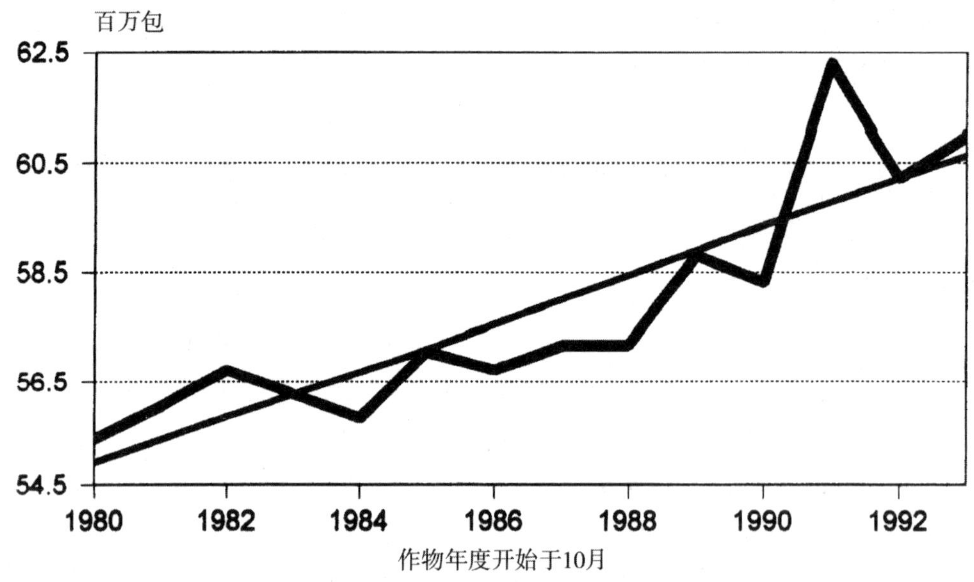

图 26.4　ICO 消费国的消费量（实际消费量与趋势）

消费国消费

长期以来，咖啡消耗量呈增加趋势（见图 26.4）。为了评估消耗量，我们计算了全年消耗量与前 5 年平均消耗量比率，然后，将该比率与上年、前 3 年和前 5 年均值进行比较。这个过程可反映近年消耗量是高于还是低于市场预期。

库存与消耗量比

消费国平衡表中第三个数据是前两项的比率：库存与消耗量，该比率比较有参考价值，因为可以反映库存状况。

如表 26.4 所示，消费国的库存/消费比与 20 世纪 80 年代相比很低，在出口配额制期间，使用国基本上确保了稳定的供应流程，只有 1986/1987 年例外。由于 1985 年 10—12 月，巴西主要咖啡种植区干旱导致 1986/1987 年咖啡减产，巴西是主要的咖啡生产国，其产量占全球咖啡总产量约 30%。

20 世纪 80 年代初，消费国的库存维持在 20%~24%，相当于所有月份的2.40%~2.88%，为了确保供应量，同时大量的储备导致价格上涨突破了 ICO 价格区间的顶部，最后于 1986 年 2 月暂停配额制，这种情况持续到 1987 年 9 月咖啡市场实行自由交易为止。

在无贸易计划的月份，消费国的储备可提供大约 28%或平均 3.36 月的使用量。

如果消费国的库存达到这个数量，价格在其后月份会下降，最后促使 ICO 生产国和消费国重新实施配额制度。我们将 28%的比率作为参考标准，因此，在评估库存/消费比时，不仅要考虑上年的变化，还要看比率高于还是低于 28%。一般来说，与上年比，若库存/消费比增加，高于 28%为空头排序（-2）；若比率减少，低于 28%为多头排序（+2）。

应强调的是，高于 28%基准不会是长期的数据。未来咖啡市场结构的变化不断地修正库存/消费比。已确定的基准点将作为分析师选择适当库存量的参考依据。

消费国变量的排序：两个实例

表 26.5 为消费国平衡表，反映 1989/1990 年咖啡市场的情况，可能在 1989 年 7 月作出预测。选择此时间点与用于预测 1990/1991 年产量的相同时期相对应，如表 2 6.2 所示。

由于 1989/1990 年的期末库存从 1340 万包增加到 1850 万包，该变量与上年比为空头排序（-2）；由于库存数量高于前 3 年和前 5 年的均值，都是空头排序-2。

表 26.5　消费国平衡表（千包，60 公斤/包）

	1989/1990	1988/1989	3 年均值	5 年均值
期初库存	13,404	14,182	15,064	14,118
净进口量	63,876	56,422	56,441	57,031
期末库存	18,480	13,404	14,466	14,355
消费量	58,800	57,200	57,038	56,794
前五年的消费比率	103.5%	101.1%	101.2%	101.4%
库存/消费比	31.4%	23.4%	25.4%	25.3%
排列	组合排列数	与上年比较	与前 3 年均值比较	与前 5 年均值比较
上季的库存	-2	-2	-2	-2
消费比	+2	+2	+2	+2
库存/消费比	-2 -2	-2	-2	-2

注意：供需平衡表的信息基于 ICO，E. D. 和曼氏期货公司，以及截至 1993 年 6 月的各种政府数据。3 年平均数基于 1990/1991—1992/1993 年的数据。5 年平均数基于 1988/1989—1992/1993 年的数据。

用 5 年平均使用量除以 1989/1990 年 5880 万包得出的消耗率为 103.5%。由于该使用量明显高于各阶段使用量，因此该变量定为+2。

最后，1989/1990 库存增加超过了使用量增长，使预期的库存/消耗比从 1988/1989 年的 23.4%增加到 1989/1990 年的 31.4%。增加幅度和库存/消费比明显高于 28%，其库存量与上年、前 3 年和前 5 年比为空头排序-2。

表 26.6　消费国平衡表（千包，60 公斤/包）

	1993/1994	1992/1993	3 年均值	5 年均值
期初库存	19,200	19,982	18,676	16,723
净进口量	57,500	59,418	60,507	60,364
期末库存	15,700	19,200	18,916	17,726
消费量	61,000	60,200	60,267	59,360
前五年的消费比率	102.8%	102.5%	105.0%	104.9%
库存/消费比	25.7%	31.9%	31.4%	29.9%
排列	组合排列数	与上年比较	与前 3 年均值比较	与前 5 年均值比较
上季的库存	+2	+2	+2	+2
消费比	-1	0	-1	-1
库存/消费比	+2 +3	+2	+2	+2

表 26.5 中三个消费国平衡表的综合排序为-2，登记的负数最多为-6，正数为+6。而-2 的排序适度看空。

表 26.6 又提供了一个评估消费国平衡表的方法。假设分析师于 1994 年 6 月确定的数据对预测 1994/1995 的价格有用。据预测，消费国现货市场的期末库存（1993/1994）明显下降，从 1920 万包降到 1570 万包，期末库存预测也低于前 3 年和前 5 年的平均库存，因此，我们将该数值定为正值（+2）。

通过除以上年和前 5 年的平均使用率，得出了 1993/1994 年消耗率为 102.8%，该数值与 1992/1993 年计算的比率（102.5%）基本相符。但是，与前 3 年和前 5 年 105.0%和 104.9%均值比略有增加，1993/1994 年的 102.8%偏空，其排序为-1。

相比消耗率，库存在 1991/994 年出现戏剧性下降，25.7%的比率与上年、前 3 年和前 5 年的均值相比明显下降，也低于 28.0%基准值，因此，在模型中输入正数（+

2）。

综合上述情况，得出消费国平衡表的总排序为+3。并且，当得出 1993/1994 年的排序时，可用该数值预测 1994/1995 年的价格趋势。

综合性价格预测模型

为了建立预测咖啡价格的模型，我们必须将消费国平衡表中的三个变量和三种组合综合为一个数值，理论上每个数值都位于-6 与+6 之间，总排序位于-12 与+12 间。表 26.7 为总的情况说明。

在表 26.8 中，用排序法描述 1989/1990 年以来生产国平衡表的基本情况，参照美国农业部每年 6 月份公布的报告，用消费国库存和进口数据预估全年的库存。如果预测期间仅提供 10 月—来年 4 月的消费国净进口数据，应用 10 月—来年 4 月全年进口百分率估算其他月份进口量。

本章介绍了模型中 6 个变量排序，将各序号综合加起来得出表 26.7 的分类数值，然后用每年的分类数预测下一阶段（7—12 月）的价格趋势。

表 26.7 咖啡价格模型排序

消费国平衡表排序	
看空	-6 至-4
适度看空	-3 至-2
中性	-1 至+1
适度看多	+2 至+3
看多	+4 至+6
消费国平衡表排序	
看空	-6 至-4
适度看空	-3 至-2
中性	-1 至+1
适度看多	+2 至+3
看多	+4 至+6
消费国平衡表排序	
看空	-12 至-8

适度看空	-7 至-3
中性	-2 至+2
适度看多	+3 至+7
看多	+8 至+12

为了评估模型的有效性，我们选择比较 6 月的平均价格（对下一季节的预测是根据现有数据得出的）和随后的 7—12 月期间的价格水平。我们没有跨越 12 月，因为那时美国农业部发布了生产国的下一组最新供需数据。此时，可以采用更新的数据进行类似的分析。我们也只是将研究限制在 1989 年 7 月暂停配额之后的时期。

26.8 **咖啡价格预测模型**

	1989/1990	1990/1991	1991/1992	1992/1993	1993/1994	1994/1995
咖啡生产国平衡表						
可供出口量	−2	−1	−2	+2	+2	+2
可供出口量百分比	+1	+2	+1	+2	+2	+2
预测总供给量	+1/0	0/+1	−1/−2	+1/+5	+1/+5	+2/+6
咖啡消费国平衡表						
期初库存	+1	−2	−1	−2	−1	+2
消费比率	0	+2	+2	+2	+1	−1
库存/消费比	+1/+2	−2/−2	−1/0	−2/−2	−1/−1	+2/+3
综合排序	+2	−1	−2	+3	+4	+9
平均价格						
6 月	$ 1.0452	$ 0.6991	$ 0.6560	$ 0.4810	$ 0.5454	$ 1.2791
7—12 月	$ 0.6667	$ 0.7247	$ 0.6415	$ 1.5268	$ 0.6821	$ 1.7971
变化率	−36.2%	3.7%	−2.2%	9.5%	25.1%	40.5%

注意：生产国平衡表信息是基于美国农业部于 6、7、8 月发布的首份季节前瞻性报告，消费国平衡表信息根据国际咖啡组织、曼氏期货公司和政府报告完成，价格则是引用国际咖啡组织的复合报价。

基于上一年的显示，由 1989—1990 年的例子可知，在 7—12 月期间，价格仍在支持价格与出口配额制之间进行调整。模型中显示的综合性排序与实际价格变化一致。例如，1990/1991 和 1991/1992 年的中性价格排序与 6 月和 7—12 月的变化基本相符。最后，除 1994/1995 年的排序数值较高外，相对于 6 月的均价，1994 年 7—12 月咖啡价格出现了戏剧性上涨。

该模型的缺点是仅能预测价格变化的方向，无法提供变化幅度。例如，1992/1993 年和 1993/1994 年序号相似，但是 1993 年 7—12 月价格上涨超过 1992 年 7—12 月。

基本模型的延伸

尽管我们在本章考察的因素足以对市场进行准确的预测，还是有更多的变量可以纳入分析的范围。譬如，下面这些分析变量可以进一步加以考虑：

1. 咖啡种子与供应的充足性；
2. 可提供库存的咖啡质量；
3. 政府销售政策对各主要出口国的影响；
4. 季节性消费因素。

结论

本章介绍的排序分类法是基于统计数据进行的，该方法比较适合预测咖啡市场的价格走势。咖啡市场从 1980 年开始自由交易，到 1985 年后几个月，巴西干旱期间得出咖啡分析结果。排序分类法存在的问题在于，仅能预测价格的运行方向，不能预测价格和价格变化幅度。

第 27 章　预测原油价格

迈克尔·罗斯曼[①]撰文　杰克·施瓦格编辑

知识就是力量。

——托马斯·杰斐逊

力量就是原油桶。

——沙特阿拉伯前石油大臣扎克·雅马尼

预测原油价格是个动态过程，即，代表不同时期的变量不断地发生变化。本章主要介绍影响原油价格的供求变量，特别要关注石油输出国组织（OPEC）的影响。

原油分类

进行原油价格预测时，首先要问的是，“预测的是哪种原油?”世界各地生产的原油有上百种，由于价格与质量都不同，所以不可能简单地得出主要消费中心的运输成本。一般情况下是根据硫磺含量和比重（美国石油协会（API）比重）对原油进行分类。在一些炼油厂，原油的 API 比重越高，生产出的产品就越“轻”，如汽油、喷气燃油和石蜡等；原油的 API 比重越低，越可能生产出中度和“重”油，如取暖油、柴油和剩余燃料。因此，含有较高 API 比重的原油称为轻油，而 API 比重较低的原油叫做重油。例如，西德克萨斯中部原油平均 API 比重为 40，就是轻油，

① 迈克尔·罗斯曼是美林证券公司期货研究部第一副总裁、高级能源分析师。本章刊载得到美林证券公司的授权。

而阿拉斯加北部原油的 API 比重为 27，就是重油。

确定原油类别的主要成分是含硫量，也是衡量各国原油的基本指标。原油在生产过程中含有许多杂质，其中包括重金属、蜡质、可溶气体和硫磺等，在冶炼过程中可清除硫磺和一些杂质，这主要是为了防止冶炼设备的损坏。硫磺是原料中最引人关注的，因很难从冶炼过程中排除。如果原油中含硫量达到 0.5%以上，被认为“含硫过多”，而含硫量低于 0.5%为“低硫油”。例如，尼日利亚最好的轻油含硫量低于 0.1%，就是低硫油，但墨西哥玛雅油的含硫量高于 33%，就是酸油。

许多情况下，轻油一般为低硫油，相反，重油多为高含硫油。因此，在油企内部经常听到“甜—酸价差”，意指重/酸油与轻/甜油间的价差。一般情况下，轻/甜油几乎总是为重/酸油价格贴水，反映了炼制过程中产生的炼制产品内在的较高品质和相对较低品质的炼制难度。

供应/消费平衡

通常预测原油价格首先从分析全球供应和消费平衡开始，主要包括 4 个因素：（1）消费；（2）非石油输出国组织供应；（3）石油输出国组织的产量；（4）库存。如果每天的产量和消费数字以百万桶表示，库存也用百万桶表示。

消费

为了判断消费量，1993 年全球原油消费量每天超过 6700 万桶。从传统意义上说，工业化国家经常将消费与使用分开，这些国家是经济合作与发展组织（OECD）的成员，约占非经济合作与发展组织国家油使用总量的 58%。

经济增长率是影响油需求增长的主要因素，其他因素包括影响能源开发的环境条件，一个典型的例子是 1985 年英国的煤矿罢工，导致燃油需求和欧洲原油需求的大幅增加。

预测油的消费增长点是主要石油消费国的国民生产总值的实际增长率。假设石油消费与经济增长的比率比较稳定，例如，近几年，经济合作与发展组织国家的石油与 GDP 比率大约是 0.5，这意味着经济扩张每增长 1%，油的消费就上升约 0.5%。不同国家和地区的油使用量与 GDP 增长比率不同，发展中国家在经济增长中原油的用量很多，同时，要关注油使用量与 GDP 比率的变化情况。

解决石油平衡与消费方面的问题是缺乏时间数据，特别是非经济合作与发展组织国家，通常这类数据会滞后一到两年，5 年后进行修正。

非石油输出国组织的石油供给

详细的石油平衡表划分出非石油输出组织的生产国，包括美国、英国、挪威、墨西哥、苏联、厄瓜多尔（前 OPEC 会员）和中国。此外，非石油输出组织的供给通常包括一项“冶炼加工利润”，指加工期间形成的碳氢化合物分子所测定的体积利润。

通过收集不同出处的数据，包括国际能源署（该组织的供应与消费预测已成为石油企业的参照指标）、生产国和政府机构，如美国能源部公布的预估，以及相关行业与交易所发布的信息，由此得出非石油输出组织生产国供给的预测数值。

市场分析师用不同的方式预测苏联的石油供给量。在苏联解体前，认为苏联是石油“净出口国”。事实上，所有划入“中央计划经济”类的国家包括中国、苏联和东部那些具有共同目标的国家，如越南、蒙古和一些标有“典型石油平衡完全计划经济出口”的国家。编制的平衡表包括这些国家消费和非石油输出组织国家的供给等项目。由于苏联的石油产量仍高于消费，因此，一些分析师将苏联划分到“净出口国”一类。只要在平衡表中正确地处理好苏联的类别，采用什么样的分类方法不重要。

石油输出国组织的石油供给

石油输出国的 12 个成员国——沙特阿拉伯、科威特、伊朗、伊拉克、阿拉伯联合酋长国、卡塔尔、印度尼西亚、阿尔及利亚、利比亚、尼日利亚、加蓬和委内瑞拉——大约占全球石油供给的 40%（根据 1993 年的统计）。OPEC 不仅是全球最大的石油出口组织，实际上也是石油产量的主要来源。在石油平衡预测中，OPEC 国家的供给通常被视为市场的剩余来源。换言之，一直以来都有一个基本假设，非 OPEC 国家的产能一直处于最大的状态，而 OPEC 国家的任务是平衡市场。对于消费量与非 OPEC 国家的供给量的某个特定预测值，两者之间的差值即是 OPEC 原油加上库存。结果是 OPEC 占全球石油供给的大部分份额，并发挥着全球残渣燃油供应的作用，OPEC 做出的决定对石油平衡和原油价格都将产生很大影响和杠杆作用。

库存：变幻莫测的数据

在构成石油平衡表的数据中，库存统计最接近所谓的“黑匣子”。事实上，除了 OPEC 国家，库存的数据很可能统计得不准确（甚至一些重要的国家也是如此），如苏联和中国。因此，平衡表分析与预测总是“不断地变化”。换言之，库存数据代表特定时期（一季或一年）的变化，这种变化是从预估的消费量与预估的非OPEC 国家和 OPEC 国家产量间的差额中获得的。

虽然有些政府机构公布全球库存的统计数据，但是，我相信这类数据的精确度不高。在统计石油生产国上报的部分库存数据时，最好的方法是分成以下几方面分析：

1. 美国库存。美国石油库存的数据还是比较准确的，并能及时公布。实际上，美国能源部和通常称作 API 的部门每周公布的统计数据中都有库存量。

2. 工业国家的库存。其他 OECD 国家每月库存数据由国际能源署公布，有时滞后 2~4 个月。

3. 战略（应急）库存。随着 1973 年阿拉伯石油禁运事件的发生，几个主要的工业国家——美国、德国和日本——决定建立石油应急库存以备日后供应中断时应急，现在，这三个国家储备大约 110 亿桶的应急库存。美国能源部每周公布其战略库存数据，而德国和日本的应急库存数据每月由国际能源署公布。

4. 其他国家的库存。其余国家库存量的预估通过估算全球库存变化得出，假设全球总产量减去全球总消费量，再减去工业国家的库存变化。为了将预估的库存变化转换为库存量，有必要先得出非工业国家库存的最初预估，这些数据从政府机构和主要石油公司的数据汇编中获得。一旦建立了期初库存，其后的库存数字根据每个阶段的库存变化获得。

估算全球库存量是石油分析师所面临的难题之一。需要解决的基本问题是：在预测价格趋势中库存量是很重要的因素吗？在这一点上，如果提供的数据不准确，就会令人感到失望。市场预测人员通常基于库存“增加”预期石油价格下降，而根据库存“降低”来预期价格上升，但是，实际情况并非都如此，如图 27. 1 所示，原油库存并没有显现出反向关系，而出现了明显的正相关性，如假设的。

为什么石油价格与石油库存是正相关的形态？一种似是而非的解释是价格直接影响库存需求。特别是当价格上涨时，石油公司可能想储存更多的石油，因为他们担心将来会以更高的价格购买石油。相反，当油价下跌时，这些公司又想减少库存，以避免持有太多油使其贬值，因此，用库存预估石油价格的方法效果并不理想。

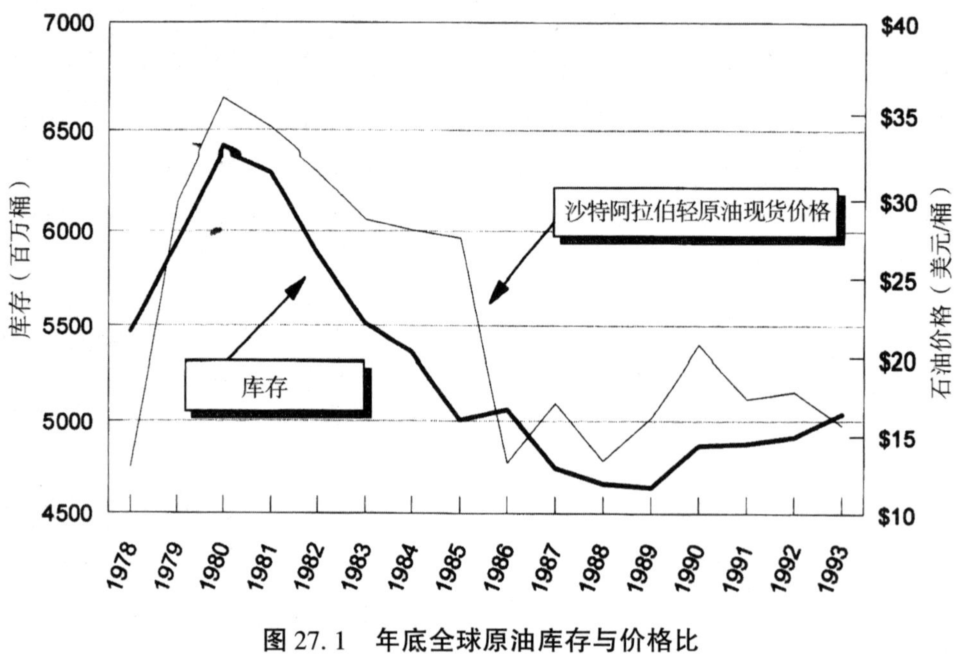

图 27.1　年底全球原油库存与价格比

OPEC（石油输出国组织）政策：油价预测的关键因素

石油输出国组织的政策变化可能是预测原油价格的关键因素。在很长的一段时间内油价在一定的区间运行，由于价格运行范围在很大程度上受限于石油输出国组织主要生产国、波斯湾等地区的国家，如图 27.2 中所示，1983—1985 年期间，油价一直维持在 27 ~32 美元之间。当价格运行至价格区间的底部时，石油输出国组织为了支持市场而削减产量；反之，当价格运行到价格区间的顶部时，石油输出国组织的石油产量缓慢上升。近几年（1989—1994），由于海湾战争的影响，石油输出国组织希望价格振幅在 17 ~22 美元之间，偏离该范围的时间一般不会太长（见图 27.3）。

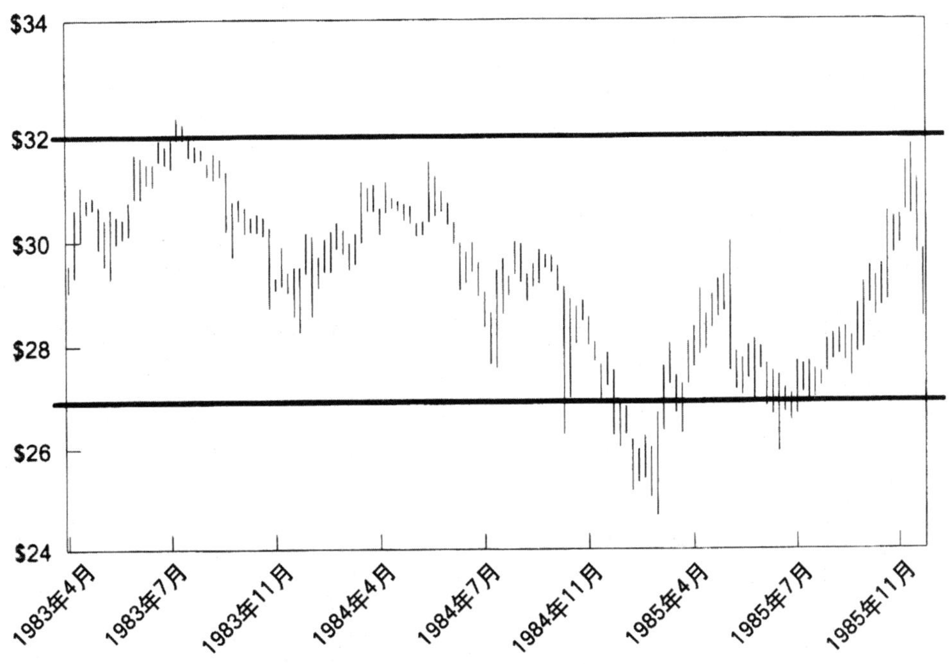

图 27.2　纽约商业交易所近月原油期货价格一周的价格波动

当然，有时突发事件诱发价格明显偏离该区域，或者在该价格范围内调整。通常，这种事件可分为三类：

1. 动态结构变化。关于市场结构变化的典型例子是 1985 年沙特阿拉伯决定放弃其石油供应国的权利，最终导致石油价格大幅下挫。

2. 供给库存。一个很有特点的例子是 1990 年伊拉克入侵科威特，由于该事件对供应预期的影响比实际更大，在这种情况下，入侵事件诱发了价格上涨，其幅度是几个月前的 250%，市场后来回吐了几乎全部利润。

3. 需求库存。有的事件是由寒冷的气候诱发的，例如，1989 年 12 月异常寒冷天气导致取暖油价格在一个月内成倍上涨。应强调的是，寒冷气候对库存需求的影响比消费量增加的影响更大。

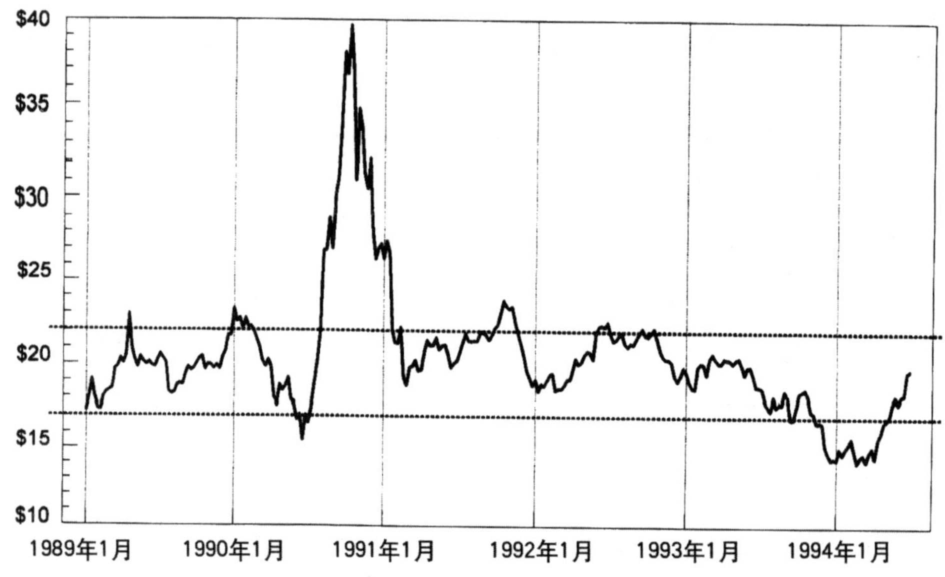

注意：根据每日结算价的平均值计算。

图 27.3　纽约商业交易所近月原油期货价格

石油市场的历史不断重复 OPEC 决策的戏剧性变化，促使价格按照供需分析的相反方向运行。正如前面提到的，石油输出国组织只是市场残渣燃油的提供者，其决策对供需的影响很大，而没有涉及实际的定价供求量。

预测油价：综合性分析法

任何分析的起点都是对石油输出国组织确认价格区间的评估，除非有基本因素认为该范围不切实际，确定价格范围对交易有一定的指导意义。在对石油输出国组织的一些因素进行评估和对供需平衡和市场平衡充分理解后，再确定石油输出国组织认为可行的交易范围。

这种供需分析的起点可预测石油平衡状况。如前所述，如果添加了非石油输出国组织成员国的产量预测和预期的石油需求增长，就能感觉到正在形成的物质供需压力。在分析石油平衡的过程中，我们的目标是"呼吁石油输出国组织原油加上库存"，该数据代表了石油预估数量，以便达到预期消费需要的石油输出国组织产量和库存，并获得非石油输出国组织国家产量和全球需求的预测。在石油输出国组织产量可以预测的情况下，前面提到的预估可能意味着预期库存的变化，未来库存变化的预期在确定价格方向时可起到关键的作用。

接下来是评估地缘与政治因素，这是长期以来很难确认的因素。在一定的时期，重点关注一个或多个国家，主要是那些石油市场受政治与经济不稳定影响的国家。例如，1994 年 7 月，尼日利亚——中等规模的石油生产国，由于国内军事干预拘留了政治领导人导致停产。有时，可能涉及一个地区的突发事件，如海湾战争。

度量市场供需最有效的方法是原油时间价差，该时间价差为纽约商业交易所第一与第二个原油近月合约的价差。时间价差是市场心理状态的提示，或更精确地说，通过期货市场的石油企业参与者的相互作用反映出预期方向。特别是当市场处于牛市形态时，原油的时间价差趋向上升，即，近月原油期货合约的价格相对次月原油期货合约的价格上涨。反之，当石油市场处于熊市期间，时间价差趋向下降。这种形态的基本原理为：当市场参与者预期价格更高时，相比远月供应，他们希望增加近月的供应量；当市场参与者预期价格将下降时，采用相反的方式。

通常，如前面预测的，价格趋势与时间价差将朝同一方向运行。但有时时间价差可能与价格运行趋势方向不同，这种情况下，时间价差可能是价格预期将发生变化的信号，提醒市场参与者关注价格变化。

最典型的例子是 1994 年初走势出现背离，如图 27. 4 所示，在第一季大部分时间内，美国西德克萨斯轻质中间基原油期货价格不断温和走低，而此时的时间价差却持续增大。换言之，虽然价格走势疲软，但时间价差反映出市场心理的变化情况。买方愿意支付近月较高的价格，正如时间价差在增加的例子，意味着买方的心理从“我可以买入全部我需要的油”到“我不可能买入全部需要的油”的变化，这种心态转变的原因缘于生产国动荡的政治局面。由于全球经济增长强劲从而对石油需求增加，加之石油产能匮乏，所以，油价完全体现出时间价差的变化。如从 1994 年 3 月开始，油价盘升了近 7 美元/桶（见 27. 4）。重要的一点是，有时时间价差可能是价格变化前市场发生反转的信号。

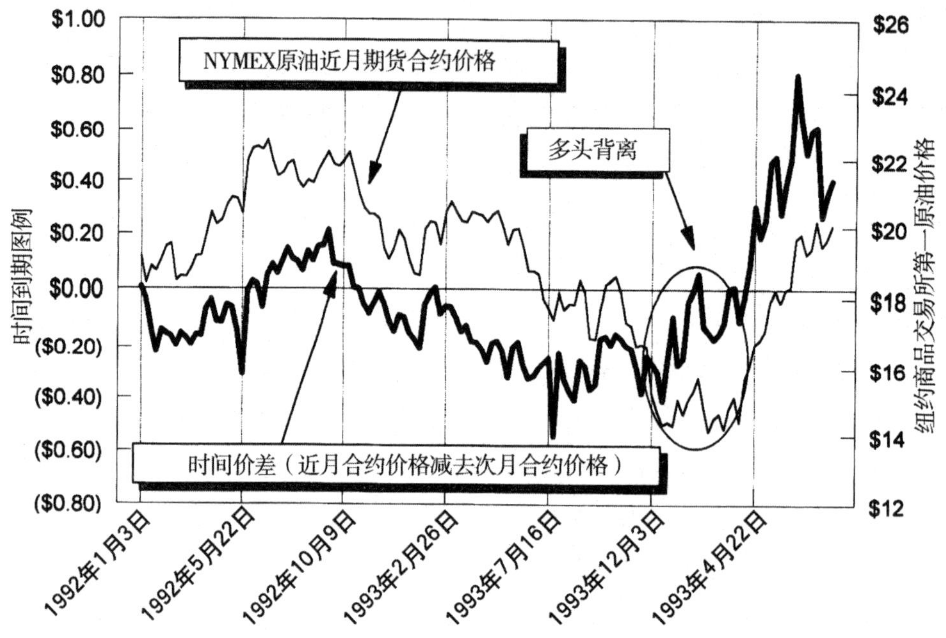

注意：根据每日结算价的平均值计算。

图 27.4　时间价差：纽约商业交易所原油近月合约价格减去次月合约价格

最后还要强调的是，在确定价格趋势时，市场的预期比基本面更重要。例如，1993 年 11 月 OPEC 会议期间，市场油价将近 17 美元，基本接近 NYMEX 原油期货价格。据以往经验，OPEC 应削减产量以免价格下跌，从历史上 OPEC 价格预期可以看出，每当接近 17 美元时，都会采取一定的措施。但这次，直到会议结束，生产商也不赞成缩减生产配额，因此，在一个月的时间里，价格下跌了 3 美元/桶。现在，要记住的一点是，价格的下降反映出对石油平衡问题关注不够。更重要的是，市场觉得 OPEC 没有大幅削减产量，意味着他们不再保持已认可的价格底线。

在 1994 年 3 月的会议上，OPEC 仍然不同意削减产量，并在此期间将全球石油库存增加了二到三倍。尽管 OPEC 的决策好像对市场不利，但会议结束后油价却开始上涨，这种荒谬的价格特征只能再次用预期来解释。1993 年 11 月与 1994 年 3 月会议的区别是，后者的情况是交易者预测到 1994/1995 冬季石油供应趋紧。

总体而言，石油价格预测是动态的过程，包括正在进行的 OPEC 分析、供需方面的考虑、地缘政治的发展、最终市场对这些因素相互作用的认可和预期。

第 28 章　预测铜价格

与多数农产品市场不同的是，并没有官方统计数据或贸易机构的数据预测铜的基本面。例如，玉米市场可提供种植面积和当年产量预估，在玉米收割前的一段时间可以预测当年作物的产量，并且，年初美国农业部会公布国内消费量和出口量的预测数据。还有，在生猪市场上，美国农业部公布生猪报告预测六个月后的屠宰量，预估大约一年的数据和基本面变化。但铜市场却没有类似的数据可以参考，有关产量、消费量和库存等数据通常要滞后一两个月才公布。

虽然铜市参与者可通过网络获得一些相关的信息，如产量预期和库存趋势，但仅靠分析师和交易者获得的资料进行预测不够准确。因此，铜价预测模型只能采用预测前的数据和信息，而不是预测期间的预估数据。

供给因素

如第 4 章图 4. 10 所示，铜的库存/消费比与价格之间存在很强的逆相关关系。这种关系符合一般的推理：相对于全球年度消费量，铜的库存增加（美国和全球库存量）对应的是较低的价格；而库存/消费比较低时，价格就会上涨（当然，需求因素也很重要）。

除采用库存/消费比作为供应指标外，还要考虑库存/消费比中的变量，也就是供应方面的指标。图 28. 1 说明了近月合约价格与库存/消费比每年变化百分率之间的关系。

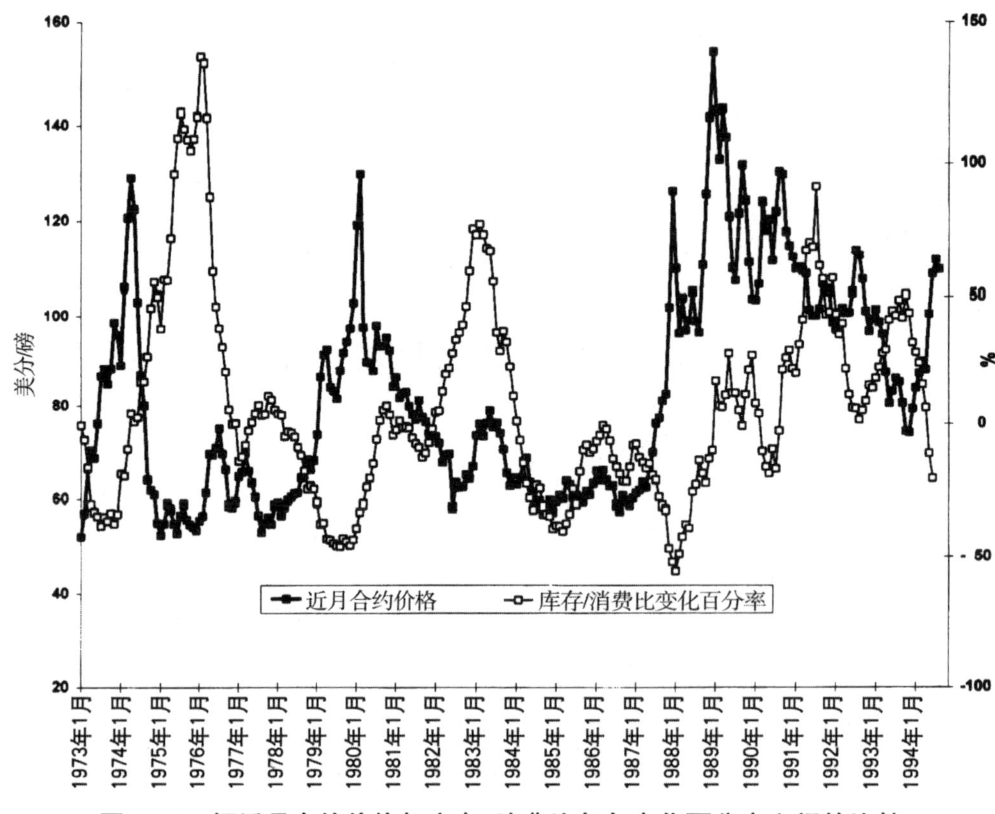

图 28.1　铜近月合约价格与库存/消费比每年变化百分率之间的比较

需求因素

经济指标

虽然上述供给因素可以简单地说明铜价的变化情况，但仅依据这些因素还不能建立铜价预测模型，有必要考虑纳入需求因素。实际上，铜的需求取决于铜企业的活动和整体经济状况。第 4 章中介绍了铜市预测的经济指标，图 4.11 为新屋开工情况，从中可以看出其先于铜价的峰顶和谷底出现转折。图 4.12 为铜价与汽车销售之间的关系，也存在领先铜价变化的情况。最后，图 4.13 反映了就业人数和总的经济增长与铜价之间的关系。

通胀指标

通货膨胀对铜的需求也有影响。首先，通胀会影响存货需求心理，在通胀加速期间，铜的用户为了预防将来铜价上涨经常增持库存，而在通胀逐步趋缓时他们也会减少库存。其次，通胀加速意味着实际价格低于名义价格。因此，在其他条件不变的条件下，通胀意味着每个名义价格的需求量增加。因此，除了前面介绍的一些经济指标外，铜价预测模型中还应纳入通胀指标。

有许多反映通胀的指标，本章介绍的通胀指标包括以下三个：

商品研究局（CRB）指数。CRB 指数综合了 21 种商品价格的权重。图 28.2 说明了 CRB 指数与铜价的相关性。有时该指数领先于铜价，有时则滞后于铜价。

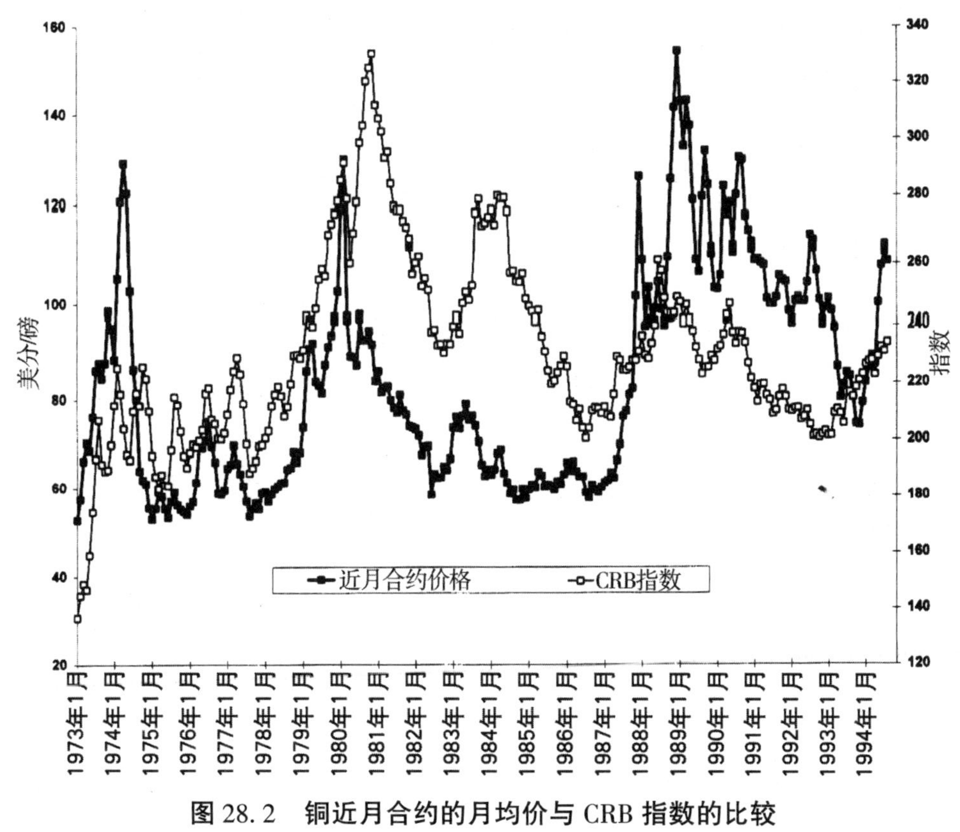

图 28.2　铜近月合约的月均价与 CRB 指数的比较

CRB 指数每年的变化。该指数每年的变化通常领先于指数本身的转折点。图 28.3 则显示了 CRB 指数每年的变化趋势，领先于铜价或与铜价变化一致。

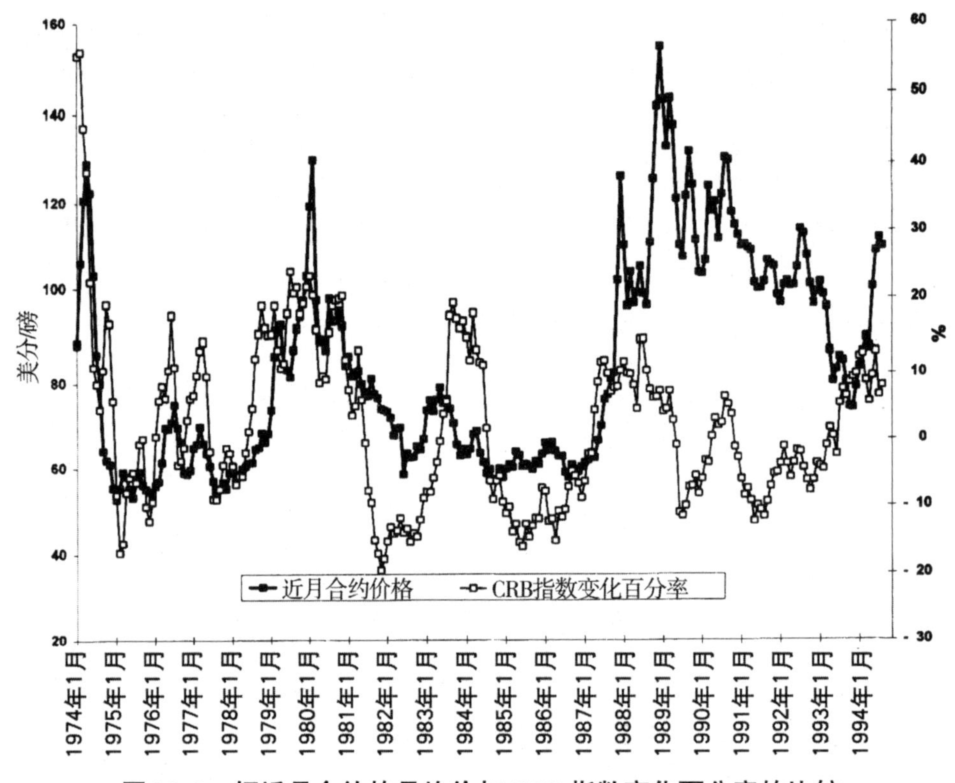

图 28.3　铜近月合约的月均价与 CRB 指数变化百分率的比较

黄金期货连续合约价格变动。通过调整即将到期合约与展期合约的价差，连续合约价与期货合约价格越来越接近。这种价格序列精确地反映出持有多头头寸价格的变化，但不能反映过去的实际价格。连续合约的详细情况见本章附录。图 28.4 说明了黄金期货连续合约价格与铜近月合约价格之间的关系。

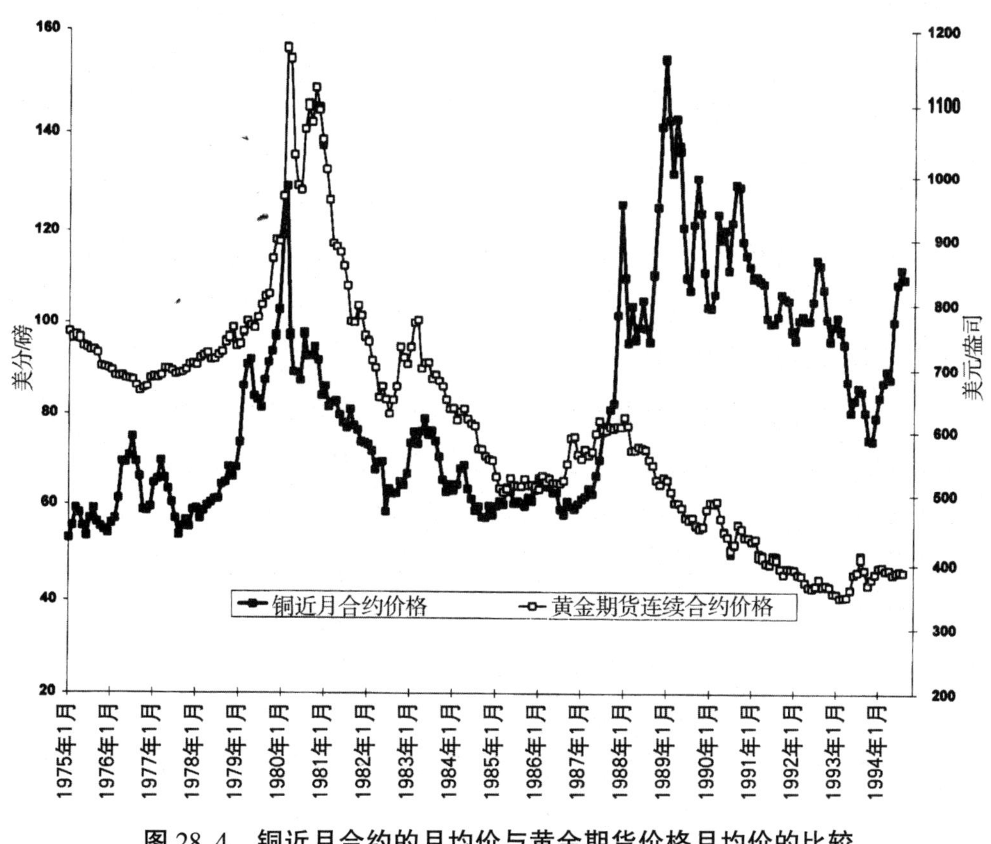

图 28.4　铜近月合约的月均价与黄金期货价格月均价的比较

铜价差指标

大多数情况下，远月合约的价格高于近月合约，原因在于存货增加成本。最主要的成本就是购买存货所付出的货币利息损失。其他成本还包括仓储费和保险费。例如，如果铜远月合约的交易价格等于或低于近月合约（现货价格①），大多数用户就希望买入期货以确保供应需要，而不愿持有存货。用于购买存货的资金就可获得利息收入，同时也节约了仓储费。这种经济效益，常常推高远月合约的价格。

但也存在例外的情况。当供应出现暂时短缺，短期的缺货会使买方愿意高价收购。当现货市场严重缺货时，近月合约价格将会推至高位。

① 现货价格（也称为现金价格）是指实物商品（即可迅速获得的商品）的现时价格。

上述有关期铜价差的说明意味着：近月和远月合约之间的价差是比较好的指标，可以反映出市场处于多头还是空头。图 28.5 比较了近月合约价格、期货连续合约价格，以及最近交割月与下一个交割月合约之间的价差均值。如图所示，当近月合约处于溢价时，铜价是上涨的走势，但当近月合约处于贴水状态时，铜价可能下跌或震荡。

价格预测模型将价差作为指标的另一个原因就是近月合约溢价时对多头有利，因为远月合约处于贴水状态。同理，在近月合约贴水时有利空头，因为溢价的远月合约空头在到期时出现净亏损。

例如，假设现货价格和近月合约都是 65 美分①，后续期货合约为 67 美分，如果现货价格保持不变（假设现货价格与期货之间没有基差），而新合约最终交割时将跌至 65 美分，虽然现货价格和近月合约价保持不变，但交易者买进下一月期货合约很可能亏损 2 美分。价格持续震荡走势，且远月合约出现溢价，长期持有的多头头寸会累积亏损，即使在一段时间内现货与近月合约价保持不变（或小幅上涨）。如图 28.5 所示，从 1982—1987 年中期，现货市场②持续一段时期横盘，但远月合约大幅下滑，因远月合约处于溢价状况③。

再举个例子，假设现货价格和近月合约都是 1.10 美元，那么下月合约价格为 1.00美元。如果现货价格维持不变，而下月合约变为最近交割月时，价格将上涨到 1.10美元，此时，即使现货与近月合约价几乎保持不变，购入该合约的交易者将获利 10 美分；而当远月合约贴水时，持有多头头寸的交易者可能累计盈利，即使现货与近月合约价不变或者走低。如图28.5所示，在 1989—1990，尽管现货价格④下跌，但后续各合约价持续走高，因远月合约始终处于贴水状况。

---

① 为了简化说明，我们假设近月期货和现货的价格处于同一水平。虽然情况并非如此，但近月期货往往会随着到期日收益而与现货价格趋同（假设两者之间没有基差）。

② 如本章附录所详述，连续期货价格系列恰好反映了持续多头头寸的权益变动。

③ 在此期间，近月合约的价格横盘反映了现货市场的价格横盘。

④ 在此期间，近月合约的价格下跌反映了现货市场的价格下跌。

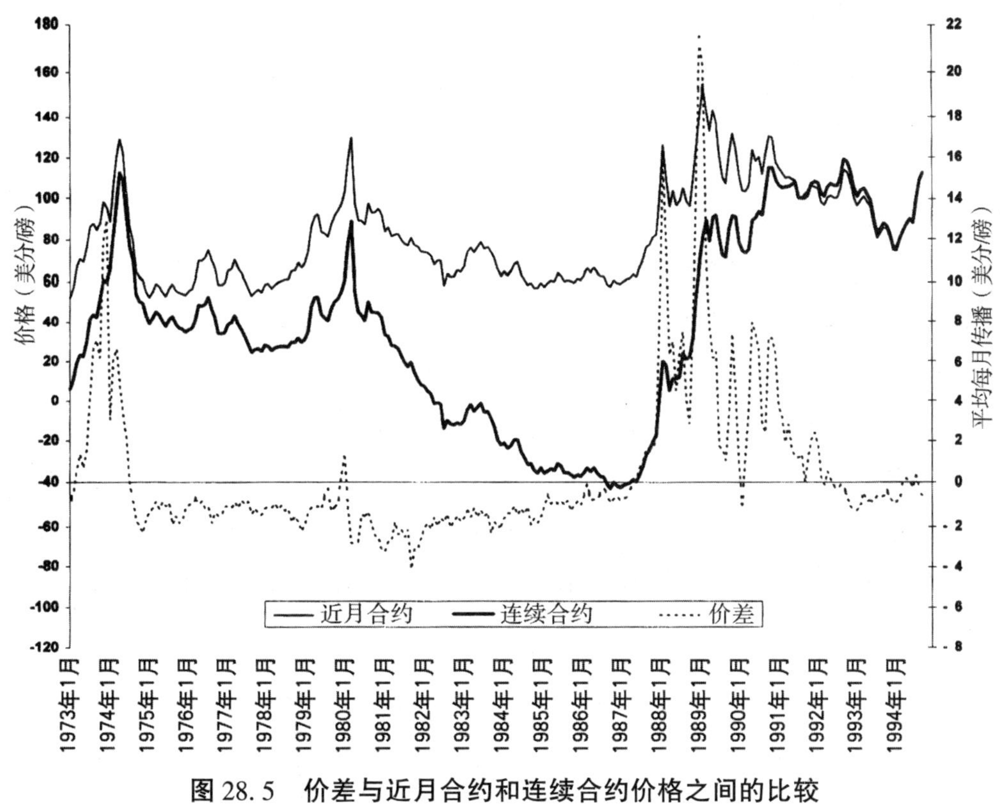

图 28.5　价差与近月合约和连续合约价格之间的比较

因此，价差指标会在有利于多头时（近期升水远期贴水），提供建仓信号；而当市场有利于空头时，则发出看空信号。可以说，价差指标具有双重作用，不仅可以显示现货价格运行方向，同时还能提供适于实际交易的信号。

价差指标没有被归为供应或需求因子，是因为它反映了供需两个方面的情况。即近月合约处于溢价，意味着买方愿意高价买进现货（即需求强劲），也说明卖方不愿意卖出（即供应减少）。即使近月溢价仅代表供需的某个方面，想弄清楚是哪个因素也很困难。

数据选择

在构建预测模型时，首先要考虑数据的选择与资料的获取时间。如果模型将库存/消费比纳入其中，那么所采用的数据是两个月以前的数据，因为数据的公布通常滞后 2 个月。下面介绍的模型中，必须考虑数据的获取时间。例如，模型中不采用当期的数据，而是采用两个月前的库存/消费比。

将基本面信息转变为“时效信号”

在第 6 章中，我们讨论了如何利用多个变量（包括相关性较强的因子——不用回归分析）构建“时效模型’。如果当前趋势处于多头状态，将该变量指定为‘+1’；如果为空头趋势，变量为‘-1’，根据变量的趋势进行多空分类。第 6 章讨论了两种确定趋势的方法，本章我们采用其中的‘移动交叉平均法’进行分析。

例如，如果库存/消费比率趋于下降（因为该指标与价格逆相关）。我们选择 3 个月和 12 个月的移动交叉平均线进行判断，如图 28.6 所示，滞后 2 个月的库存消费比、近月合约价与 3 个月和 12 个月的移动平均线并列。当 3 个月移动平均线下穿 12 个月移动平均线时，将库存/消费比率走势定义为下行，指标设定为+1（因该指标与价格为反向关系）。当 3 个月的移动平均线向上穿过 12 个月移动平均线时，将比率走势定义为上行，指标定为-1。

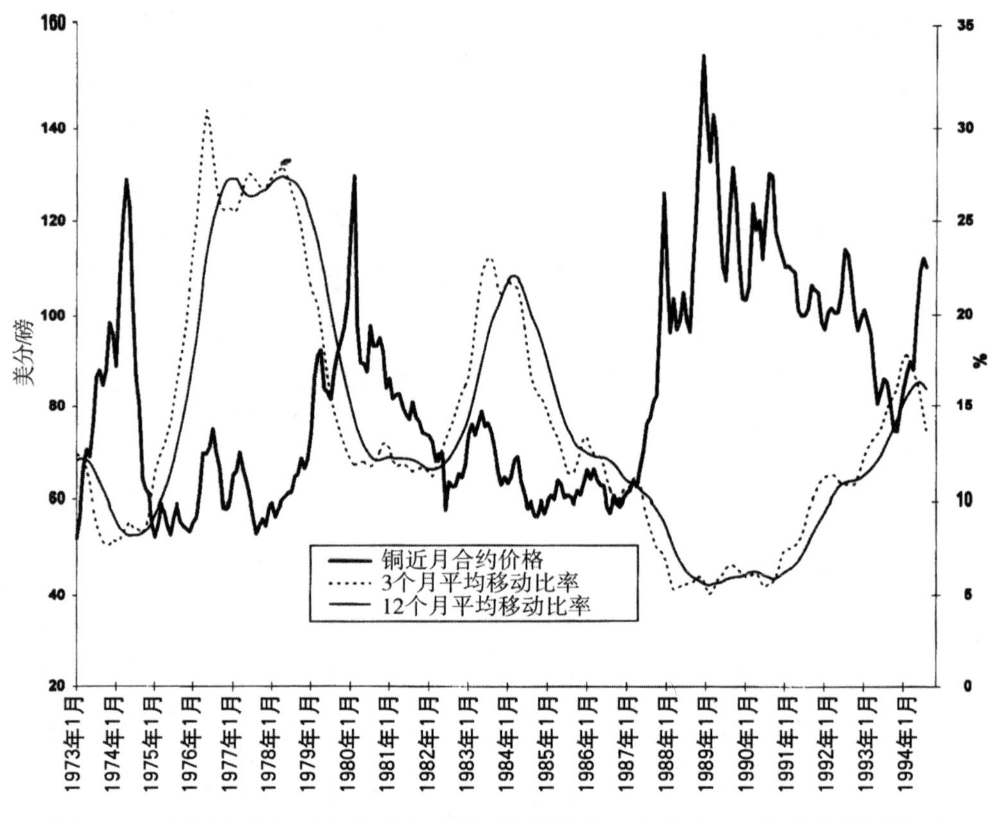

图 28.6　铜近月合约的月均价与库存/消费比的 3 个月与 12 个月移动平均线

在图 28. 7 中，有两条移动平均线和铜价，这样相互之间的关系就很容易比较，差价曲线在零线之上，表示指标趋于上行，指数为-1；而差价曲线位于零线下方，表示趋势将下行，指数为+1。

同样的方法也适用于前面讨论的其他指标。如图 28 . 8 所示，除了铜期货价格外，还有就业人口和 3 个月和 12 个月的移动平均线，数据都滞后 2 个月。这种情况下，由于该指标与铜价走势呈正相关，所以指标趋于上升走势（当 3 个月移动平均线穿过 12 个月移动平均线时），代表多头形态，指数为+1；反之指数为-1。图 28 . 9描绘了两条移动平均线与铜价差值，当差值曲线在零线上方时，代表趋势向上，指数为+1；差值曲线在零线下方时，表示趋势向下，指数为-1。

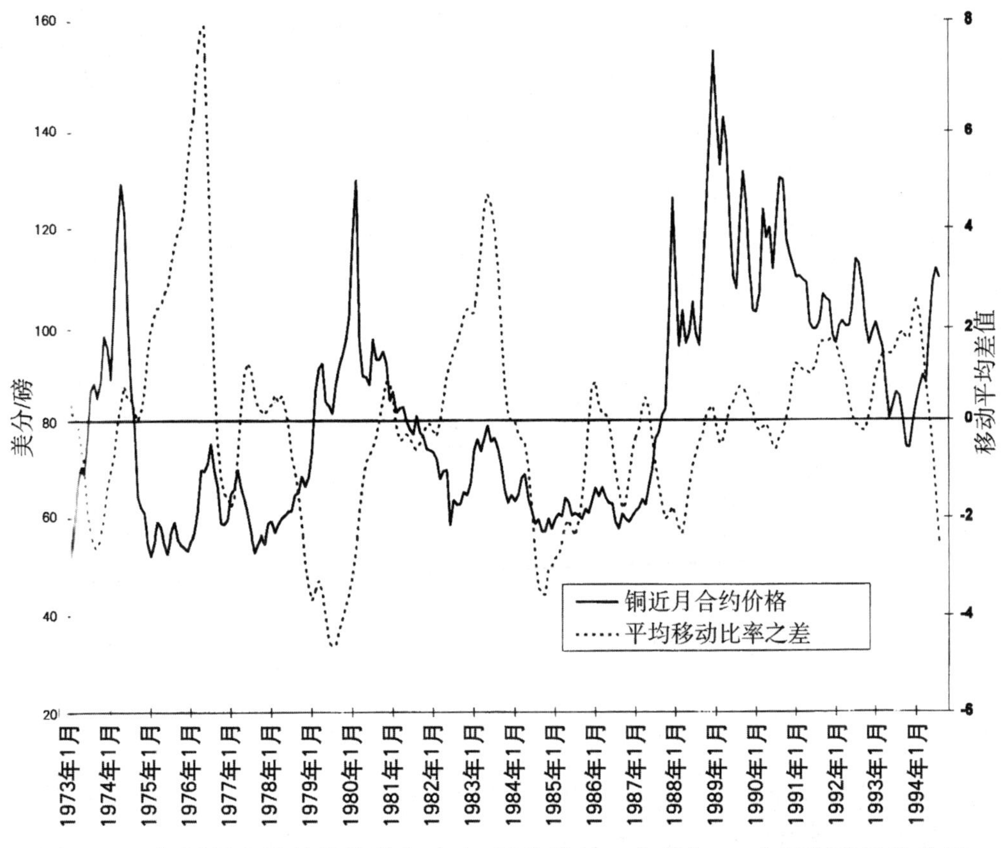

图 28. 7　铜近月合约的月均价与库存/消费比的 3 个月与 12 个月移动平均差值

上述方法可分别用于 8 个基本面指标与 7 条移动平均线，因此可获得 8 组+1/-

1 指数：

1. 全球库存/消费比的 3 个月和 12 个月移动平均线。

2. 全球库存消费比年度变化百分率的 3 个月和 12 个月移动平均线。

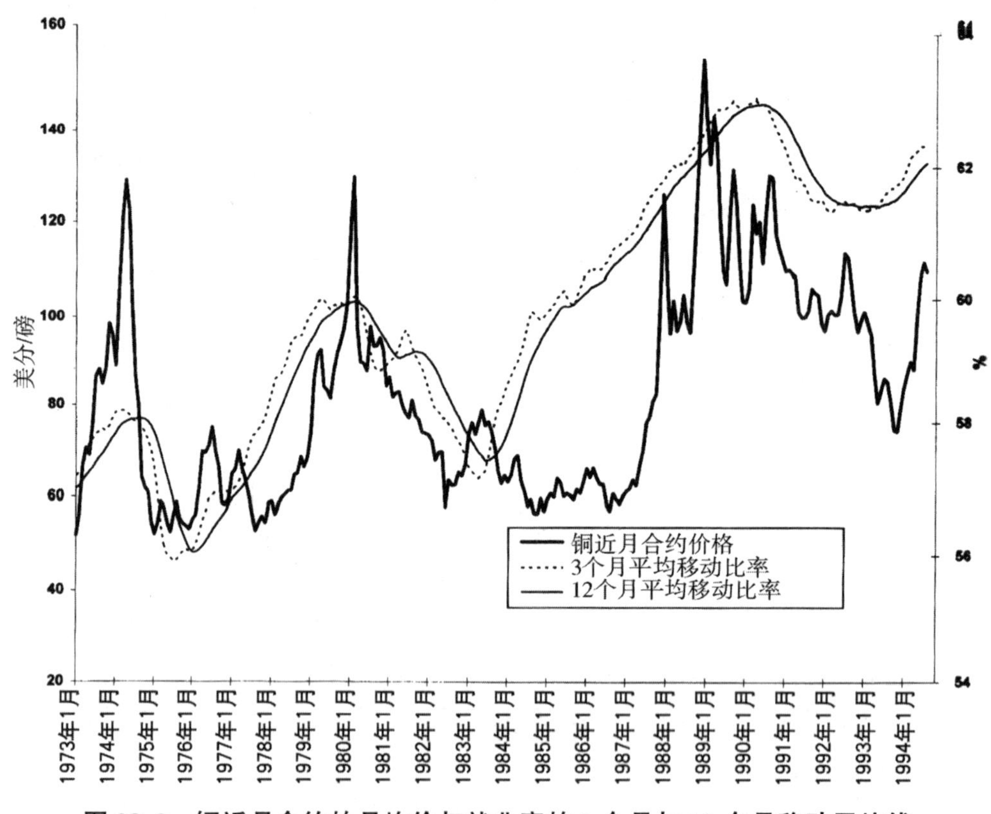

图 28.8 铜近月合约的月均价与就业率的 3 个月与 12 个月移动平均线

3. 新屋开工指数 6 个月和 24 个月移动平均线。

4. 季节性调整后汽车销售的 6 个月和 24 个月移动平均线。

5. 就业人口与总人口比率的 3 个月和 12 个月移动平均线。

6. CRB 指数的 3 个月和 12 个月移动平均线。

7. CRB 指数年度变化百分率的 3 个月和 12 个月移动平均线。

8. 黄金连续期货价格的 3 个月和 12 个月移动平均线。

上述这些经济指标的相关数据都滞后 2 个月，另外，新屋开工指数和汽车销售指数分别滞后 12 个月和 6 个月，主要是指标的变化领先于铜价。

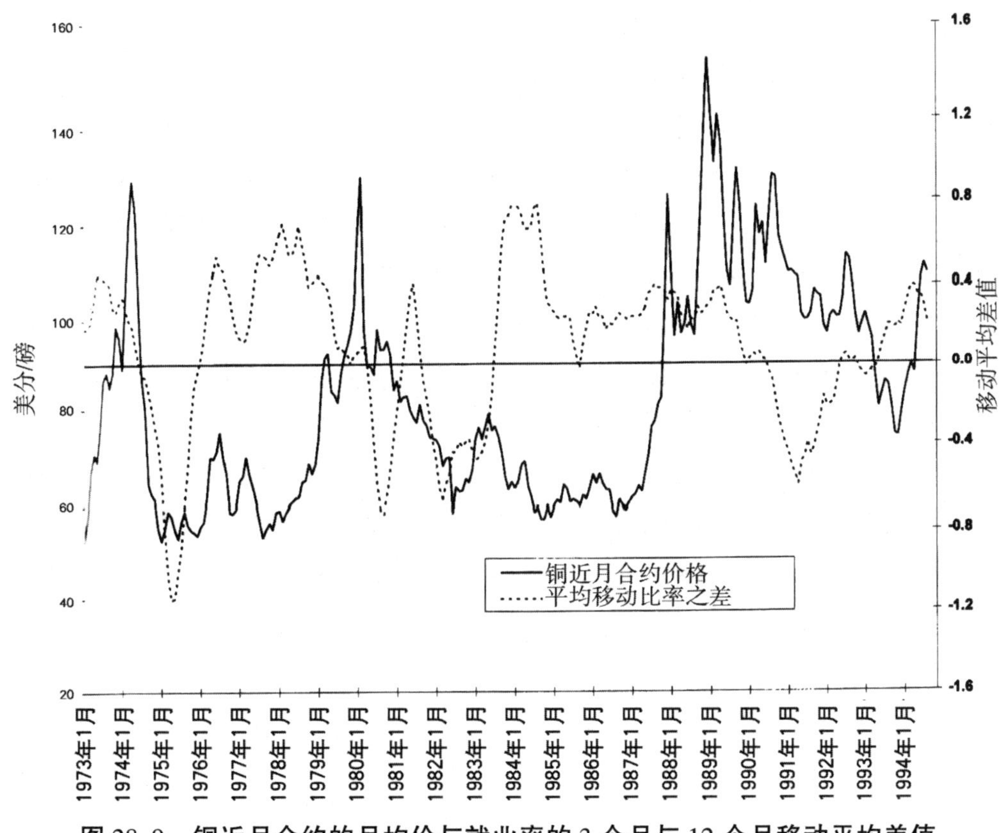

图 28.9　铜近月合约的月均价与就业率的 3 个月与 12 个月移动平均差值

除了上述 8 个指标外，还要考虑第 9 个指标‘铜价差的月平均值”（正价差为“+1”，负价差为“-1”）构成一个综合性指数。虽然用 9 个“+1/-1”指数简单相加可以获得一个综合性指数值，但这种方式需要考虑指标权重问题，因 8 个指标中有 2 个代表供给面，其余 6 个代表需求面。这样一来，供应面的每个指标的权重应是 3 倍，供需指标的影响力才能相等。

具体的权重分配取决于每个分析师的判断，根据下列权重构建综合性指数。

1. 两个供应指标的读数都分别乘以 16. 67。

2. 六个需求指标的读数都分别乘以 5. 56。

3. 价差指标的读数乘以 33. 33。

4. 指数的理论性区间在-100 到+100 间。

供应、需求指标和铜价差各占 1/3 的权重。基于两方面的考虑，价差指标的权重相对较大：（1）该指标同时反映供求情况；（2）它不仅可作为铜现货价的趋势，而且可以根据期货市场价差提供买卖信号。

2. 供应与需求指标的权重相等。

3. 在需求指标中，经济和通胀指标的权重也相等。

应强调的是，权重的分配尚无标准的衡量方法。上述权重分配只能说基本合理。图 28. 10 的 3 条曲线，代表铜近月合约与连续期货合约价格与综合指数。如图所示，当指数的读数在零线之上，价格趋于上升；而指数的读数在零线之下，价格趋于下降。关于综合指数的解释，应注意以下几点：

1. 模型是根据综合指数的水平评估基本面情况，并以此判断铜价的多空走势。例如，综合指数处于下降趋势，但读数仍为正数，表示净多头的状况。在 20 世纪 80 年代后期，指数过早地发出了铜价到达顶部的信号，因指数先于价格到达顶部。然而，在铜价上涨期间，指数的读数都在零线之上，以此来判断价格的走势。

2. 综合指数只作为铜价运行方向的指标，而不能预测价格。比如，综合指数为 +80 时，并不意味着这时的价格也与指数相似，仅作为价格明显上涨的信号。

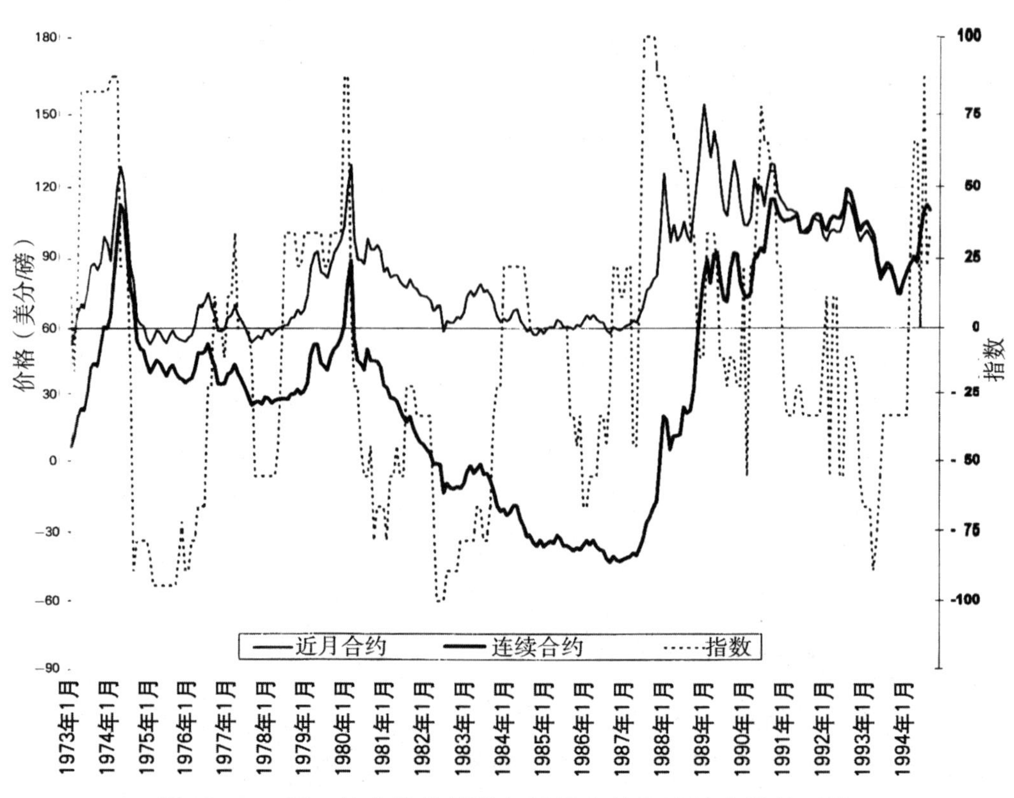

图 28. 10　铜：综合价格指数与近月合约和连续合约的对比

3. 指数的读数越大（正数与负数）表示趋势越强，意味着多数指标的趋势相同。因此，交易判断不仅要考虑综合指数正负，还应考虑其读数的大小，这表示相关趋势形成的可能性。例如，使用这种方法，多头头寸在综合指数上+80 的读数就比+10 的读数要大得多。

结论

本章讨论的重点如下：

1. 本章讨论的铜价预测模型是利用市场的实例，说明建立综合性模型选用的变量可以更换或添加。例如，可以用 COMEX 库存/消费量比率或 LME 库存消费量比率替代全球库存/消费量比率。此外，通货膨胀指标不一定采用 CRB 和黄金期货连续合约，还可以用其他指标代替。比如，消费者物价指数（CPI）和生产者物价指数（PPI）。

2. 该模型采用的资料以基本面为主，它可能在市场顶部或底部区域发出买入或卖出信号，这点看起来不错，但是有时也有一定的风险。比如在价格持续下跌期间，模型依然显示多头形态，或者在价格震荡上升阶段模型依然显示空头走势，因此，不准确的买卖信号可能造成巨大亏损。所以，要牢记的是，使用这种模型或类似模型时，应采用基本分析判断行情的方向，用技术分析选择入场买卖时机。

3. 基本模型采用月度数据，因而在确定市场顶部或底部的两个数据点时，即使模型已发出了反转信号，可能已经造成了一些损失（或减少获利）。例如，铜价于 1980 年 2 月达到顶点后的一个月，模型才发出做空信号，而铜价却在这一个月大幅下跌。

因此，解决这个问题要采用技术分析选择交易时机，只有在基本分析和技术分析一致时才能持有头寸。比如，当技术模型发出反转信号时，才表示市场发生了转变；当基本模型发出反转信号时，可购买空头头寸。当然，这并不是说技术模型优于基本模型，基本模型有时也先于技术模型发出反转信号。

4. 基本模型的完善需要不断地对选择的指标进行验证，其检验标准是这些指标明显与价格变化或盈利信号相关。例如，最初选择的指标理论上适合该模型，但实践证明与实际价格的相关性很小，所发出的交易信号也不准确，这样的指标应删除。

有时用经验检测滞后的变量。例如，选择新屋开工指数后，经验表明这一因素对判断铜价影响较大，历史资料表明该指标先于铜价出现转折。我们可从理论上调整滞后变量，但要预测将来滞后多长时间，如何通过曲线选择数据，则很困难。

由于指标的检验直接影响模型的建立，因此分析师要谨慎地观察模拟效果。换言之，如果模型依据历史数据模拟时发出最佳的入场信号，可能是模型采用了正确的影响因素，或完全与历史情况吻合，或是两者结合的结果。

5. 模型要采用连续期货合约的数据，而不是近月合约的数据。也许根据后者建立的模型效果更好，但在实际交易中却经常亏损。以 1982 到 1987 年中期的铜市为例，这段时间现货市场价格以横盘为主，近月合约显示可能突破。但实际上，因连续合约展期费用的增加（远月合约不断升水）已经出现累积亏损的情况。

附录：近月合约与远月合约的区别

近月合约

近月合约价格序列（传统方式是列出不同合约的价格）到期后换后续合约，直到交割为止，近月合约价格反映了过去一段时间的价格。因此，交易者应意识到，由于合约到期后展延和换月时的价差，近月合约的价格可能不准确。该价差意味着预期的价格，在展延一个以上合约期间，近月合约图不可能精确地反映已持有期货头寸的盈利或亏损情况。

连续期货合约

连续期货价格与连续的期货合约一起，形成一组连续的价格数列。要调整价格数列的读数以便与现行期货合约一致。实际上，连续价格数列可反映期货头寸的变化情况。

应注意的是，虽然最近连续合约的价格与当期交易合约的价格一致，但历史上的连续价格与名义上的价格不符。当市场上的远月合约价格高于近月合约时（如贵金属），过去的连续价格高于实际价格。事实上，过去的连续价格如果低于当时的价格，近月合约的价格高于远月合约价格，理论上讲，过去的连续价格可能被调整为负数（如图 28. 5）。此外，连续期货数列仍可精确地反映期货价格的运行情况。如上所述，由于忽略了合约转换时的价差，传统的近月合约图表不能准确地反映长期的价格。

例如，要弄清远月合约与连续合约的价格差别。假设黄金的现货价格一年来一直在 400 美元上下盘整；再假设期货市场价差每两个月期的持有成本为 1.015%，这种情况下，某个合约到期后，近月期货合约可能是 406 美元（400 美元×1.015），然后逐渐降到 400 美元，下一个合约换月时达到 406 美元，一年内不断重复这个过程。事实上，近月期货价格可能出现横向走势，一年后可能出现单边下行趋势，下调到 36 美元左右。要注意，连续期货价格反映了交易者在一定时间内持有头寸实际净值的变化。事实上，连续期货数列由多个连续的合约组成，可反映头寸的净值波动情况。

哪个合约更好?

近月合约和连续合约之间的差别在于：近月合约反映的是实际的价格水平，而连续合约反映的是实际的价格波动。哪个合约更好在一定程度上取决于预测的用途。例如，当测试一个指标的时间价值时，连续合约更可取，而近月合约更适合评估价格水平的预测模型。

第 29 章　预测黄金（贵金属）价格

人们总有一种浪漫的怀旧情绪：当把货币和黄金挂钩时，状况就会好转。这显然是错误的。当金本位制盛行时，英国和美国既有严重的失业问题，又有明显的通货膨胀。当金本位制运行时，一些最糟糕的经济萧条就发生在英国。

——罗伊·雅斯特拉姆，《黄金永恒》

本章以黄金市场为例说明分析方法，有的方法在前一章预测铜价格分析中已经介绍过。本章讨论的基本模型与前一章（预测铜价格）的模型相似，可参照前一章中介绍的优缺点、样本和相关的说明，类似的观点本章不再赘述。

黄金基本面：无关紧要的因素

黄金价格同其他商品一样由供需状况决定，在传统分析中有些术语定义不够清楚。由于不了解全球黄金的总库存量，通常只能用产量代替供应量，这种统计方法不够精确。但是，由于黄金的年产量在总库存中占很小的比重，因此产量仅代表总供应量的一部分（这点与农产品不同，农产品的库存通常仅是产量的一小部分）。遗憾的是，我们无法掌握黄金供应曲线的真正形态。也就是说，我们不知道各种价位之下黄金市场的供应量。并且，供应曲线经常变化，有时出现较大幅度移动。例如，在通胀比较严重的时期，黄金市场各种价位的供应量都会减少。

关于需求方面，仍存在很多问题，需求量是指特定价位的购买数量。在前一章金属价格预测中，介绍过贵金属需求——投机用（存储）和工业用的购买量。由于不了解需求曲线，有时需求曲线的移动幅度大于供应曲线。通常，分析师用消费量代替需求，这种处理方法不够准确。事实上，在黄金需求上升期间，消费量很可能下降。

因此，预测黄金价格，用产量和消费量进行研究不是最好的方法。要面对这个事实，而不能自认为这些分析能准确提供未来黄金价格运行趋势。因此，本章不讨论与产量和消费有关的内容。

黄金与通货膨胀

通胀是决定贵金属价格趋势的重要因素。图 29.1 为商品研究局（CRB）指数每年的变化与黄金近月和连续期货合约月平均价格[①]的比较。图 29.2 为生产者价格（PPI）指数每年的变化百分率与黄金近月交割合约和连续合约月平均价格之间的关系。从图中可以看出，在通胀加速期间，黄金的价格总是上升，而通胀趋缓时期黄金价格下跌。

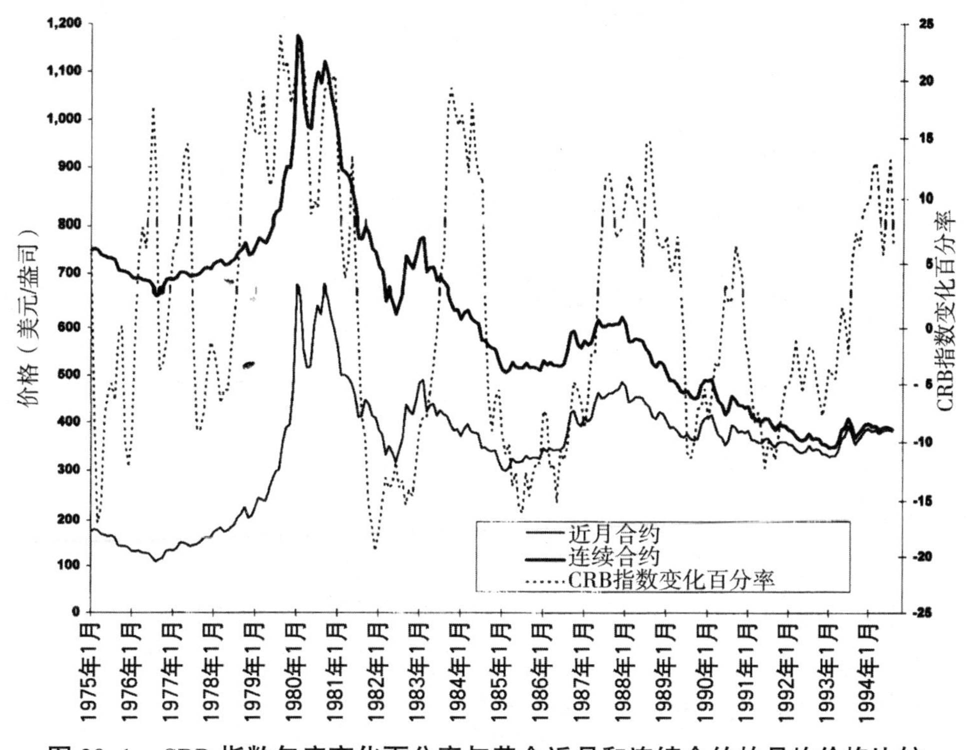

图 29.1　CRB 指数年度变化百分率与黄金近月和连续合约的月均价格比较

① 连续期货合约是消除了换月价差的一系列连续合约。虽然连续期货合约准确反映价格波动，但过去的连续水平将与实际历史水平不符（相比而言，近月合约将准确反映实际的历史水平，但不能反映价格）。建立适当的系列取决于具体的目的，应该使用近月合约来表明过去市场交易的实际价格水平，但用连续期货合约来说明交易者的交易结果。有关更详细的说明，请参阅第 28 章末尾的附录。

图 29.2 生产者价格指数年度变化百分率与黄金近月合约和连续期货合约的月均价格关系

外汇价格走势

图 29.3 和 29.4 说明了黄金价格与汇率走势的关系（注意，图 29.3 美元指数为倒置，因美元与外汇为逆相关）。尽管这种相关性很明显，但是，通常认为黄金价格与外汇价格走势有时也同步，这种观点可能不正确。外汇价格的转折点一般先于黄金价格，以图 29.4 为例，德国马克价格的底部出现在 1975 年底，但黄金价格直到 1976 年后期才到达底部。随后，到 1978 年底德国马克价格形成了三重顶的第一个顶部，而黄金价格在 1979 年仍加速上升，直到 1980 年初才到达高点。之后，黄金价格在 1985 年一直在低位徘徊，直到 1986 年中期才开始向上运行，而此时德国马克价格已提前大幅上涨。图 29.3 为美元指数（逆相关）与黄金近月交割合约和连续期货合约月平均价格。

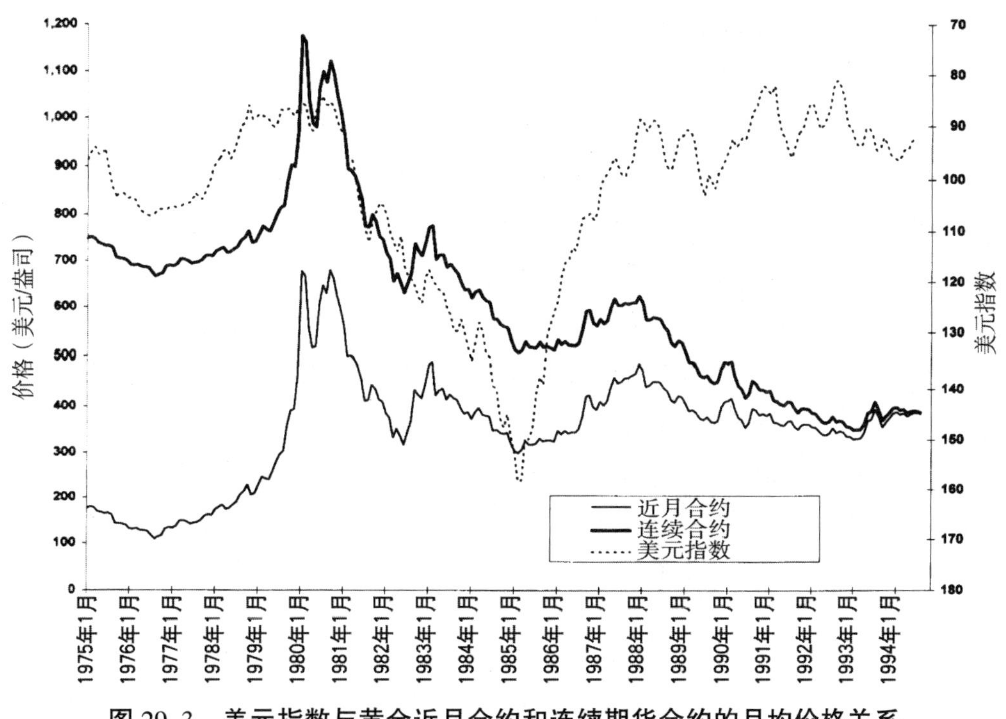

图 29.3　美元指数与黄金近月合约和连续期货合约的月均价格关系

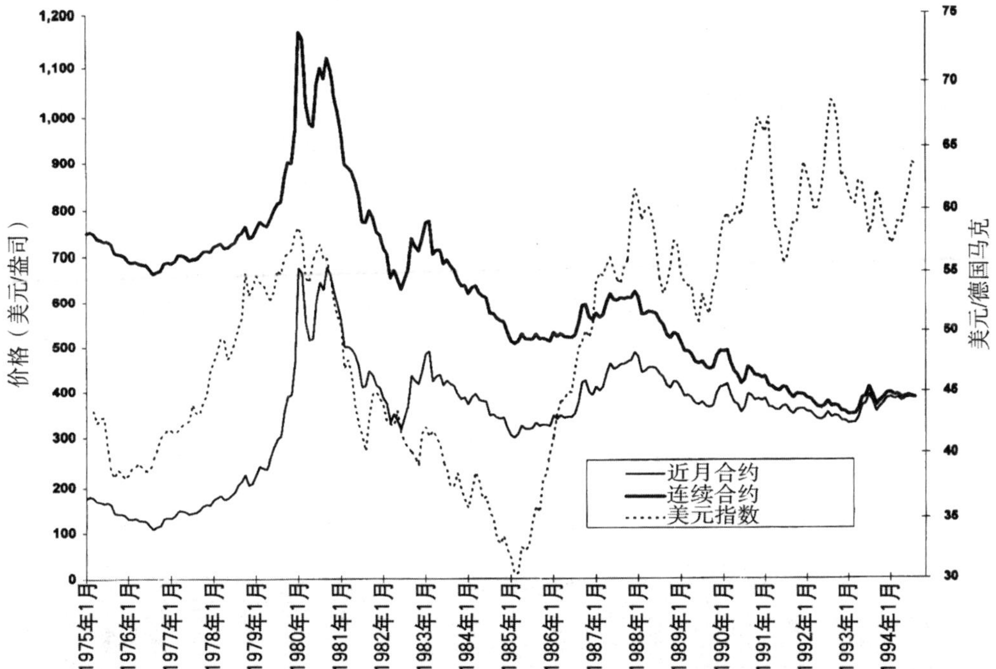

图 29.4　德国马克近月合约月均价与黄金近月合约和连续期货合约的月均价格关系

近几年的黄金价格走势显示可能改变黄金与外汇的相关性。例如，从图 29.4 中可以看出德国马克价格在 1989 年底达到新低点，随后的几年逐步盘升，但金价在这段时间维持横盘走势。然而，这样的结论还不确定，因为德国马克的上升趋势很不稳定，1991 年中期的低点离 1989 年底的低点间隔时间不长。并且，黄金价格到 1993 年初也形成了对应的低点，其价格运行形态与前面提到的滞后走势基本相符。总的来看，尽管存在些疑问，但就目前来说，外汇仍是黄金价格的领先指标。要获得明确的结论恐怕要在未来几年后才可以。

为什么外汇价格上涨对黄金价格有利（以美元为例）？理论上讲是预期的因素，即，如果外汇价格上涨而黄金价格不涨的话，以外汇计价的黄金价格明显偏低，某些工业用户与投资者就会大量购买，因而提供较强的支撑。图 29.5 是以美元计价的黄金与以德国马克和日元计价的黄金价格比较。从图中可以看到，以美元计价的黄金价格在过去 10 年走势一直在价格区间中部，而以德国马克和日元计价的黄金价格在区间的下部。因此，从德国、日本投资者和用户的观点看，1994 年现货黄金价格很低，意味着这些国家买进黄金的意愿将转强。

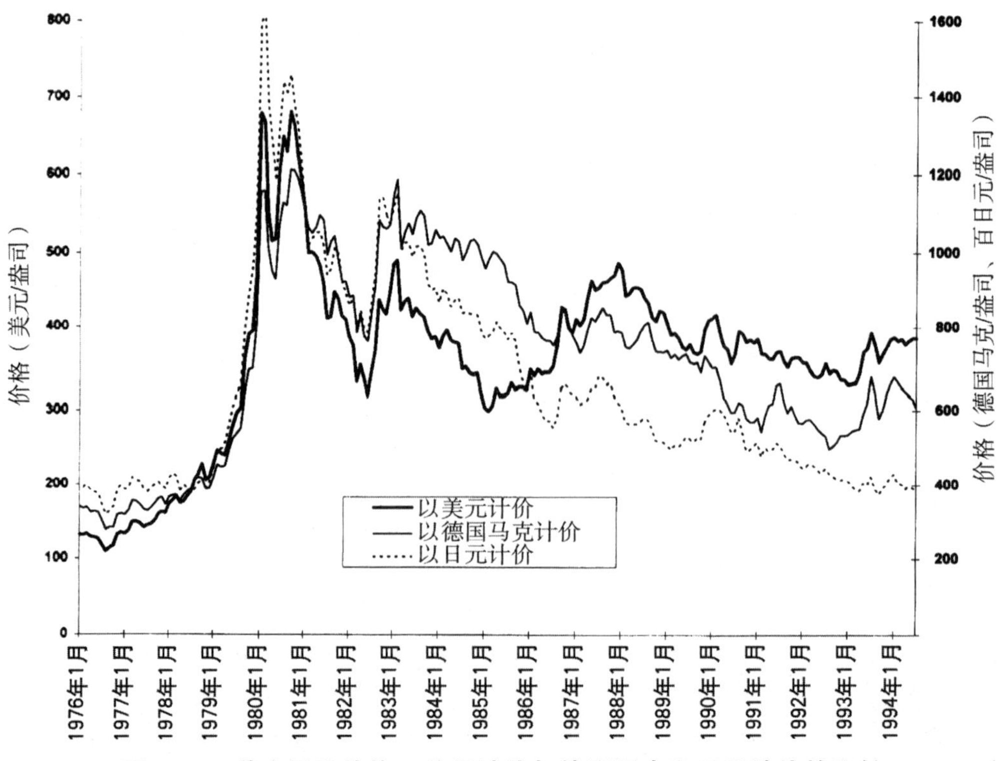

图 29.5　黄金月均价格：美元计价与德国马克和日元计价的比较

经济指标

总的来说，经济的增长有利于黄金价格上涨，因工业和首饰业对黄金的需求增加。经济的增长对贵金属的影响更大，例如，白金与白银，因其在工业上的应用更广泛。图 29. 6 说明了就业转好总是对应黄金价格上涨，而就业情况不佳黄金市场常出现疲软走势。因此可以看出，就业趋势的转折点也常领先于黄金价格的转折点。但是，20 世纪 80 年代后期走势例外，当就业率持续上升时，黄金价格却不断下降。

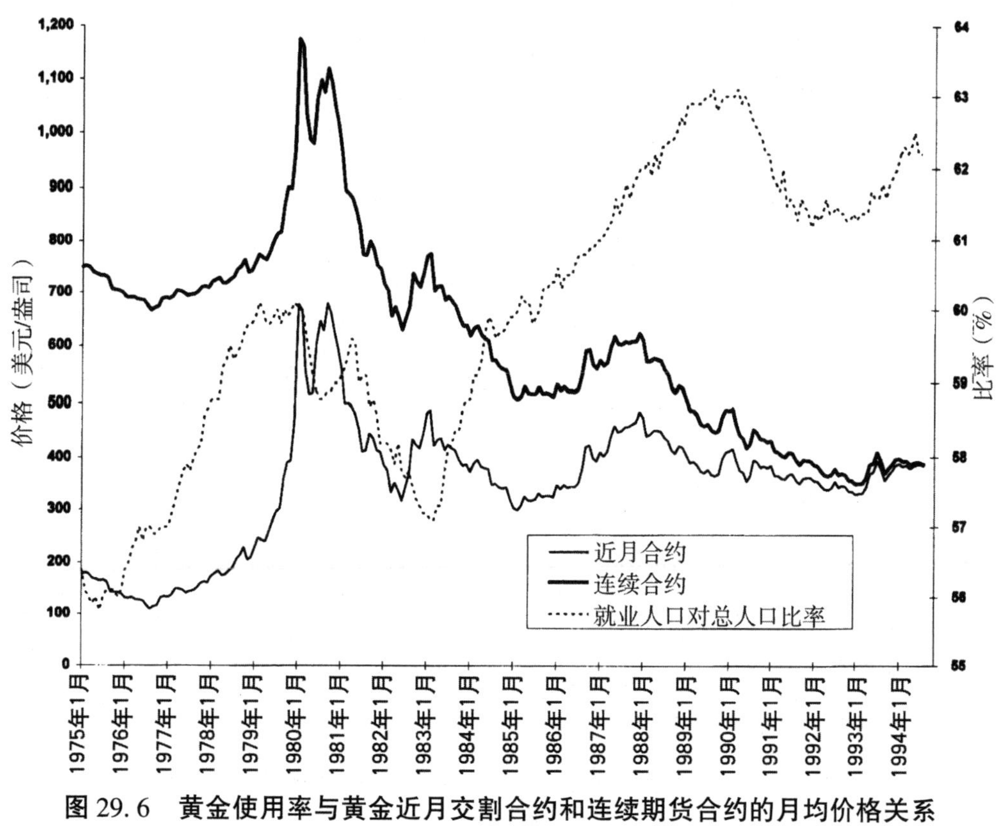

图 29. 6　黄金使用率与黄金近月交割合约和连续期货合约的月均价格关系

图 29. 7 是另一个经济指标与黄金价格相关的例子。如图所示，新屋开工指数转折点领先于黄金市场的顶部与底部，这是因为新屋开工指数是经济方面的重要指标。

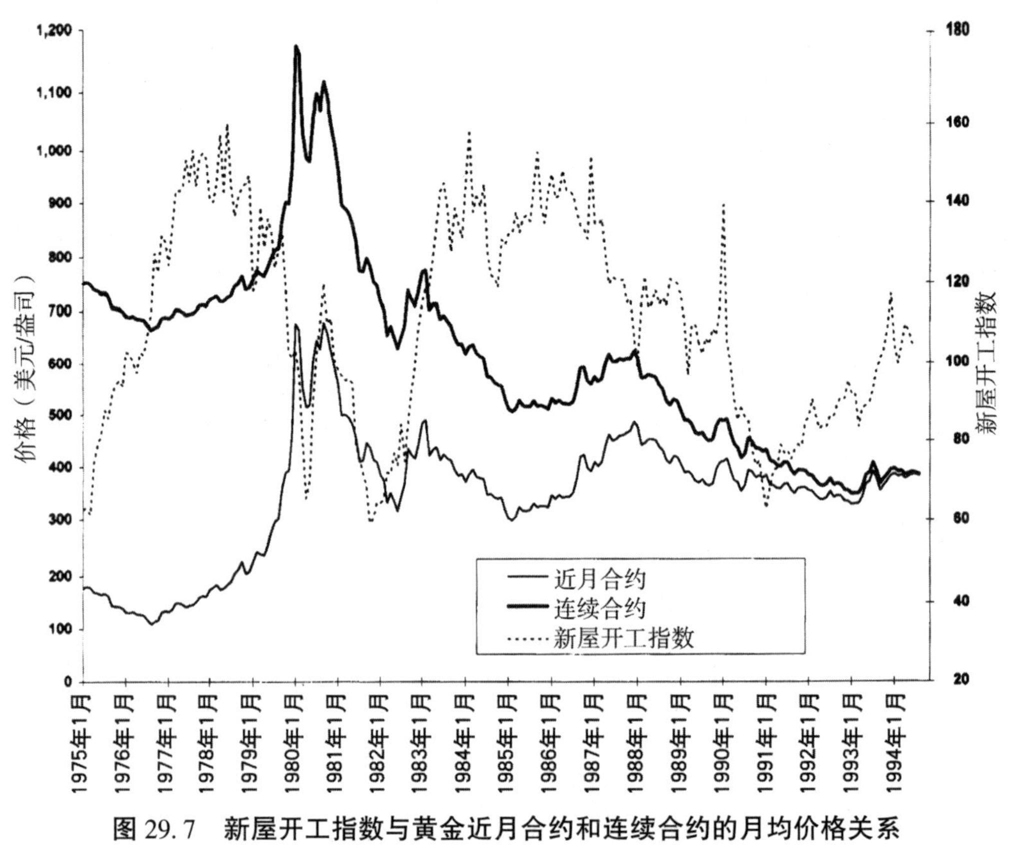

图 29.7 新屋开工指数与黄金近月合约和连续合约的月均价格关系

黄金与利率的关系

一般情况下，黄金价格与利率间为正相关的关系，即黄金与利率趋向于同方向运行。因此，将黄金价格与利率进行比较，其意义不大，他们都受通胀的影响。例如，当通胀威胁较大时，利率和黄金价格上涨都有压力，因此，黄金价格与利率间的比较没有新的结果，仅能反映已考虑的因素——通胀率。

也许可以将黄金价格与通胀调整后的利率进行比较，也就是名义利率减去通货膨胀率。从图 29.8 可以看出，黄金价格与通胀调整后利率的关系为逆相关。该图显示，在 1976—1980 年与 1985—1987 年的黄金多头市场中，实际利率明显下降；而在 1975—1976 年和 1980—1984 年的黄金空头市场中，实际利率趋于上升。

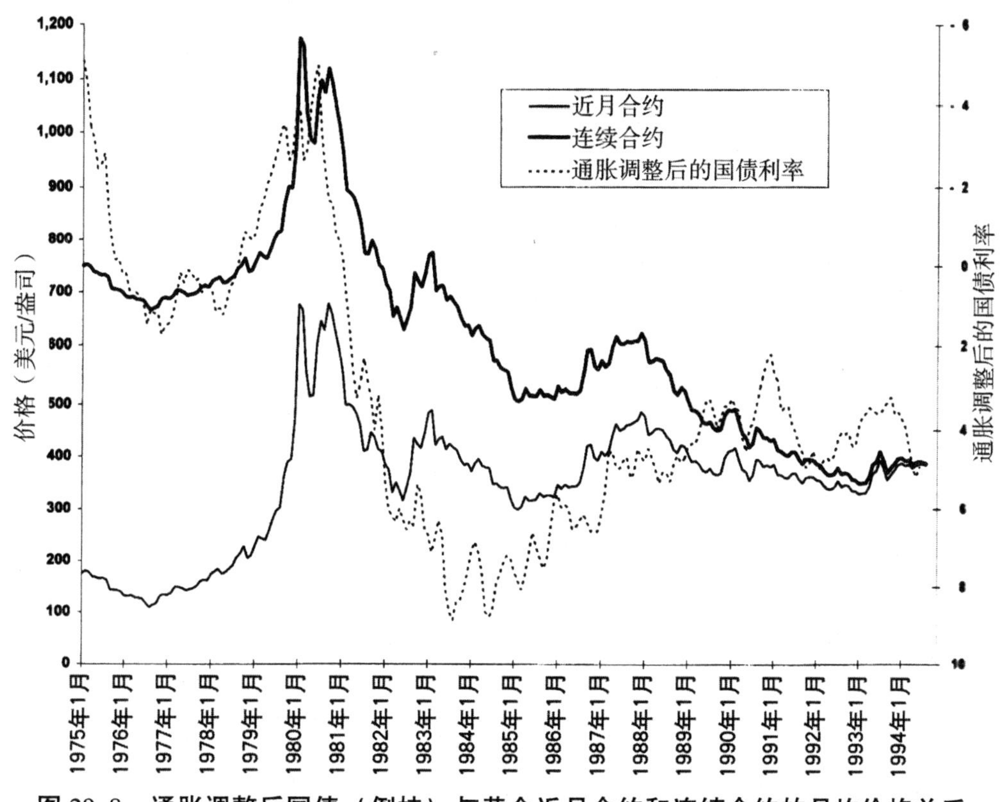

图 29.8　通胀调整后国债（倒挂）与黄金近月合约和连续合约的月均价格关系

实际利率偏高不利于黄金价格上涨，这时人们不愿意继续持有贵金属，因为持有黄金没有利息收入。相反，实际利率下降有利于黄金价格上涨，继续持有贵金属有利可图。

人气指数

通常情况下，黄金走势在悲观情绪笼罩市场时却表现很好，而当人们都很乐观时往往会出现回调。图 29. 9 中明显反映这种状况，该图为黄金价格与密歇根人气指数的比较。应注意的是，为了便于观察人气指数与黄金价格的关系，指数坐标经常倒挂，指数上升时（图中呈下降趋势）反映乐观情绪与黄金价格下降一致，而指数的下降通常都伴随黄金价格上升。但是 1990 年指数下降（图中呈上升趋势）明显是一个意外例子。

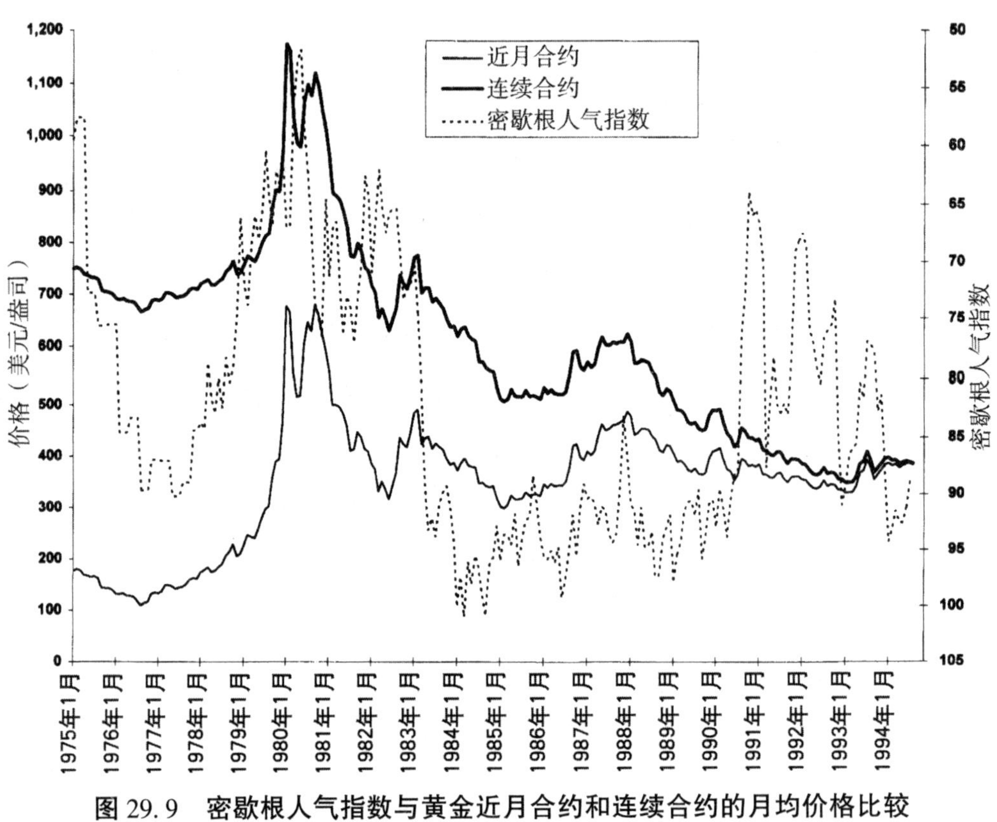

图 29.9 密歇根人气指数与黄金近月合约和连续合约的月均价格比较

另一个关于人气指数的例子——情绪化指数。该指数不是经民意调查获得的，而是对人气的一种描述，包括总失业率、通胀率和基本利率构成的指数。假设统计出的指数偏高，说明公众情绪可能很悲观；相反指数偏低的话，意味着公众可能比较乐观。第 33 章中将详细讨论该痛苦指数，如图 33.16 所示。将图 29.9 的黄金价格走势图与图 33.16 的痛苦指数走势进行比较显示，1976—1979 年痛苦指数的大幅度上升与黄金大牛市同时发生，而 1983—1986 年期间，该指数逐步下降伴随着黄金价格也单边下跌。

建立综合指数

建立综合指数的方法与前一章（预测铜价格）中介绍的方法类似，基本步骤如下：

1. 提供数据的时间基本滞后；

2. 运用交叉移动平均线确定每个指标的趋势；

3. 当交叉移动平均线信号显示与黄金价格正相关（如 CRB 指数与德国马克），交叉移动平均线显示金价上升时，该变量为正值+1；当交叉移动平均线显示与金价为逆相关（如，美元指数与通胀调整后利率），运行趋势显示下降时，该变量为正值+1。当出现与这些指标相反趋势时，该变量为负值-1。

4. 根据经验确定新屋指数领先黄金价格时，需要参考其他滞后的指标。

5. 在指标权重相等的情况下，每个指标都同时代表供求因素。因每个因素都对买卖双方的心理造成影响，所以指标的权重应相等。相反，在铜价预测模型中，多数指标都专为供应或需求设定，意味着供应指标因数量比较少，权重更多些。

6. 将独立的指标乘以权重因数（等于 100 除以指标个数，相当于所有指标权重相等），然后加乘积得出综合指数，权重因素理论区间在-100 至 100 内。

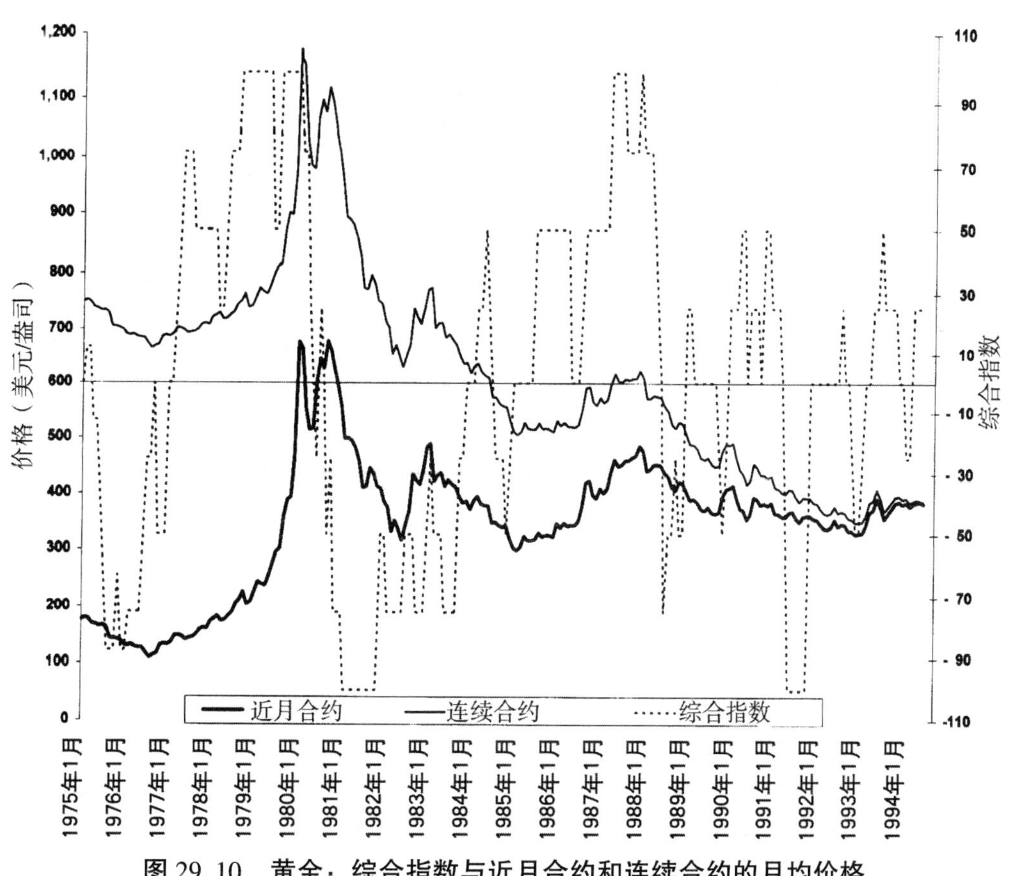

图 29.10　黄金：综合指数与近月合约和连续合约的月均价格

图 29. 10 是基于本章讨论的指标建立的综合指数。正值的指数代表黄金（和贵金属）的净多头数，负值代表净空头数。如图所示，当黄金价格呈上涨态势时，指数为正值，而当金价为下降趋势时，指数为负值。

结论

本章主要探讨用综合指数法预测黄金价格。类似的方法也适用于其他贵金属市场，如白金和白银。关于综合指数的解释与作用，前一章中也有说明，此处不再重复。但是，读者应该关注第 28 章最后列出的三个重点及结论。

第30章　预测汇率

凯瑟琳·琼斯[1]　杰克·施瓦格

一个面临通货膨胀的政府往往试图操纵汇率。当失败时，便将内部通货膨胀归咎于汇率的下降，而不是承认管理不利。

——**米尔顿·弗里德曼，罗斯·弗里德曼，《自由选择》**

尽管货币交易已经持续几个世纪，但直到20世纪70年代初才出现标志性的固定汇率制度。1944年的布雷顿森林协议和1971年的史密斯松宁协议明确规定了将主要工业化国家货币交易设定在一个区间内，一旦美国放弃金本位制度，则上述协议就很难实行。1973年，全球主要货币都采用浮动汇率制度。废弃固定汇率制度后，汇率大幅波动使外汇交易引起广泛关注。事实上，外汇市场是全球最大的交易市场，日交易额超过8800亿美元，相当于全球商品和劳务日交易额的25倍。

尽管汇率波动存在诸多因素，但没有一个理由可以全面解释汇率的变化。其复杂程度堪比意大利党派。事实上，有些值得推崇的理论也对汇率交易无法解释。但可以确定的是，供给和需求因素可以用来预测汇率走势。

购买力平价理论

购买力平价理论是应用最广泛的汇率定价理论之一。从该理论的最终结果来看，某种特定货币相对于另一种货币的价值取决于他们的相对购买力。例如，如果以美

---

① 凯瑟琳·琼斯是保诚证券有限公司的高级金融期货分析师。

元标价的一篮子物品价格上涨了5%，那么美元就丧失了5%的购买力。如果以德国马克标价的相同的一篮子物品的价格上涨了2%，那么相对于德国马克来说美元就贬值3%，意味着美元购买力下降：

$$\frac{1.02}{1.05}=0.971$$

因此，购买力平价理论是建立在通胀差值基础之上的。如果某国的通胀水平高于另一个国家，那么该国的货币购买力下降，其货币汇率也随之贬值。

购买力平价理论非常明确，但由于该理论采用的相对价值主要基于假设，实际应用过程中并非如此。这一假设就是全球进行自由贸易和采用相同的通胀度量方法。实际上，各国都存在贸易障碍和关税等问题，因此很难找到可供比较的一篮子货物。大多数分析师都采用通胀指标，但这些分析师的定义不同。例如，英国将零售价格指数（RPI）作为标准的通胀度量指标，而美国则用消费者价格指数（CPI）度量通胀。零售价格指数明显受房屋抵押贷款利率的影响，抵押贷款利率代表市场短期利率。美国的CPI对房屋抵押贷款的变化并不敏感。通常采用“核心通胀”数据（排除波动最大的因子），可能会避免一些偏离，但还是很难找到一种衡量不同国家通胀的方法。

同样，计算通货膨胀差值必须设定基准时间。许多分析师将1973年作为评估主要工业化国家购买力平价的基准时间。之所以选择1973年，是因为该年正好是美元开始浮动后的第一年，又是OPEC原油价格遭受危机之前。不过，对该时间能否作为基准时间仍存在争议。有的分析师认为1975年是更理想的起始年份，因为当年主要国家的通胀率相互收敛。但也有人认为，应该设定为1980年，因为这一年是美国贸易收支趋于平衡的最后一年。还有一些经济学者认为，基准时间应该不断进行调整，但结论有可能不同于选择单一基准时间研究得出的结果。总之，计算购买力平价理论必须建立一个相对均衡的起始点，如何选择最佳基准时间还存在着争议。

将购买力平价理论运用在实际交易中还存在很多问题，因为大多数货币在很多时候脱离了理论值。例如，图30.1中明显反映出这种偏差，两条曲线表示过去20年英镑实际汇率与购买力平价水平的比较。虽然购买力平价理论有助于确认货币的理论价值是否被低估或高估，但如果主要工业化国家之间的通胀差异不大，仅依据通胀差建立的模型可能对交易没有明显的帮助。

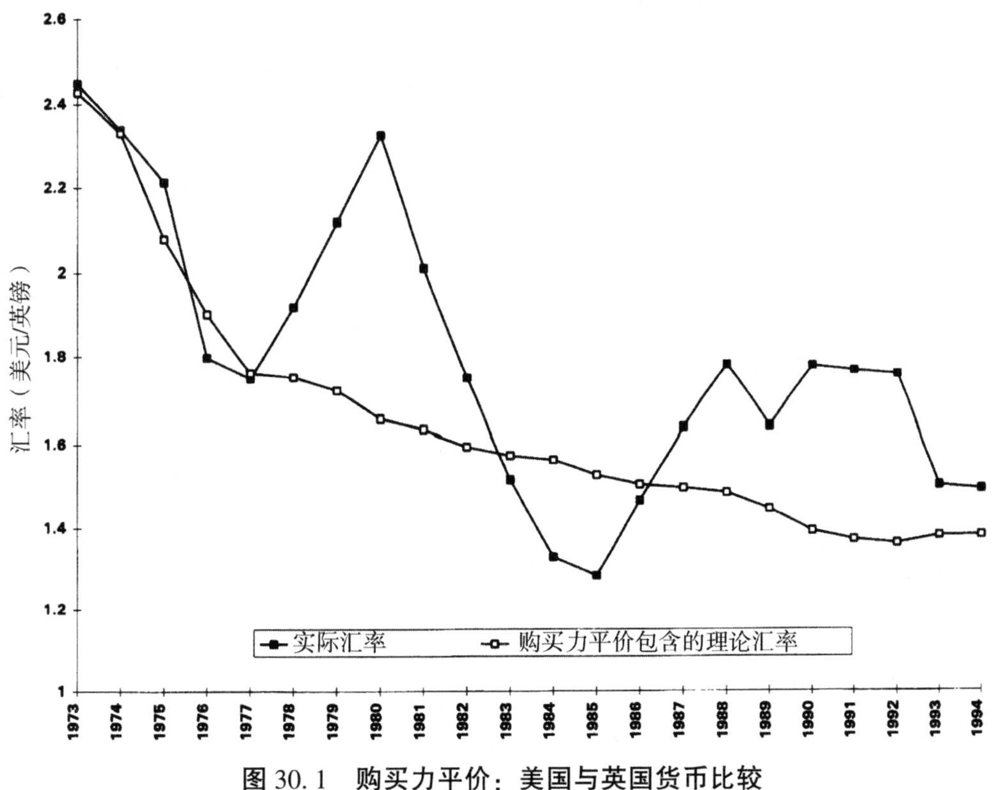

图 30.1 购买力平价：美国与英国货币比较

国际收支平衡

通过分析国际收支平衡表，可以清楚地看出汇率的变化情况。国际收支平衡表是在一定时期内一个国家的居民与其他国家经济业务往来的记录。根据国际惯例，收支平衡表分为三个部分：经常账目、资本账目和官方结算账目（见表 30.1）。

各国的经济和政治发展状况在国际收支平衡表中都有所反映。例如，一个国家的出口数量取决于其贸易伙伴国的平均收入情况、相对汇率和贸易障碍。短期的资本流动取决于相对的实际利率和短期资本流动的成本。而长期的资本流动取决于相关国家政治情况和相应的资本投资回报率。

在表 30.1 中，“流入”一栏代表外国对本国货币的需求，而“流出”一栏表示本国对外国提供的货币的需求。通过定义，国际收支一定会平衡。即如果经常账目和资本账目的余额不等于零，那么赤字或盈余就会在官方结算账目中出现。但借贷方向相反。例如，如果资本账目平衡，但经常账目出现赤字（可能是贸易赤字），那么根据定义该国储备金将等量减少。事实上，储备金的下降是用来融通赤字的。当然，通常认为国际收支平衡表是会计记录资金进出的账目，与外汇交易没有太大的关系，对交易者也没有用处。但对外汇投机者来说，预测国际收支平衡与分配状况是很重要的。

表 30.1 国际收支的一般结构

流入（需求的来源）	流出（供给的来源）
经常账目	
实物贸易：出口货物	进口的货物
非实物贸易：出口服务	进口的服务
来自国外的利息收入	债务服务
资本账目	
外国人的短期投资	在国外的短期投资
外国人的长期投资	在国外的长期投资
官方结算	
外汇储备的增加	外汇储备的下降

经常账目一直是国际收支平衡表中最重要的一项，最能反映特定货币在外汇市场的供需状况。因为商品交易数据是经常账目中的主要内容，交易者最关注某一国家的交易盈余或赤字数据。一个国家的贸易账目与相应的汇率走势之间，通常要滞后一到两年的时间。虽然劳务流动和资本账目的变化也很重要，但贸易平衡是最值得关注的成分。

日元就是一个对经常账目变化非常敏感的例子（参见图 30.2），因为日本的巨额贸易盈余掩盖了其他基本面因素。因此，试图对日元汇率的主趋势进行预测，可以反映出日本经济的变化情况。

图30.2　日元与经常账目/GDP（滞后10季）的比较

利率

利率在汇率定价方面的作用越来越重要。在资本自由流动和科技不断进步的时代，即使利率的微小变化都会对汇率价格产生重大的影响。与贸易流量相比，资本的流量更大，使得利率在汇率的构成中至关重要。

为了解利率在外汇交易中的作用，了解市场的运行机制非常有用。我们借用美国公司从德国制造商处购买货物的例子来说明，该公司在装船90天后支付德国马克货款。考虑到套期保值交易，美国公司在美国银行购入德国马克远月合约。外汇远月合约是在未来特定日期、以特定价格和一定数量外汇进行交易的协议。远期汇率根据下列公式进行计算①：

$$90\text{天期远期汇率}=\text{（即期汇率）}\frac{\left(1+i_f\frac{90}{360}\right)}{\left(1+i_{US}\frac{90}{360}\right)}$$

如公式所示，如果外国利率高于美国利率，那么远期汇率高于即期汇率；反之，如果外国利率低于美国利率，那么远期汇率低于即期汇率。

例如，假设目前德国马克的汇率为 1. 700，美国利率为 4%，德国利率为 6%。

那么，90 天期的远期汇率为：

$$0.700\times\frac{\left(1+(0.06)\frac{90}{360}\right)}{\left(1+(0.04)\frac{90}{360}\right)}=1.7084$$

因此，美国公司想通过锁定 90 天之后德国马克货款的美元金额，根据 1 美元兑 1. 7084 德国马克的汇率，买入 90 天期的德国马克远月合约来避免风险。

套利者要确信远期汇率计算公式准确。例如，如果远期汇率低于计算的远期汇率，套利者可以根据公式计算结果锁定套利机会。套利者可以借入美元，根据即期汇率兑换成德国马克，可获取较高的收益率。因德国马克收益率高于美元，进而达到避险的目的。举例说明，假设远期汇率为 1. 7020（而不是 1. 7084），套利者以 4%的年利率借入 1,000,000 美元，为期 90 天。90 天后，他将归还 1,010,000 美元。如果他以 1. 7000 的即期汇率将该贷款兑换为德国马克，并以 6%的年利率进行投资，那么 90 天到期时，他将收回 1,725,500 德国马克。由于套利者已经根据 90 天远期汇率 1. 7020 卖出德国马克兑换为美元，所以可以兑换 1,013,807 美元（1,725,500 德国马克除以 1. 7020 德国马克/美元），锁定后赚取的利润为 3807 美元。

要注意的是，只要远期汇率低于公式计算的汇率，就会出现套利机会。同样，如果远期汇率高于公式计算的结果，就可以借入德国马克来投资美元。如果实际的远期汇率较低，那么套利者通过“借美元/投资德国马克”的策略购买远期美元，来促使远期汇率上升，直至套利机会不存在。因此，套利交易要保证计算公式准确，

① 该公式假设汇率以每美元外币计算（银行间市场情况除外，不包括英镑）。如果汇率以每种外币美元计算（如期货的情况），则分子和分母将被反转。此外，该公式假定所有国家都有 360 天的利息年度，但也有明显的例外，例如英国和比利时。

远期汇率完全由利率基差决定。

就交易而言，欧洲货币利率是最常用的利率，通常也是短期利率的代表。然而，引用该利率时，要注意的是利率报价可能延伸两年。“欧洲美元”是美国境外的美元存款，一般指在伦敦金融市场的美元存款。这些存款的利率就是“欧洲美元利率”。对于欧洲德国马克存款，对应的利率就是欧洲德国马克利率。欧洲货币市场的流动性很强，可以为国际性融资提供充裕的资本。

利率在长期资本流动中扮演着重要的角色。利率偏高使得货币更有吸引力，使人们更愿意持有货币，政府也经常利用高利率来支持货币。例如，当 1994 年 1 月加元暴跌时，为了稳定加元，加拿大银行在一周内将短期利率提高了 100 个基点。虽然国内投资者很关注实际利率（即通胀调整后的利率），如果通胀和货币政策因素没有问题，外国投资者就可能更注重名义利率。长期利率处于高位的原因很重要，如果偏高的利率反映强劲的信贷需求和经济快速发展，则汇率将会更坚挺。如果高利率反映出通胀预期信号，或者出现重大经济或政治问题，汇率将趋弱。任何预测汇率的模型都必须考虑长期和短期的利率。

经济因素

国家的基础经济状况也对汇率的趋势有影响。在全球主要工业国中，经济周期对汇率具有方向性的影响。例如，经济扩张经常伴随着汇率升值，而当经济步入或处于衰退时期，汇率就会下跌。最简单的评估经济周期对汇率产生影响的一个方法，就是分析 GDP 增长率或工业生产增长率。总之，工业产量会领先国内生产总值。

经济快速增长，汇率就呈现强势，但也有例外。比如，在日本的经济结构中，国际贸易对经济增长至关重要，贸易余额常常是影响日元走强的主要因素。由于经济增长会促进进口量增加，进而减少贸易盈余。所以，在这种情况下，有利的经济发展会给汇率带来负面影响。

除了经济增长带来直接影响外，财政政策对货币的价值影响也很大。如果政府增加开支，就要紧缩货币政策避免通胀加剧。20 世纪 80 年代中期美元就是一个很好的例子。当时，里根总统上任后，大幅削减所得税，并增加国防开支。这些财政政策的刺激收到很好的效果，提振美国经济脱离衰退困境，但也带来联邦预算赤字大幅增加。为了避免通胀，在 1983—1984 年中期，美联储大幅提高了利率。其结果是美元汇率飙升，这种情况不能用货币政策和国际贸易因素来解释（见图 30.3）。

德国于 20 世纪 80 年代后期也曾出现类似的情况。当柏林墙于 1989 年倒塌两德统一之后，为了德国东部的经济发展，政府增加了巨额财政支出。这时，一直反对通胀并享有盛誉的德国中央银行（德意志联邦银行）采取了紧缩的货币政策，平衡财政扩张政策对通胀的影响。其结果是再一次上演了德国马克大幅飙升的走势，超出了多数模型的预测。

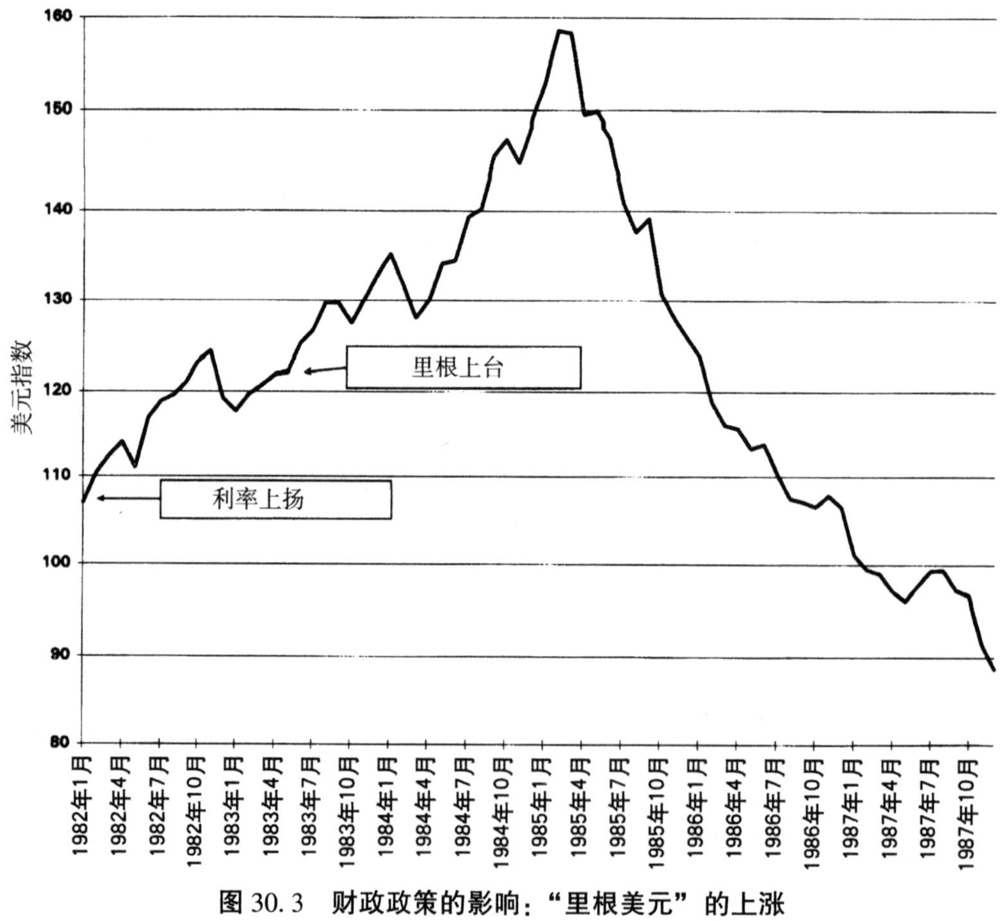

图 30.3　财政政策的影响："里根美元"的上涨

总之，每个主要国家的货币都会受到经济因素的影响。例如，商品价格上涨，对澳元就很有利，因为澳大利亚的小麦、羊毛和黄金等基本商品出口数量大。石油价格的大幅波动对英镑和日元都有影响，因为英国是石油的出口国，而日本是进口国。因此，在某种程度上，每国的货币都要根据各自的具体情况进行评估。

政治因素

货币模型中最难量化的因素就是政治因素。然而，一个国家的政治对经济走向、货币和贸易政策、资本流动很重要。很显然，一个稳定的政府采取比较保守的财政政策，促进出口，维持强大和独立的中央银行，将赋予国内外投资者足够的投资信心。而一个软弱或多变的政府，不利于货币市场的健康发展。此外，每当发生国际危机时，美元的走势通常都很强，因为多数投资者认为美国是一个政治稳定的国家，是个避风港。鉴于经济和政治密切相关，当分析汇率的走势时，要考虑政治因素的影响。

汇率预测模型案例：美元/德国马克

综合上述讨论的各种因素，分析师可以据此建立一个价格预测模型。下面是预测德国马克汇率的多元回归模型：

$$DM = a + b_1 C + b_2 P + b_3 E + b_4 B + b_5 I$$

式中：DM=月平均汇率（DM）；

C=经常账目余额（德国）占国内生产总值的百分比（滞后 10 个季度）；

P=工业生产指数（德国）（滞后 8 个月）；

E=3 个月期欧洲德国马克和欧洲美元利差（滞后 4 个月）；

B=10 年期德国公债和美国公债利率价差（滞后 6 个月）；

I=通胀差价，没有滞后时间。

回归方程的修正值 R^2=0. 8421，F 值=191. 952，个别变量的系数（t-$stat$）如下表所示。表中可以看出，所有 t 值都很重要，其中三个变量显示出较高的权重。

自变量	T 值
C	9. 563
P	-3. 195
E	-2. 308
B	-5. 586
I	10. 493

如模型所示，历史上美元与德国马克的关系，受经济增长、贸易、短期和长期利率的利差和通胀价差等因素影响。很明显，这些因素可能发生变化，对货币的运行趋势有影响（见图 30.4）。

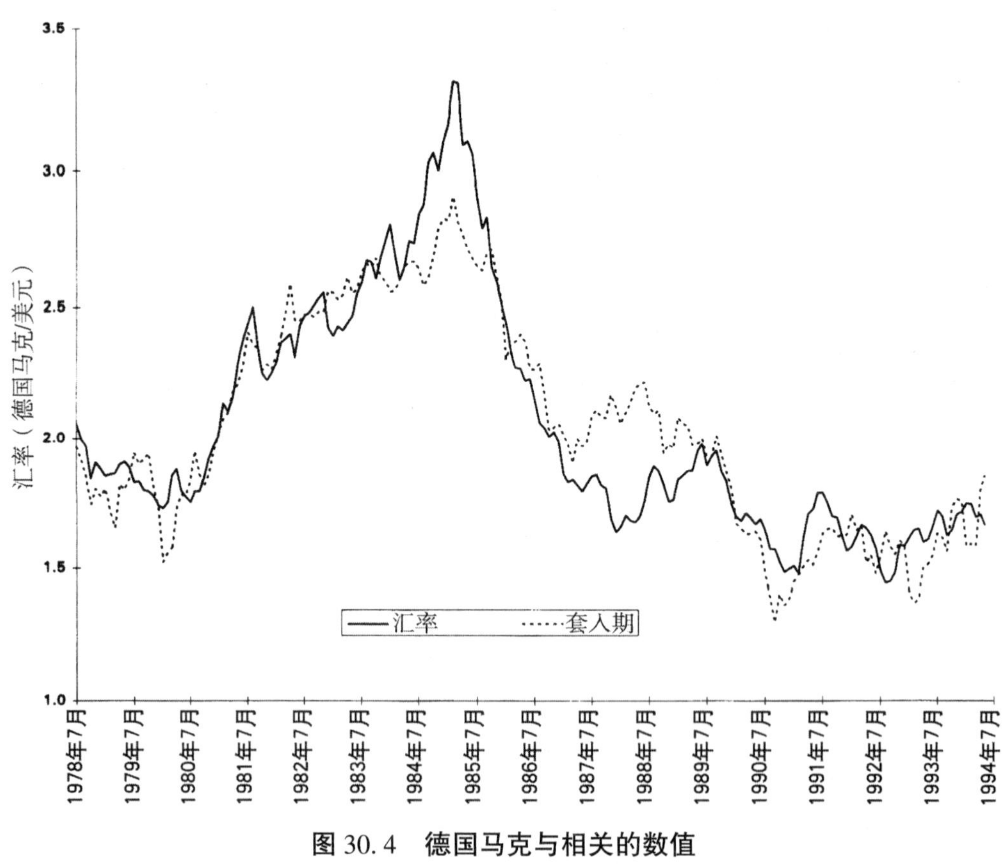

图 30.4　德国马克与相关的数值

同样的方法可以用于对每种主要交换货币的分析。对于每一种货币来说，其自变量有所不同，还没有一种适用于所有货币并令人满意的货币预测模型。

结构性变化与政府政策的影响

预测外汇汇率时，最难的是确认和评估市场的结构性变化。由于结构性变化与特定货币的基本面根本转变有关，而这种变化不一定与经济周期有关，因此常常难以察觉。在清楚地认识到这种变化之前，许多预测模型的结果可能严重偏离事实。

一个很好的例子是，美国通胀从1980年开始步入长期的下降通道。当时，美国的通胀率从1980年峰值14%下降，到1986年低于2%。在20世纪90年代初期，始终维持在4%以下。而90年代初期，德国通胀开始攀升，因为来自两德统一带来的压力。图30.5所示，如果德国马克/美元模型仅基于通胀差额和各种变量进行预测，获得的结果容易使人误解。但在1973—1983年期间，上述模型的预测获得了满意的效果。很明显，在低通胀水平下，通胀差异的重要性就会减弱，明显提高了其他因素的权重。但是，该结论有“事后诸葛亮”的感觉。与其他基本面因素相比，通胀差的影响有所下降，将导致这个结构性变化。

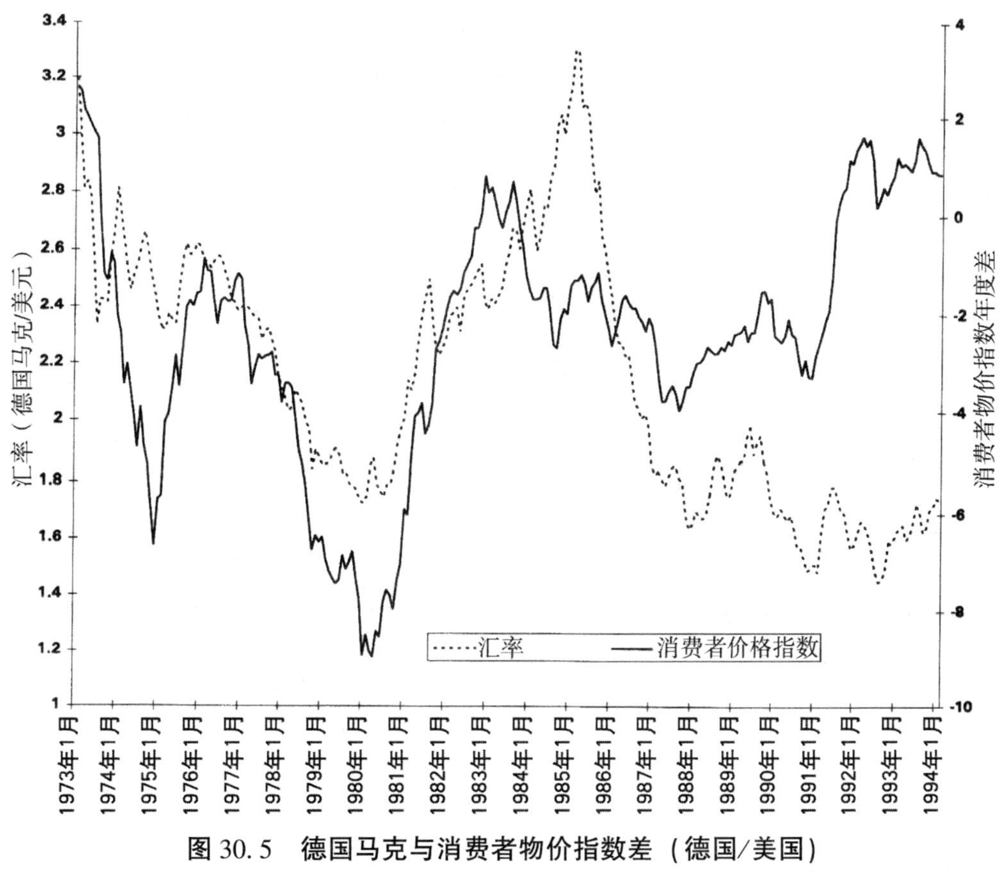

图30.5 德国马克与消费者物价指数差（德国/美国）

另一个与日元有关的例子是，几十年来，日本一直维持着庞大的贸易盈余，所以一直是主要资本输出国。长期以来，日本银行在美国和欧洲的资本市场投入了巨额资金。事实上，在20世纪80年代后期，日本提供了全部长期净资本出口的80%

左右。但到了 1990 年，日本过热的房地产市场崩溃，银行被迫增加国内的资金，以满足国际资本比率标准。因此，日本的国外投资大幅削减，造成日元兑美元和主要欧洲货币大幅上涨（见图 30.6）。当时的日元预测模型完全没有预测到房地产下跌对货币的影响。

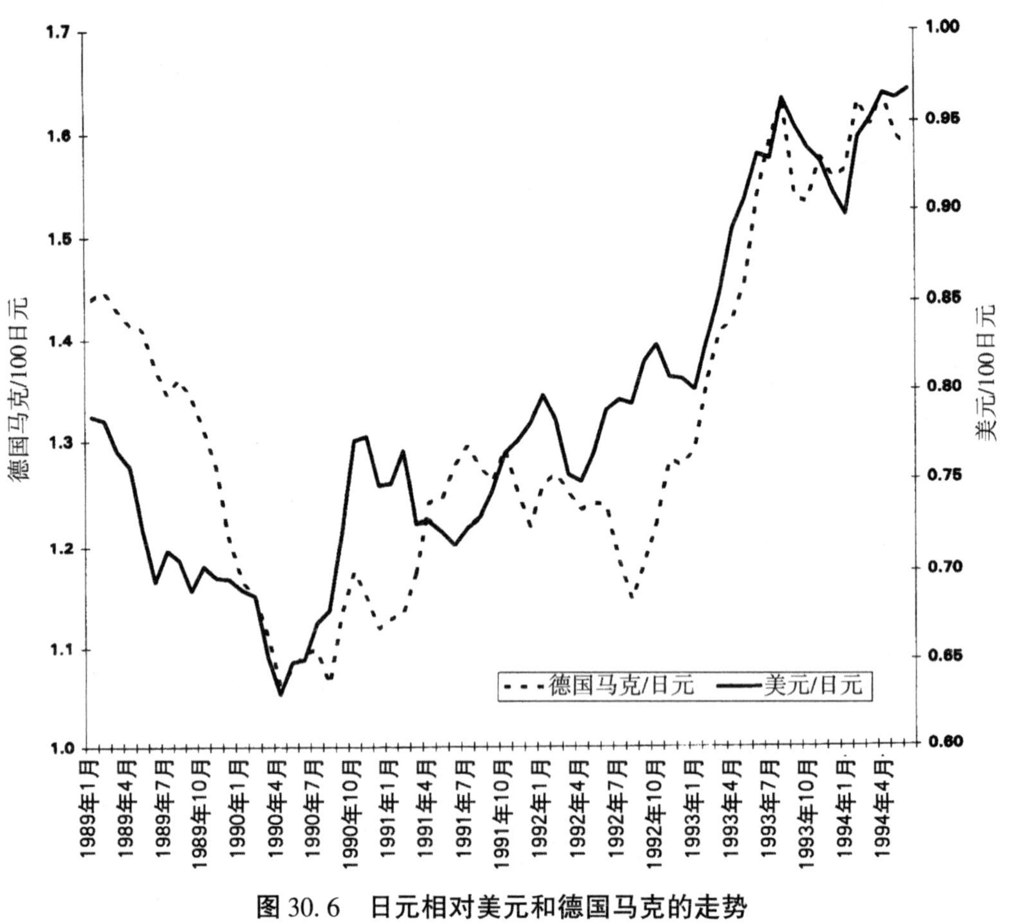

图 30.6　日元相对美元和德国马克的走势

第三个是关于加元的例子，从 1992 年初到 1994 年中期，相对美元加元下跌了 20%（见图 30.7）。其降幅超出多数分析师的预测，因为加拿大当时已走出经济衰退低谷，出口强劲，且通胀处于 30 多年来的最低水平，实际利率很高。但是，加拿大仍然有巨额的预算赤字，占 GDP 的 5%，在工业国中最高。因此，外国投资者开始怀疑，加拿大在货币贬值的情况下是否有偿还外债能力，他们纷纷从加拿大撤资。市场似乎无法接受赤字预算，对于财政支出不能节制的政府，市场需要较高的利率溢价。糟糕的是当时魁北克正在进行分离活动，很多人怀疑加拿大能否维持统一的国家。结果，预测模型评估的加元价值远超出市场能接受的水平。

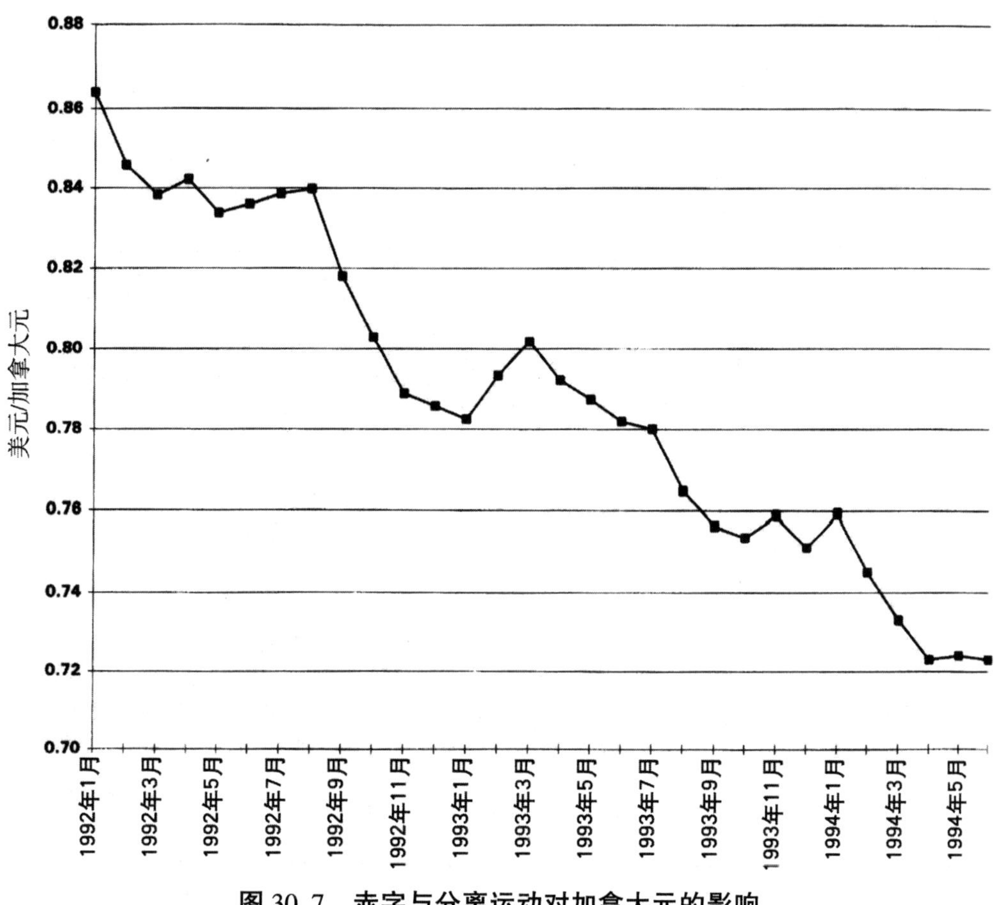

图 30.7　赤字与分离运动对加拿大元的影响

货币协议

最后需要考虑的因素是国际政策和协议的影响。欧洲国家长期以来都采取固定汇率政策。最近版本的协议是欧洲货币联盟（EMU）的汇率机制（ERM）。欧洲货币联盟的长远计划是建立单一的欧洲货币，在欧洲贸易中自由流动多年来，通过政府干预和利率政策，欧洲的主要和次要货币都与德国马克有关。但在 20 世纪 90 年代初，德国的统一导致德国马克大幅升值，使长期以来维持的汇率区间受到威胁。有的国家，特别是英国，很难将货币波动控制在一定的范围内。因此各国的利率都先后调高，主要国家央行不断干预外汇市场，给这些国家的经济造成了负面影响。英国政府为了维持英镑对德国马克汇率的高位运行付出了沉重的代价，最终还是以失败告终，英国被迫退出欧洲汇率机制（ERM）。英镑汇率在不到两周的时间内，暴跌了 15%（见图 30.8）后才企稳。

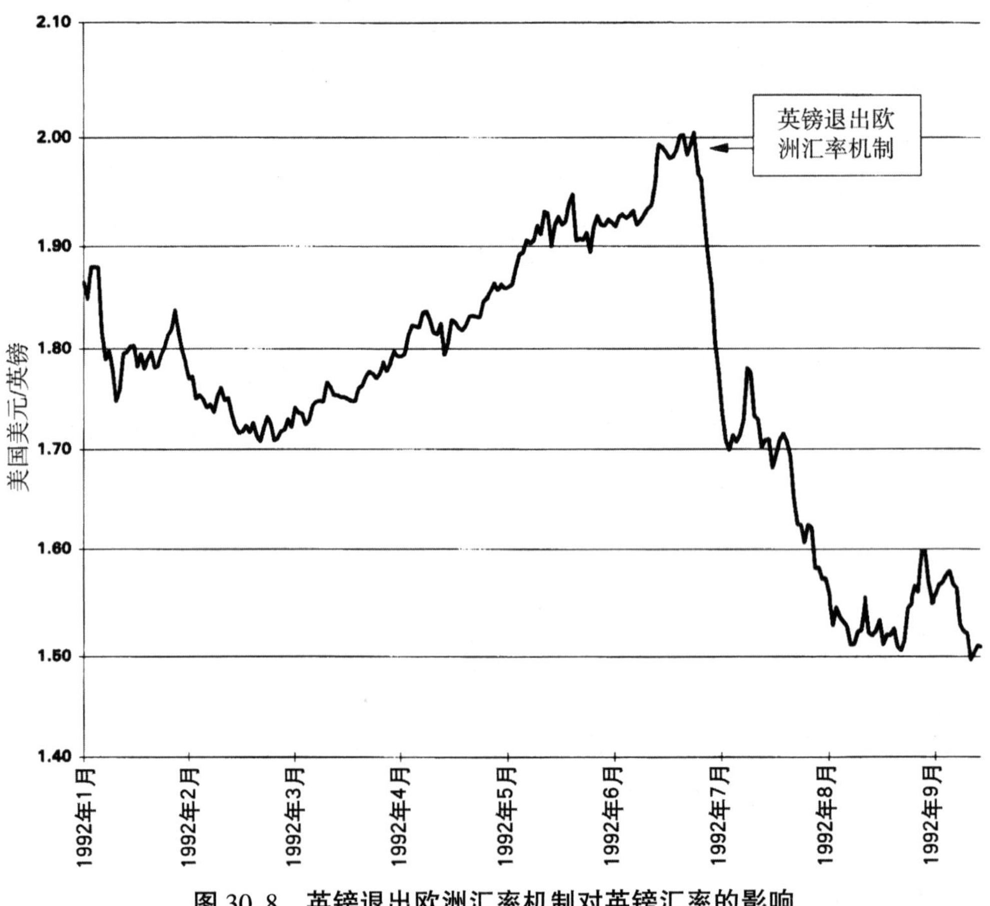

图 30.8　英镑退出欧洲汇率机制对英镑汇率的影响

与此相反，G7 国家在实现货币政策目标方面显然很成功，（G7 代表 7 个主要工业化国家[①]）。G7 的形成可以追溯到 1985 年 9 月，当时 5 个主要工业国的财政官员

① 实际上，目前该集团至少包括 11 个国家，并且随着时间的推移，规模还将扩大。

（美国、英国、法国、德国和日本）集会，试图通过协调宏观政策稳定汇率（最初称之为 G5）。最初成立时，主要是应对美元估价过高的问题，但随后的几年要考虑的是如何解决美元市场疲软走势。过去的 10 年中，几个主要工业国家之间明显存在争议，但在政策目标方面还是能够达成一致意见。通过市场干预和协调利率政策，G7 在一定程度内稳定了汇率市场。最成功的例子是稳定美元市场，其最初的货币稳定措施旨在削弱被高估的美元（见图 30.9）。此外，主要国家之间的通胀率趋于收敛，政府的财政政策也变得更加谨慎。G7 在干预汇率方面效果不佳，当交易方向与 G7 的政策目标背离时，应小心谨慎处理。然而，当央行干预与经济政策不符时，对汇率可能产生短暂的影响，而对长期走势影响不大。

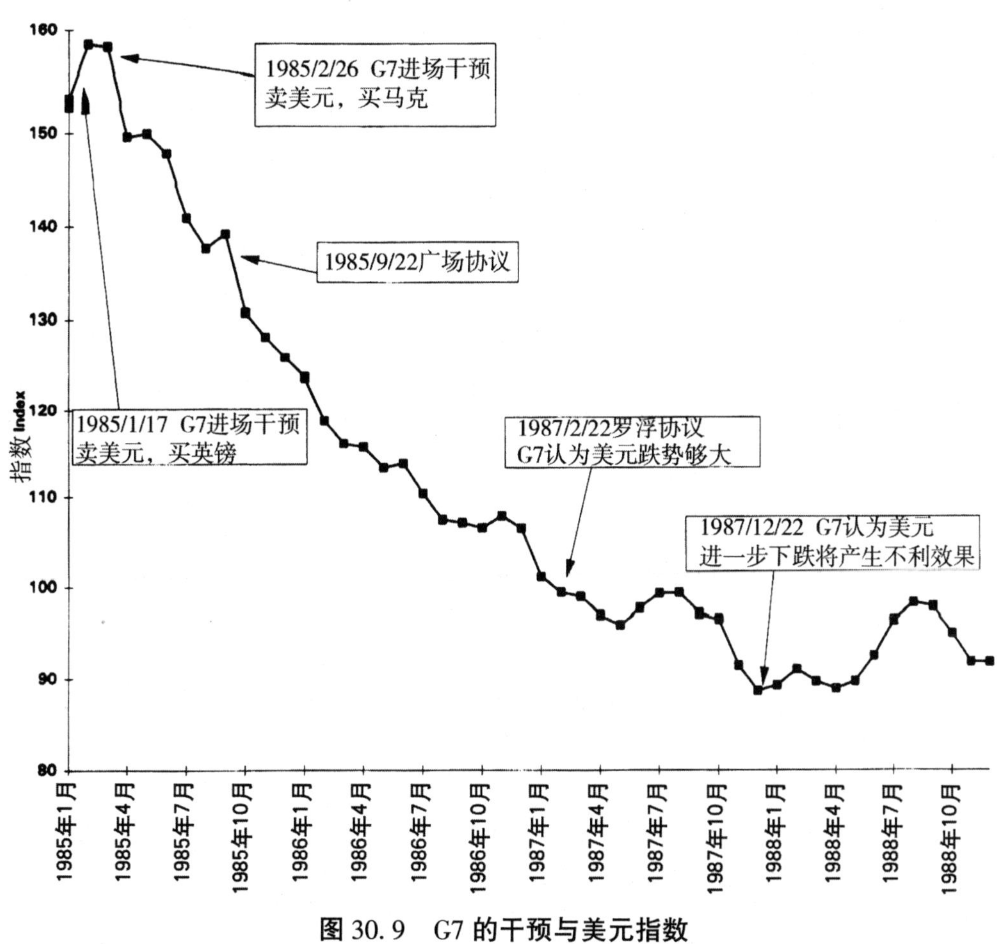

图 30.9　G7 的干预与美元指数

结论

预测外汇汇率有时艺术成分更多一些，因为汇率经常在没有明显理由的情况下出现短期波动。然而，还是有些因素可用于预测汇率的变化趋势。任何货币走强或走弱的态势，都是由投资者对回报率的预期所决定的。长期来看，能提供高回报率和低风险的货币走势一定很强。

第 31 章　预测利率

凯瑟琳·琼斯[①]　杰克·施瓦格

几乎每一代人都受到了利率的影响，因为，事实上，现代市场利率很少会在很长时间内保持稳定。他们通常是上升或者下降到一个未预期到的极端。了解利率波动历史的学生不会对此感到惊讶。

——西德尼·荷马，《利率史（1963）》

预测利率太难了，即使联邦储备银行也必须承认这一点。用收益曲线预测利率要比计量模型准确一点。但是，用收益曲线预测利率仍难达到预期效果，以前一直用该方式预测利率，预测的结果有时产生较大的负面影响，造成巨大损失。不过，尽管很难准确预测利率的变化，但是，可用分析方法预测利率的运行方向。

利率是资金的成本，就像人们为获取一件商品必须付费一样，人们必须为持有的资金付出成本。与预测商品价格一样，预测利率首先是要确定影响资本供求的基本因素和影响程度。遗憾的是，影响资金供求的关系是动态的，关系到贷方和借方的心理变化，这也许就是为什么很难准确预测利率的原因所在。

市场结构

在介绍利率预测方法之前，必须提到市场结构的基本情况。在任何时期，有很多短期、中期和长期利率的报价，而收益曲线描述了特定的时间点各种到期债券的

① 凯瑟琳·琼斯是保诚证券有限公司的高级金融期货分析师。

收益关系。图 31. 1 是收益曲线图，水平轴代表到期的时间，而不是按顺序排列的时间。

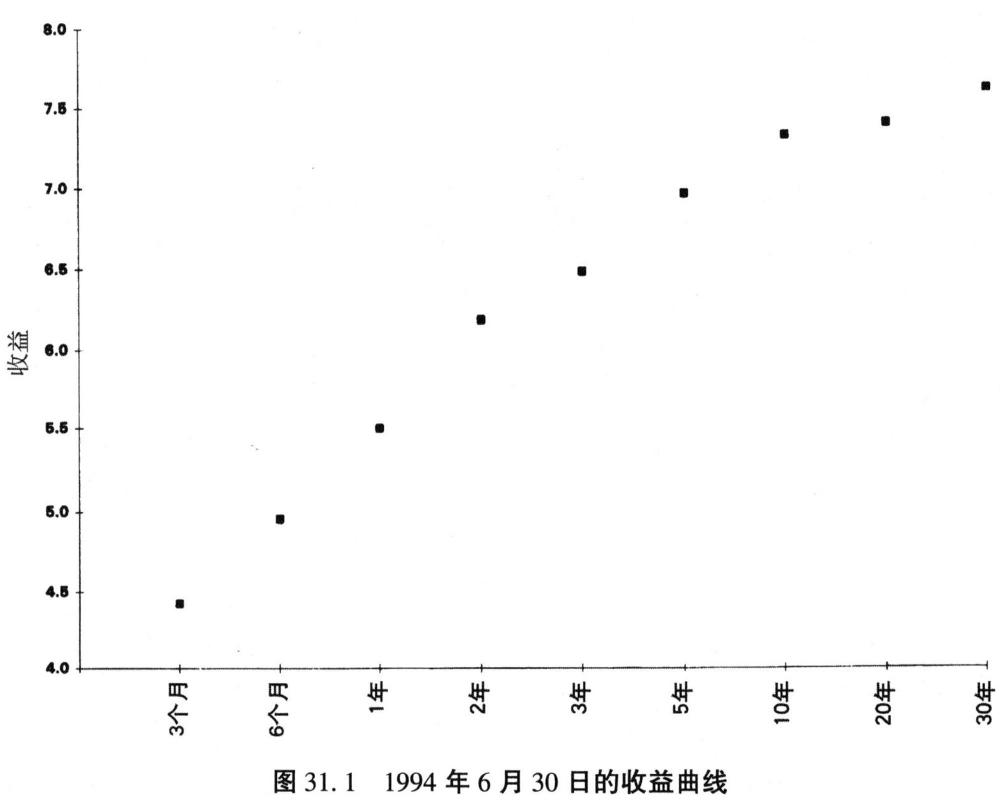

图 31. 1　1994 年 6 月 30 日的收益曲线

从经济理论角度讲，利率是由实际利率、通胀升水和风险溢价组成的，实际利率代表延期消费的现金补偿，历史上的实际利率一直很低。名义利率与通胀间的价差通常称为实际利率，应为通胀调整利率。从技术角度讲，实际利率就是从名义利率中减去风险溢价。

在过去的 40 年，美国通胀调整后的长期利率平均为 2. 37%（见图 31. 2），短期利率平均为 1. 72%（见图 31. 3）。如图所示，通胀调整收益有时是负数（即通胀利率高于名义利率）。几个典型的通胀调整收益为负数的例子发生在 1973 年 8 月—1975 年 11 月，长期利率出现在 1978 年 9 月—1981 年 1 月，短期利率出现在 1973 年 10 月—1980 年 10 月。

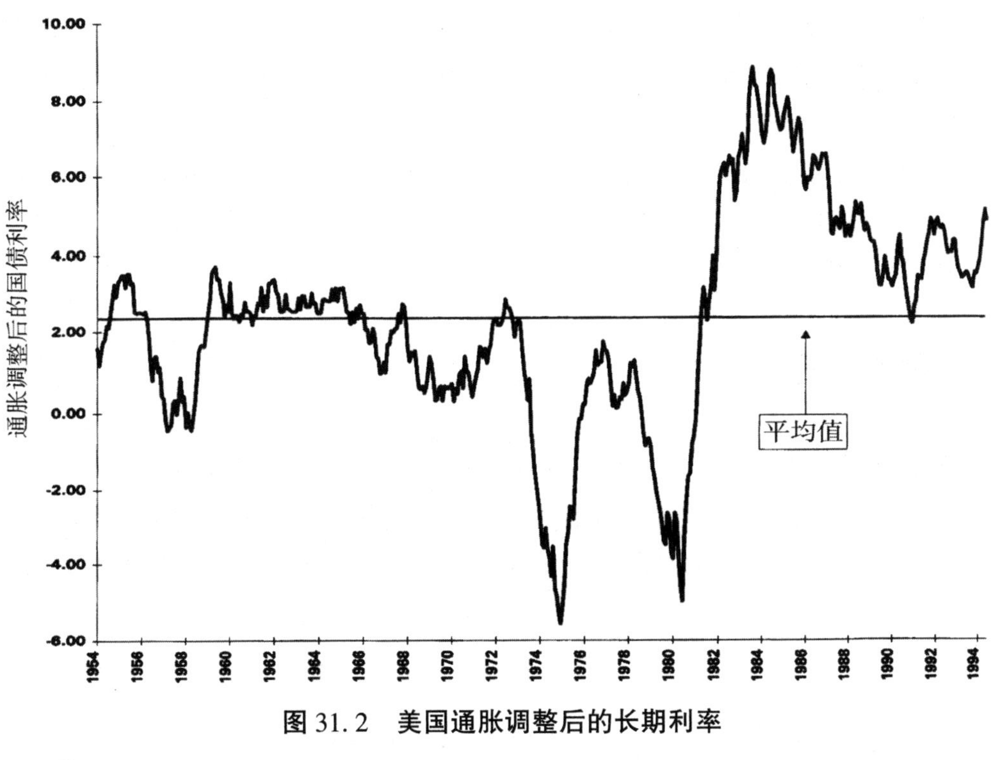

图 31.2　美国通胀调整后的长期利率

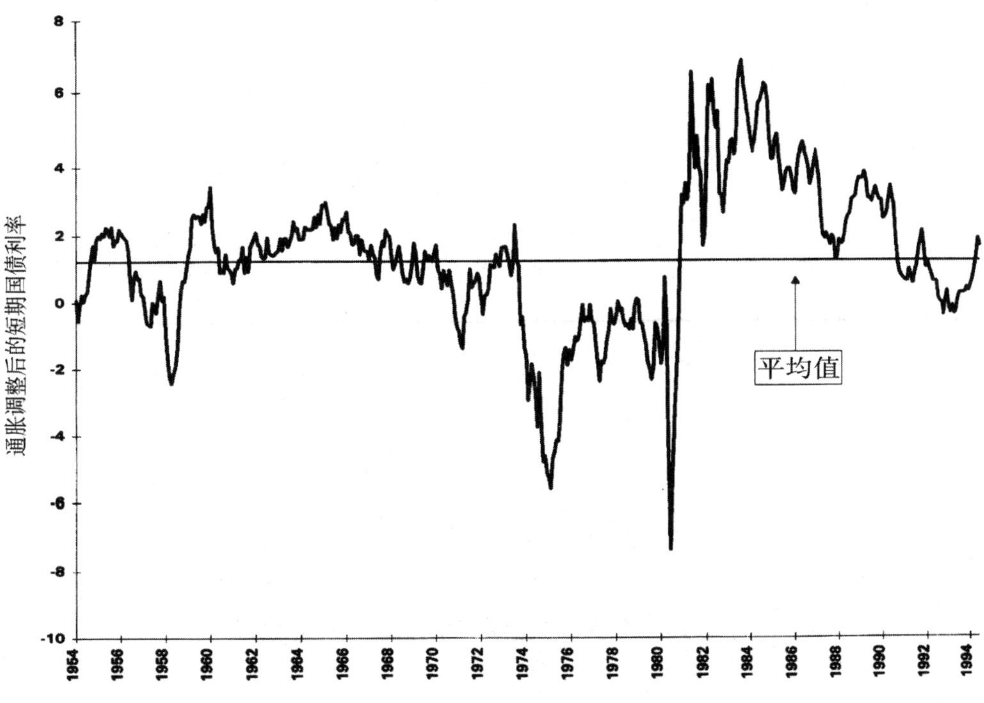

图 31.3　美国通胀调整后的短期利率

很少有话题像利率期限结构那样被广泛研究或讨论。基本模型是利率结构的预期理论[①]。该理论假定，即期利率与长期到期利率的价差反映一段时间人们对通胀率和调整利率的变化预期。然而，这个在前几年受到广泛关注的理论，目前备受争议。现在普遍可以接受的是收益曲线的斜度向上，即长期收益高于短期收益的理论。对该理论的合理解释是，长期投资者需要获得更多的风险补偿。反转收益曲线（即短期利率高于长期利率）是典型的货币政策紧缩的信号。

需求因素

由于经济快速增长需要大量资金和银行存款，因此资金需求随着经济扩张而增加，促使利率上调；但在经济低迷时期，资金需求下降，利率也随之降低，图 31.4 说明了商业和工业贷款变化与短期（欧洲美元）利率变化间的关系。政府以赤字开支的借贷形式对利率也有影响，因为公共机构和私人企业都要争夺资金。

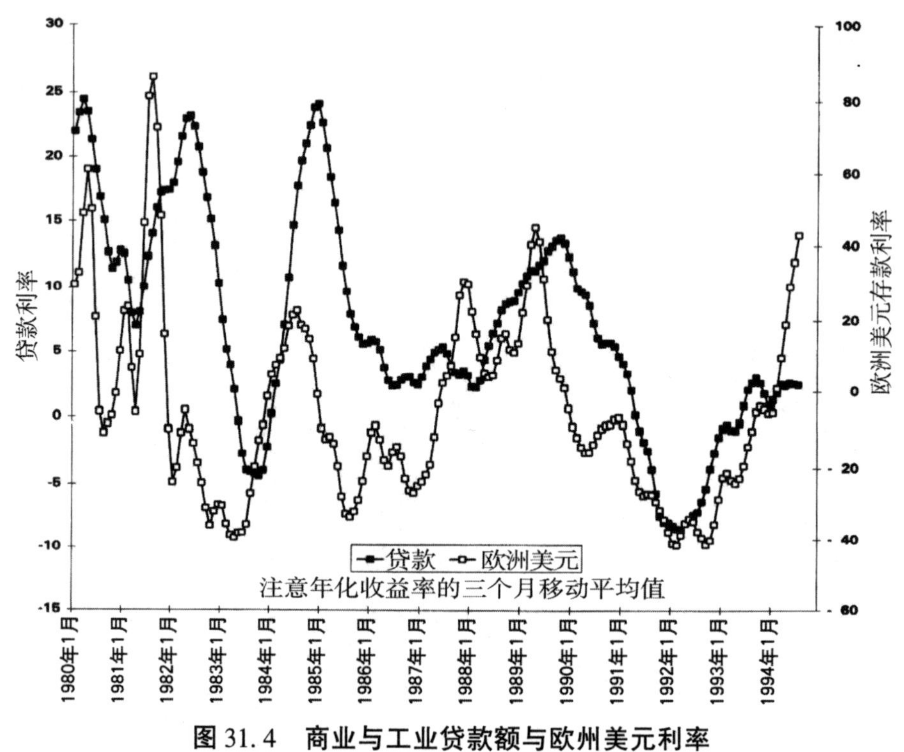

图 31.4 商业与工业贷款额与欧洲美元利率

① 有关利率期限结构的讨论，请详见尤金·法玛发表在《货币经济杂志》（25：59-76，1990）上的著名论文《利率、通货膨胀与真实回报的期限结构预期》。

经济活动的主要指标对预测信贷需求很重要，国家经济研究局的经营周期预测和分析方法是测量经济活动周期的方式。此外，劳动统计局汇编的经济活动指数、主要经济指标，包括消费者信心指数、零售商销售、房屋许可以及较敏感的原材料价格等领先指数是初期经济扩张的信号。一般情况下，经济活动周期的中、后期的情况可通过同步经济指数和滞后的经济指标获得。

与债券收益紧密相关的两个经济指标是工业产量与就业指数。如图 31.5 和 31.6，这些指标变化的峰顶和谷底与债券收益率变化的转折基本一致。这两个指标纳入预测模型中预测债券收益的潜在变化。

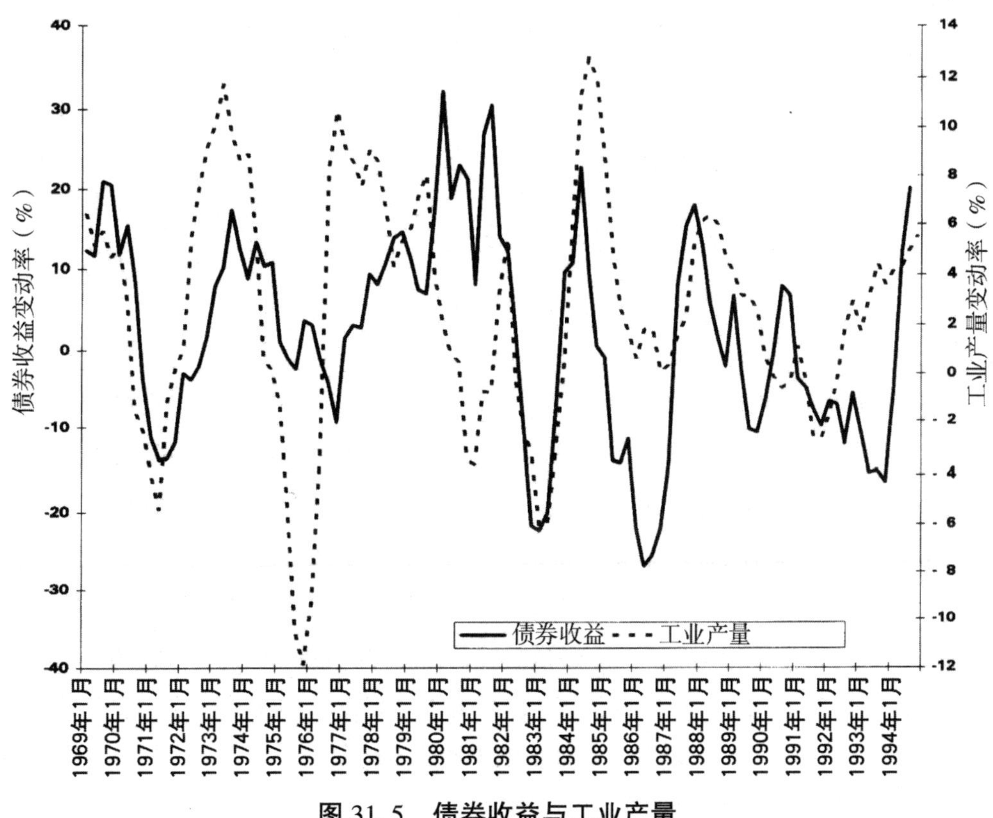

图 31.5 债券收益与工业产量

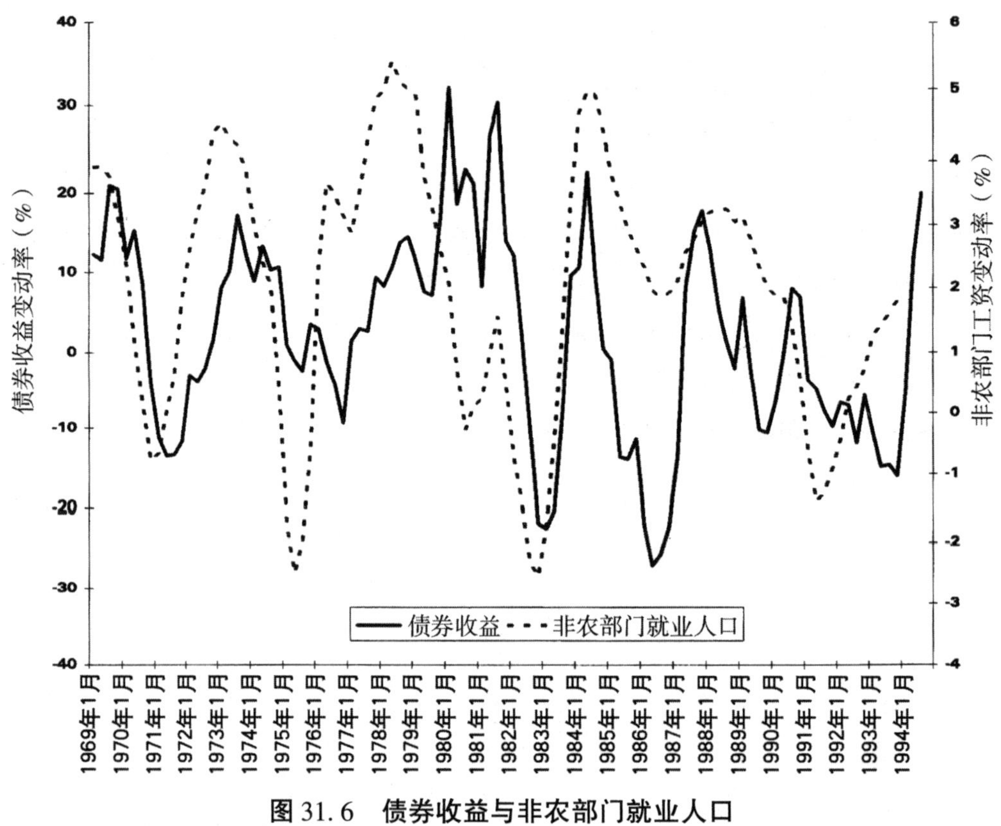

图 31.6　债券收益与非农部门就业人口

通胀预期意味着资金需求增加，也是促使利率上升的主要因素，投资者在消费与储蓄间不断地进行选择，通胀加速阶段会刺激借贷购入商品，因为消费者所关心的是价格可能会继续上涨，相信自己能以更低的实际价格支付贷款。相反，价格比较稳定期间，投资者选择存储现金。

虽然很难对通胀进行预测，但可采用通胀指数反映债券收益的变化，图 31.7 说明滞后一年的消费价格指数 12 个月移动平均线与债券收益间的关系。虽然消费者价格指数是度量通胀的指标，但很明显商品研究局（CRB）的指数与债券收益相关性更大（见图 31.8）。可能是 CRB 指数更便于预测通胀预期，因为该指数能反映原材料的价格，也就是产成品价格的预期变化。

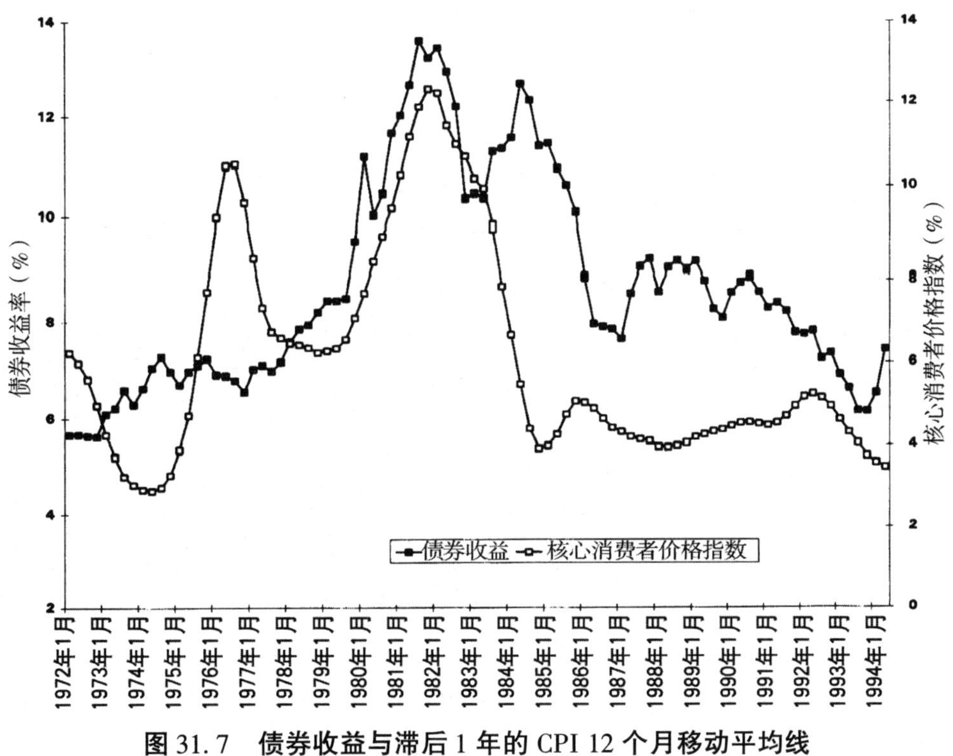

图 31.7　债券收益与滞后 1 年的 CPI 12 个月移动平均线

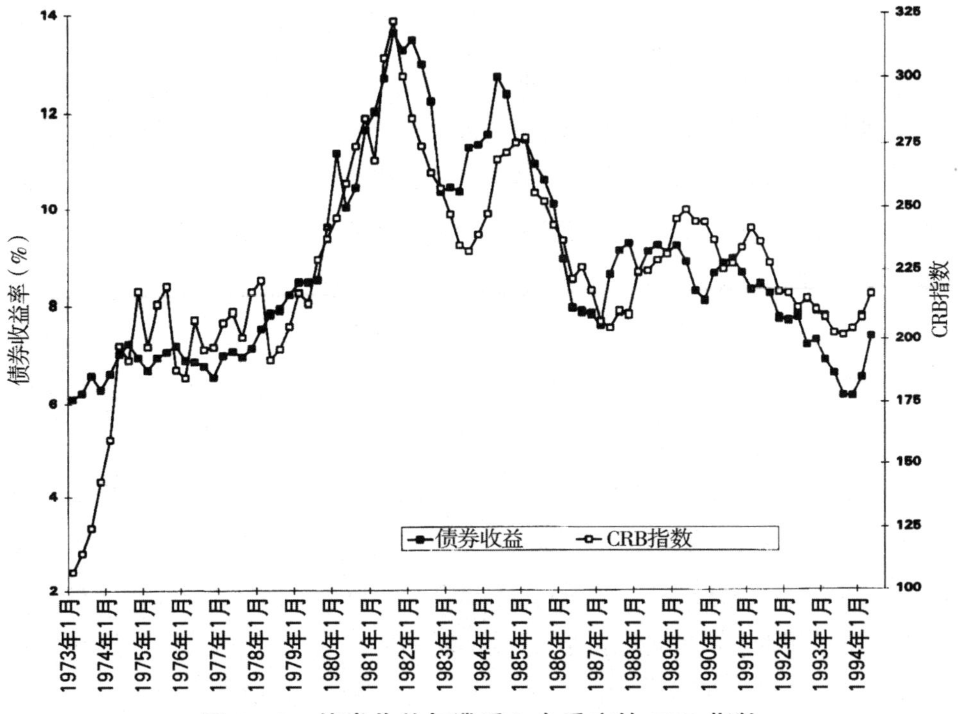

图 31.8　债券收益与滞后 3 个季度的 CRB 指数

供给因素：美联储

信贷供应对利率的影响比需求的影响更难量化，美联储试图调整信贷政策以便给市场提供一定的流动性，即，当信贷需求旺盛，经济的快速发展面临产能限制时，为了防止经济过热和通货膨胀加剧，美联储需减少资金流动性，货币供应的减少促使利率上升，生产与消费成本也随之提高。最终由于信贷的紧张使经营活动趋缓，该情况在经济不景气时相反，美联储会设法增加系统的流动性，降低资金成本，促使经济活跃。

1. 美联储调控措施。美联储通常采用下面三种基本方式调控利率准备金要求。美联储要求银行在美联储存储一定比率的准备金，准备金需求的变化对金融市场的影响很大，因为它们能反映货币通过银行的杠杆系统增加的倍数，但美联储很少用该方式进行调控。

2. 贴现率。贴现率是银行直接从美联储借贷的利率，美联储可以通过提高贴现率减少银行在美联储的准备金，或通过降低贴现率扩大银行在美联储的准备金。事实上，由于银行很少运用该方法借贷，因此，贴现率对利率产生的影响很小，所以，贴现率只是美联储用于强调其他政策的象征性工具。

3. 公开市场操作。公开市场操作是美联储用于调控利率的主要手段，该操作方式是指政府通过美联储的交易平台安全地将政府债券买卖交易。如果美联储希望增加银行准备金，就购买国库券，使利率降低；如果希望减少银行准备金，就卖出国库券，以便提高利率。

美联储运用的调控手段存在许多争议，在 20 世纪 60 和 70 年代期间，美联储的主要目标是调控联邦基金。联邦基金利率是银行在联邦基金市场隔夜贷款支付的利率，一般是支付市场短期利率的最低价。

多年来，利率相对比较稳定，但是，20 世纪 70 年代，持续的通货膨胀压力越来越大，而利率应与高通胀价位协调，因此在 20 世纪 70 年代后期，美联储改变了银行储备策略，通过直接关注储备金，美联储允许市场适当上调利率，该政策的改变使利率开始大幅上升（见图 31.9）。在 1980 年的《货币调控条例》中，美联储明确了货币政策实施办法①。对银行存款实行存款准备金要求，并制定了货币供应增长目标。结果是通胀虽然出现逐步下降的趋势，但是利率却比以前波动更大。

20 世纪 90 年代初期，货币政策没有以前稳定，货币供应增长与通胀的关系消失了。因为资金从银行系统流出转移到共同基金里了，所以不再受美联储的调控。事实是，银行的业务和消费者融资比以前少了，美联储意识到简单的货币供应增长不可能达到稳定非通胀的目标。因此，美联储开始采取一些新的策略，包括国内生产总值的增长、通胀的主要指标、产能利用率、货币供应增长率等，然而，1904 年的快速发展使美联储的政策更加公开化，这种情况下，分析师就不用花费太多的时间和精力关注公开市场操作，研究美联储政策的变化了。

预测利率的目的在于，美联储一直以利率为目标来确定货币供应。分析师应清楚美联储的计划是增加还是减少金融系统的流动性和利率带来的压力。联邦基金和贴现率的变化意味着美联储的政策变化，虽然单一利率的变化不明显，但一系列的联邦基金和贴现率的变化是较明显的政策发生变化的信号。

通胀调整后的利率提供了衡量美联储增加或减少资金流动的方法。相对于通胀水平，较高的短期利率表示美联储货币政策趋紧，而短期利率较低或为负数的话，表明美联储通过降低基金成本增加其流动性。应注意的是，1974—1980 年期间负的通胀调整短期利率意味着该时期为货币政策的宽松期（见图 31. 3），也是债券价格下降时期。如图 31. 7 所示，1981—1989 年期间高于平均通胀调整的短期收益反映了紧缩的政策，也是债券上涨时期。

美联储政策的另一个货币指标是收益率曲线，收益率曲线的斜率通常是正数——长期利率高于短期利率。参照历史上的度量标准，当收益曲线的斜率较陡时，表示美联储采用了适当的货币政策。例如，1990 年到 1992 年后期，收益曲线明显陡峭，因为美联储为了摆脱经济不景气，降低了短期利率。相反，平直或反向的收益曲线意味着政策开始紧缩，如 20 世纪 80 年代初期，当时美联储试图将通胀从两

---

① 货币主义理论基于货币数量理论，它源于货币数量公式，即货币量（M）×流通速度（V）= 价格（P）×数量（Q），公式等式右侧等于国民生产总值。货币数量理论假设价格水平与货币供应成正比，即 P = kM。这种关系假设货币流通速度与产出水平的比率大致保持不变或 V / Q 是一个恒定值。但在更复杂的形式上，认定国民生产总值并不是恒定的，货币数量理论认为货币供应量与国民生产总值是成比例的。在这种形式中，理论仅仅假设速度在所讨论的时期内是稳定的。无论哪种形式，该理论的基本含义是通过控制货币供应增长来管理通货膨胀。

位数降下来。

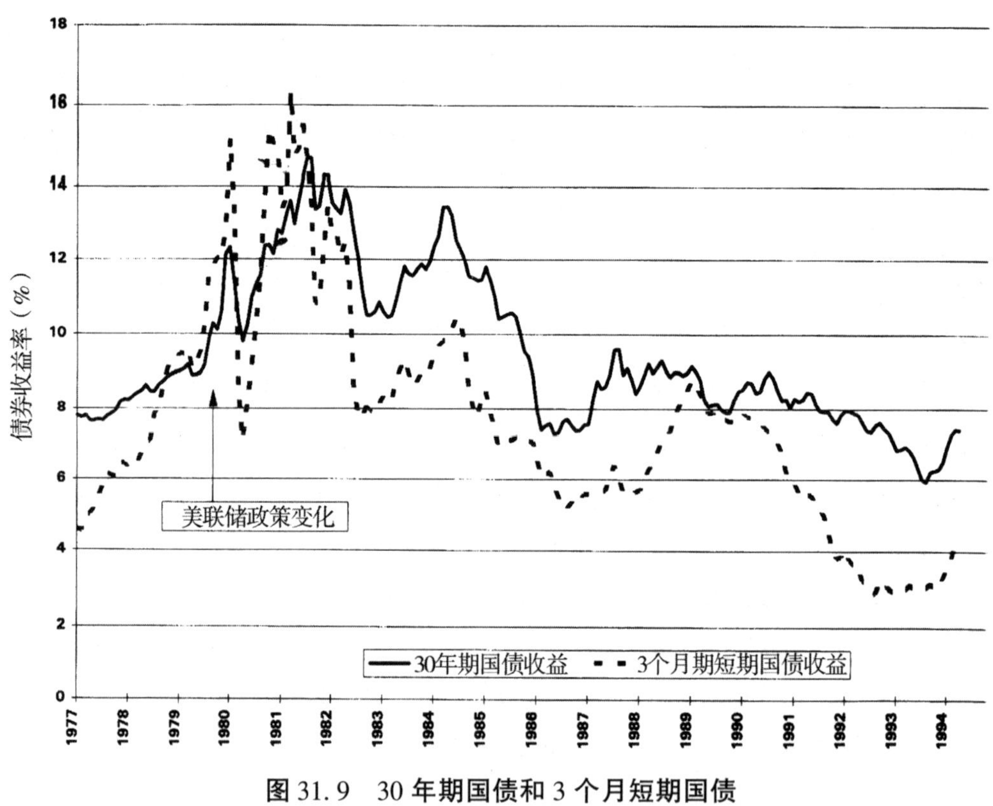

图 31.9　30 年期国债和 3 个月短期国债

从图 31.10 可以看出，在收益曲线陡峭期间利率将趋于下降（长期利率比短期利率的贴水增加），其转变形态表明与美联储的政策吻合。相反，在收益曲线平直或反向期间，利率将呈现上升的趋势，（长期利率比短期利率的贴水收窄），暗示货币政策将趋为紧缩。注意，收益曲线的趋势变化可能导致美联储债券收益的拐点，因此收益曲线可以用于利率预测模型。

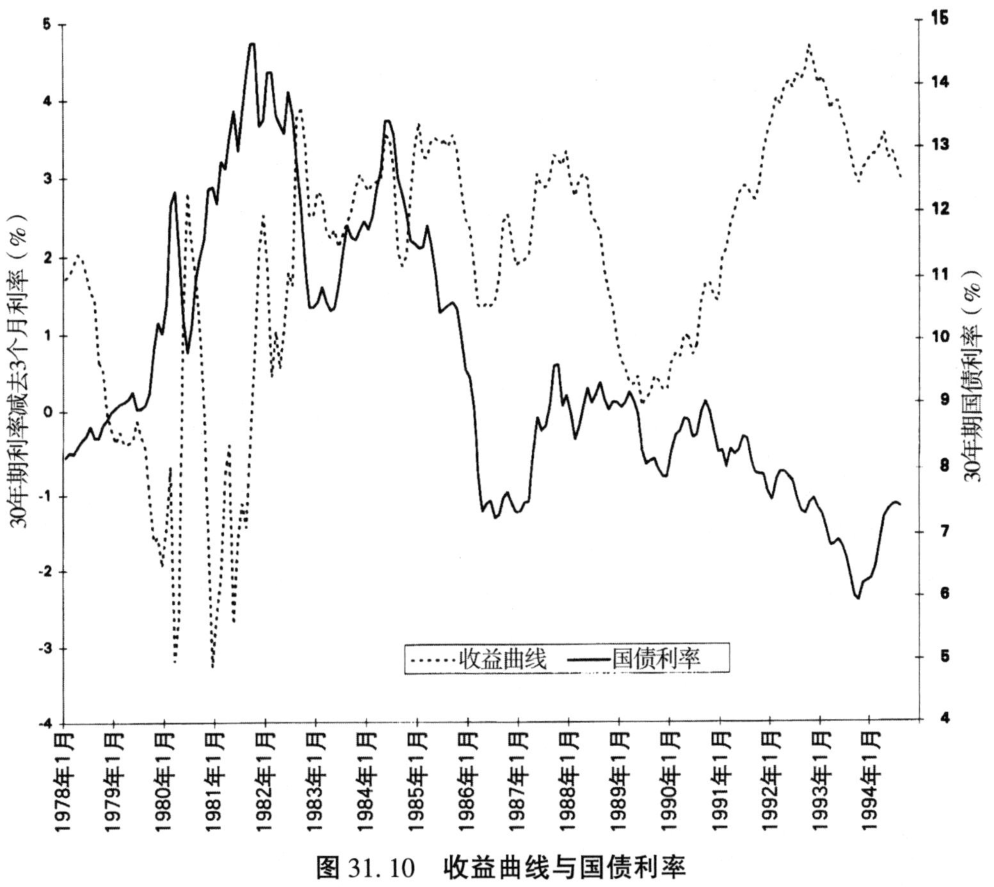

图 31.10　收益曲线与国债利率

结论

本章讨论了几个与利率变量相关的例子，这些变量分为三类：

1. 反映经济相对强势的指标。
2. 表示通胀预期的指标。
3. 反映货币政策的指标。

此外也可参考其他章节中的一些指标。应强调的是，本章介绍的方法主要是预测趋势，而不是预测价位。这种基本趋势的预测对利率期货投资者有一定的参考意义。

附录[①]：国债期货合约的定价

期货交易中容易混淆的概念，如芝加哥期货交易所（CBOT）国债期货合约的定价。因此，对套保交易者，了解相关的概念相当重要。下面简单说明 CBOT 国债合约是如何制定的，

国债期货合约理论上是指 20 年的国债，利率为 8%，但是，在交割月份的第一个交割日，任何到期日或赎回日 15 年以上的公债都可以交割。由于可以交割的品种很多，常出现问题，交割 12.5%利息的持有人，应该得到比 7.25%利息的有息票债券持有人更多的收益。

为了补偿较高的有息票债券的持有人，CBOT 设计了计算交割债券的方法，对每种到期交割的债券，有息票价是债券到期后 8%利息的价值。因此，利息 8%的有息票债券约为 100 美元[②]，如果有息票债券价格较高，利息 8%债券票面价值可能是 138 美元，因此，交割这种有息票债券的人就会收到票息 8%平价债券的 1.38 倍利息。这种乘数称为转化因素，近期收到的交割数量等于期货价格（*FP*）×转化因素（*CF*）×1000 美元[③]。因此，如果交割日期的期货价格为 100 美元，则 8%债券空头头寸的收益为 10 万美元，并且更高利率债券空头头寸的收益为 13.8 万美元。

到期后期货市场的价格必须与现货市场相同。如果不相等，套利者就会买入价格低的债券，再卖出价格高的。现券市场的空头交割会获得 *FP*×CF×1000 美元。公式应是：

现货价（CP）$= FP \times CF$

或者用期货等式表示：

$$FP=\frac{CP}{CF}$$

如果期货市场跟随债券现货市场的判断，CP/CF 被认为是期货对等价格，这是因为期货同债券的定价方式相同，但是，每种可交割债券都有自己的期货对等价格，

① 本附录是由保诚证券公司机构金融期货部副总裁加里·斯坦伯格撰写的。

② 证券的到期日从第一个交割日起按整个三个月的增量计算。因此可能与 100 美元的价格略有偏差。

③ 短期债券也在交割时收到应计利息。

其中价格最低的成为最廉价的可交割债券。

例如，假设票息是 11.25%的 2015 年 2 月到期的债券，票息是 13.25%的 2014 年 5 月到期的债券，到期收益率分别为 6.25%和 6.28%。图 31.11 是在不同的收益率情况下证券市场两种可交割债券的价格变动关系图，假设两种债券间的收益为平行变化。图 31.12 所示市场利率和这两种债券期货价格的变动关系。应注意的是，在即将到期时，图中交叉的两条线，关键的点位是期货市场只能追踪一个即将到期的债券，即交割价最低的债券。

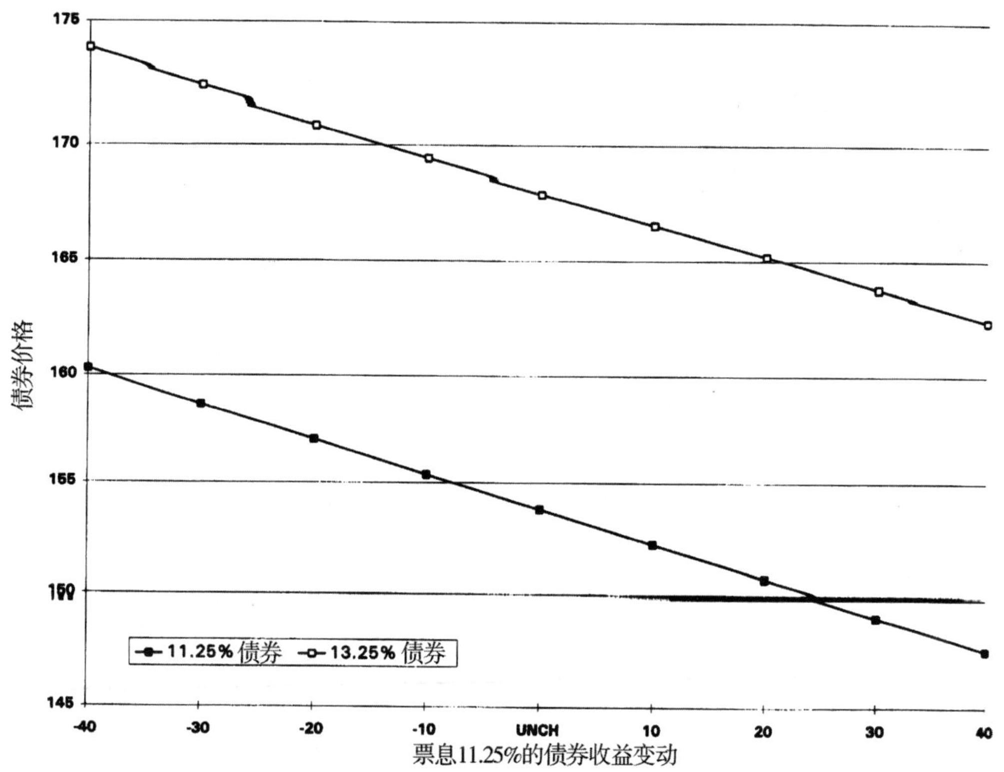

图 31.11　两种可交割债券的价格变动关系

从图 31.12 中可以看出，当市场收益率增加大于 20 基点时，11.25%债券收益率的对等期货价格低于 13.25%债券收益率的对等期货价格。在这种收益变化的情况下，期货将追随较低的对等期货价格曲线。因为如果期货市场的定价较高，那么套利者就会以 11.25%的现货债券，同时卖出期货，有效地锁定了风险与利润的差价。套利者的这种交易促使期货价格降低，直到现货的价格上升到与期货价位相同为止。因此，套利者可关注最低价格交割债券的价格。前面的例子涉及两个将要交割的债券。实际上，有许多即将到期的债券，其基本的原则相似。

关于套保的目的，投资组合经理要保护本金价值，正确的套保比率为：

$$套保比率=\frac{\$\,BPV\ 现券}{\$\,BPV\ 期货}$$

其中，$ BPV=市场收益率变动 1 个基点造成的债券价格变化。

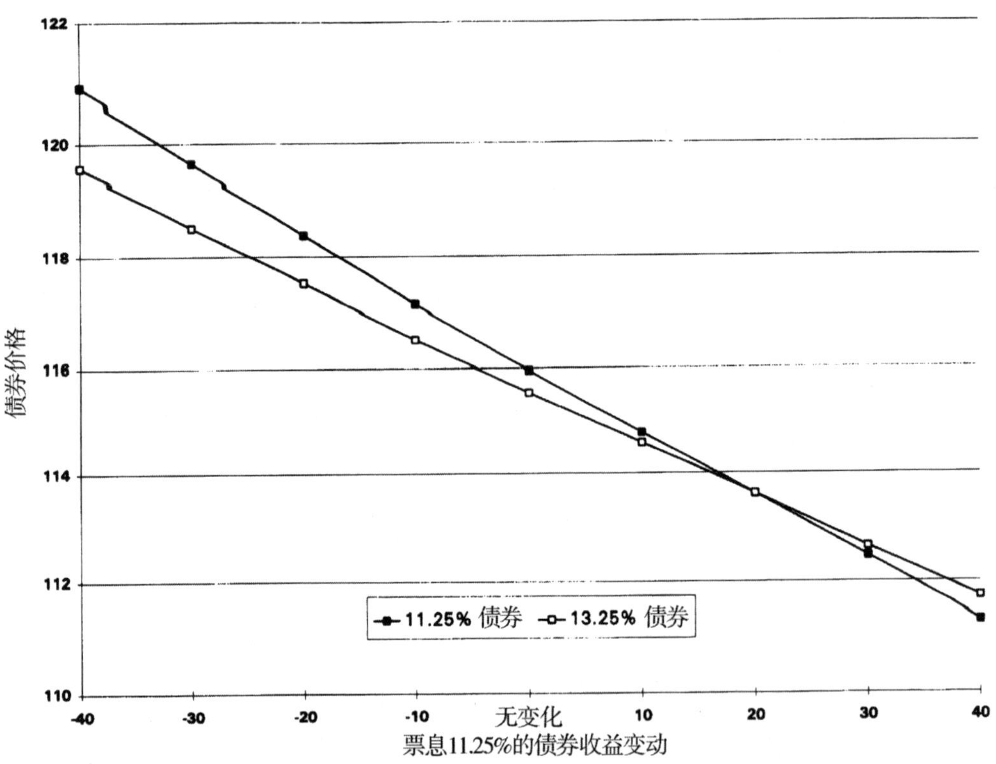

图 31.12　两种可交割债券等值的期货价格

正如前面提到的，期货合约仅跟踪一个到期或即将到期的债券。因此，期货合约的 $ BPV 等于最低交割价格债券的转化因素除以最低交割价格债券的 $ BPV。应注意的是，当债券在最低价格交割时，套保率完全等于正在套保债券的转化因子。因此，无论何时最低价格债券发生变化，期货合约的 $ BPV 就会变化，套保率也发生相应的变化。因此，套保者应密切关注最低价格的债券及其变化，并根据变化情况调整套保头寸。

第32章　预测国外利率市场

凯瑟琳·琼斯[①]　杰克·施瓦格

每当我看到"经济学家预测……"的字样，我就略过直接看后面的内容。

——哈里·马科维茨

20世纪80年代后期与90年代初期，期货市场发展迅速。1994年后期，欧洲的利率交易量迅速增加。由于美国投资者喜欢分散的投资组合，非美元地区的利率期货就成为广大投资者投资组合中的主要品种。从新西兰到北美、亚洲、欧洲，全球市场一天24小时都可以进行利率期货交易。表32.1和32.2列出了目前交易的国外短期利率期货和国债期货合约。

用美国利率预测方法分析国外市场。该类市场的交易品种有欧洲货币期货，包括短期利率和10年期国债期货，还有几个国家交易10年期以上的国债。经济增长速度、通胀预期和货币政策是影响利率的主要因素。但交易国外利率期货的关键点是：汇率风险、政策变化和市场之间的互动关系。

① 凯瑟琳·琼斯是保诚证券有限公司的高级金融期货分析师。

表 32.1 短期利率期货

国家	合约名称	合约标的	合约价值	最小变动价位
澳大利亚	90 天银行券	面值为 100 澳元的 3 个月期银行券收益	500,000 澳元	0.01 = 12 澳元
比利时	BIBOR		25,000,000 比利时法郎	0.01 = 250 比利时法郎
加拿大	蒙特利尔银行承兑汇票	面值为 100 加元的 3 个月期汇票收益	1,000,000 加元	0.01 = 25 加元
丹麦	CIBOR		5,000,000 丹麦克朗	0.01 = 丹麦克朗
欧盟	LIFFE ECU	面值为 100 欧元的 3 个月期债券利息	1,000,000 欧元	0.01 = 25 欧元
法国	PIBOR	面值为 100 法郎的 3 个月期债券利息	5,000,000 法郎	0.01 = 125 法郎
德国	LIFFE 欧洲马克	面值为 100 德国马克的 3 个月期债券利息	1,000,000 德国马克	0.01 = 25 德国马克
	DTB FIBOR	面值为 100 德国马克的 3 个月期 FIBOR 利息	1,000,000 德国马克	0.01 = 25 德国马克
爱尔兰	IFOX3 月期利率	面值为 100 爱尔兰镑的 3 个月债券利息	500,000 爱尔兰镑	0.01 = 12.5 爱尔兰镑
意大利	LIFFE 欧洲里拉	面值为 100 里拉的 3 个月期债券利息	1,000,000,000 里拉	0.01 = 25,000 里拉
日本	TIFFE 欧洲日元	面值为 100 日元的 3 个月期债券利息	100,000,000 日元	0.01 = 2,500 日元
	SIMEX 欧洲日元	面值为 100 日元的 3 个月期债券利息	100,000,000 日元	0.01 = 2,500 日元
新西兰	NZFOE90 天银行券	面值为 100 新西兰元的 3 个月期银行券利息	500,000 新西兰元	0.01 = 12.5 新西兰元
西班牙	MEFF90 天 MIBOR	面值为 100 比塞塔的 3 个月期 MIBOR 利息	10,000,000 比塞塔	0.01 = 250 比塞塔
	MEFF360 天 MIBOR	面值为 100 比塞塔的 360 天 MIBOR 利息	10,000,000 比塞塔	0.01 = 1,000 比塞塔
瑞典	OM 国家票据		1,000,000 瑞典克朗	0.01 = 25 瑞典克朗
瑞士	LIFFE 欧洲瑞士法郎	面值为 100 瑞士法郎的 90 天债券利息	1,000,000 瑞士法郎	0.01 = 25 瑞士法郎
英国	LIFFE 短期英镑	面值为 100 英镑的 90 天债券利息	5 00,000 英镑	0.01 = 12.5 英镑

表 32.2　国债期货

国家	合约名称	合约标的	合约价值	最小变动价位
澳大利亚	SFE3 年期财富债券 SFE10 年期财富债券	3 年期政府债券 10 年期政府债券	100,000 澳元 100,000 澳元	0. 01 点 = 28 澳元 0. 01 点 = 44 澳元
奥地利	OTOB 奥地利政府债券	8~10 年期政府债券	1,000,000 奥地利先令	0. 10 = 100 奥地利先令
加拿大	蒙特利尔 10 年期政府债券	6. 5~10 年期政府债券	100,000 加元	0. 10 = 10 加元
丹麦	FUTOP 丹麦政府债券	1998 年到期政府债券 2003 年到期政府债券	1,000,000 丹麦克朗 1,000,000 丹麦克朗	0. 05 = 500 丹麦克朗 0. 05 = 500 丹麦克朗
欧盟	MATIF 欧盟债券	6~10 年期政府债券	1,000,000 丹麦克朗	0. 05 = 500 丹麦克朗
法国	MATIF 国债 MATIF 财富债券 MATIF 中期债券	7~10 年期政府债券 15 年及以上期政府债券 3~5 年期政府债券	500,000 法国法郎 500,000 法国法郎 500,000 法国法郎	0. 02 = 100 法国法郎 0. 02 = 100 法国法郎 0. 01 = 50 法国法郎
德国	DTB 债券期货 DTB BOBL 期货 LIFFE 债券期货 LIFFE BOBL 期货	8. 5~10 年期政府债券 3. 5~5 年期政府债券 8. 5~10 年期政府债券 3. 5~5 年期政府债券	250,000 德国马克 250,000 德国马克 250,000 德国马克 250,000 德国马克	0. 01 = 25 德国马克 0. 01 = 25 德国马克 0. 01 = 25 德国马克 0. 01 = 25 德国马克
意大利	MIF BTP 期货 MIF5 年期国债 LIFFE BTP 期货	10 年期政府债券 5 年期政府债券 8. 5~10 年期政府债券	250,000,000 里拉 250,000,000 里拉 250,000,000 里拉	0. 01 = 25,000 里拉 0. 01 = 25,000 里拉 0. 01 = 25,000 里拉
日本	TSE JGB 期货 TSE20 年期债券期货 SIMEX JGB 期货 LIFFE JGB 期货	7~11 年期政府债券 20 年期政府债券 7~11 年期政府债券 TSE JGB 现金结算债券	100,000,000 日元 100,000,000 日元 50,000,000 日元 100,000,000 日元	0. 01 = 10,000 日元 0. 01 = 10,000 日元 0. 01 = 5,000 日元 0. 01 = 10,000 日元
新西兰	3 年期政府券 5 年期政府券 10 年期政府券	3 年期政府债券 5 年期政府债券 10 年期政府债券	100,000 新西兰元 100,000 新西兰元 100,000 新西兰元	1 基点 1 基点 1 基点
挪威	10 年期政府债券		1,000,000 挪威克朗	0. 01 = 100 挪威克朗
西班牙	MEFF3 年期国债	3 年期政府债券	10,000,000 比塞塔	0. 01 = 1,000 比塞塔
瑞典	2 年期国债 5 年期国债 10 年期国债		1,000,000 瑞典克朗 1,000,000 瑞典克朗 1,000,000 瑞典克朗	0. 01 = 100 瑞典克朗 0. 01 = 100 瑞典克朗 0. 01 = 100 瑞典克朗
瑞士	SOFFEX 政府债券	8~13 年期政府债券	100,000 瑞士法郎	0. 01 = 10 瑞士法郎
英国	LIFFE 政府债券	10~15 年期政府债券	50,000 英镑	1/32 = 15. 625 英镑

全球债券市场的互动关系

虽然每个国家的利率市场都有其独特性，但要考虑受其他国家（尤其是美国）债券市场不利因素的影响。由于美国是全球最大、流动性最强的债券市场，因此是推进各国利率市场发展的主要因素。为减少在美国的投资风险而将资金投入国外市场的投资者，会很快发现国外债券市场与美国市场具有极强的相关性。表 32.3 就表现了主要工业国家之间债券收益的正相关关系。应注意的是，表中显示 10 年来收益一直很稳定，每 5 年的收益基本相等。但是，一个明显的趋势是利率上升（即债券价格下降）期间，国家之间的债券收益相关性较强，因此投资组合不能达到预期的风险分散效果。

表 32.3　长期国债收益的相关性

	美国	日本	德国	英国	加拿大	瑞士	澳大利亚	法国
美国	NA	0.8631	0.8875	0.6378	0.9817	0.7353	0.3174	0.8586
日本	0.8631	NA	0.9536	0.7901	0.8683	0.7856	0.5444	0.8796
德国	0.8875	0.9536	NA	0.766	0.898	0.6886	0.5092	0.921
英国	0.6378	0.7901	0.766	NA	0.6762	0.6217	0.6472	0.7519
加拿大	0.9817	0.8683	0.898	0.6762	NA	0.6319	0.3343	0.8852
瑞士	0.7353	0.7856	0.6886	0.6217	0.6819	NA	0.4886	0.5495
澳大利亚	0.3174	0.5444	0.5092	0.6472	0.3343	0.4886	NA	0.4906
法国	0.8586	0.8796	0.921	0.7519	0.8852	0.5495	0.4906	NA
1989—1994[a]								
美国	NA	0.7478	0.5959	0.759	0.9042	0.371	0.9345	0.7819
日本	0.7478	NA	0.9306	0.9325	0.8421	0.7212	0.7151	0.897
德国	0.5959	0.9306	NA	0.9348	0.7153	0.8848	0.5661	0.8972
英国	0.759	0.9325	0.9348	NA	0.8466	0.7929	0.7627	0.9413
加拿大	0.9042	0.8421	0.7153	0.8644	NA	0.4283	0.8814	0.8198
瑞士	0.371	0.7212	0.8848	0.7929	0.4283	NA	0.3731	0.8009
澳大利亚	0.9345	0.7151	0.5661	0.7627	0.8814	0.3731	NA	0.8068
法国	0.7819	0.897	0.8972	0.9413	0.7198	0.8009	0.8068	NA

近几年各国市场的相关性不断增强。例如，欧洲主要债券市场目前的相关性比 20 世纪 80 年代强，很好地促进了通用货币政策的实施。图 32.1 反映英国与德国国

债收益间的紧密关系。“美元区”（美国、加拿大和澳大利亚）债券收益也显示出比以往更强的相关性。

全球债券的密切相关性可能持续下去，今后或许会更强。由于欧洲逐渐推广的通用货币政策，该区的利率相关性也会继续增强。此外，用于分散风险的多样化投资组合也使债券市场间的相关性不断增强。此外，近年来投资组合多样化的趋势可能导致全球债券市场之间的相关性更高，因为持有贬值资产的基金经理可能会出售同一类别的其他资产，以减少该部门的风险。此外，技术进步和信息传播迅速也可能导致主要工业化国家的未来利率变化趋于同步。这些观察有一重要含义：尽管每个国家的利率市场都有各自的特点，但在预测本国利率走势时，分析师还是应该分析全球利率市场的走势。

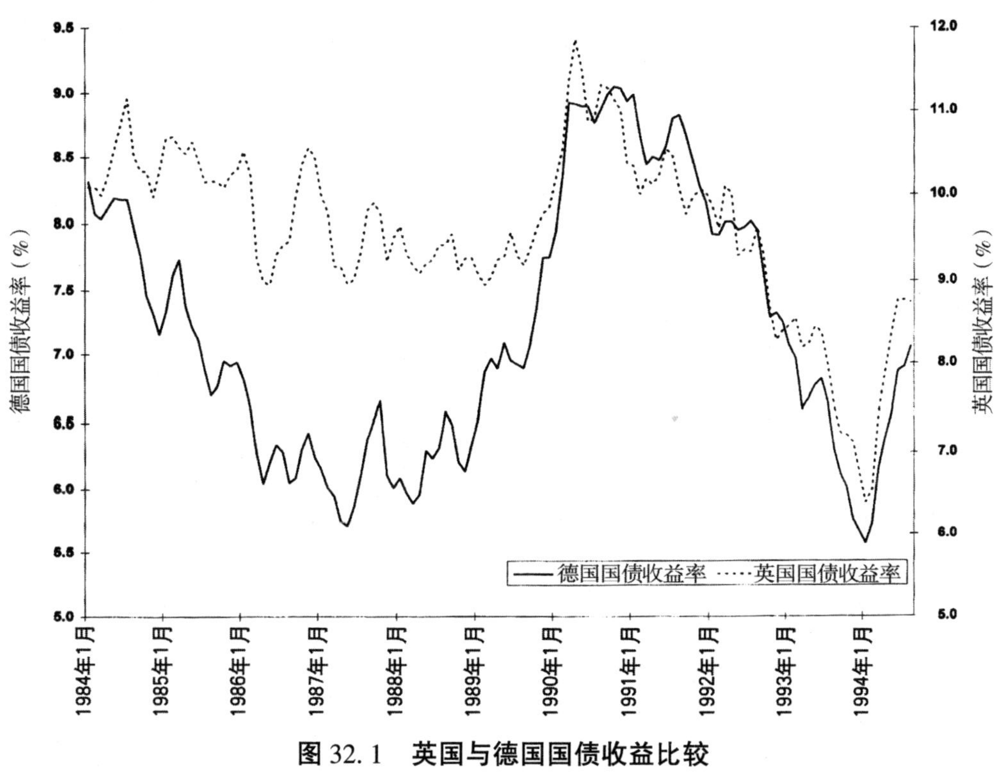

图 32.1　英国与德国国债收益比较

汇率风险

投资者要投资不同国家的固定收益证券，存在一定的汇率风险。由于汇率波动较大，国外投资的利润可能大幅增加或减少。事实上，汇率的变化也可能使有利可图的投资变成亏损，反之亦然。通过期货市场进行投资可以大大降低风险，因为进行期货交易仅需要交付少量的保证金，维持较少的头寸所承受的汇率风险相对较小。例如，初始保证金是国债面值的5%，或不到短期债券面值的1%。

汇率对货币政策和利率也有影响。汇率的快速上涨或下跌使投资者更关注政府的政策变化，中央银行为了稳定货币经常改变货币政策。一个国家的汇率下跌会影响国外投资者持有该国债券的信心，从而使价格更低（利率更高）。相反，坚挺的汇率意味着潜在的收益，会吸引更多的投资者买入债券，因此该国的利率也将逐步降低。

汇率市场价格变动可能对固定收入影响很大。例如，欧洲市场的汇率变化幅度超出震荡区间通常引起利率变化。英国在实施汇率体制前，为了保护汇率，在1988—1990年期间大幅提高利率（见图32.2）。对汇率造成影响的另一个例子是，1990年日元的急剧上升导致通货紧缩，促使日本银行将利率降至历史最低位（见图32.3）。

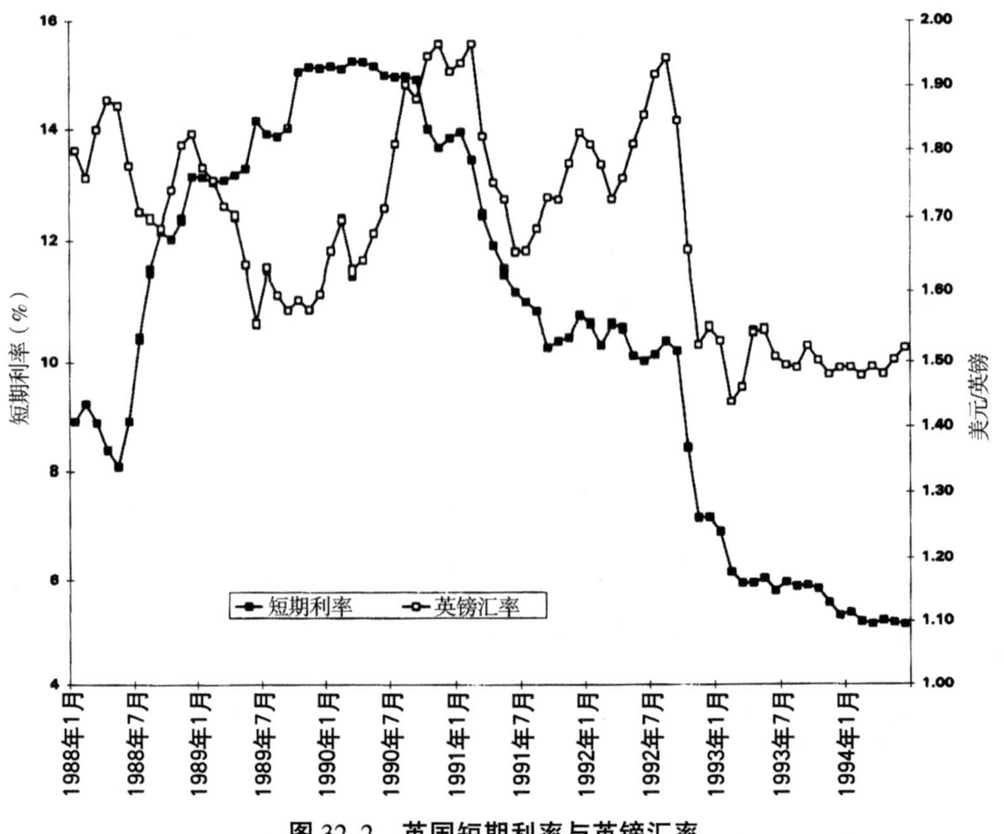

图 32.2 英国短期利率与英镑汇率

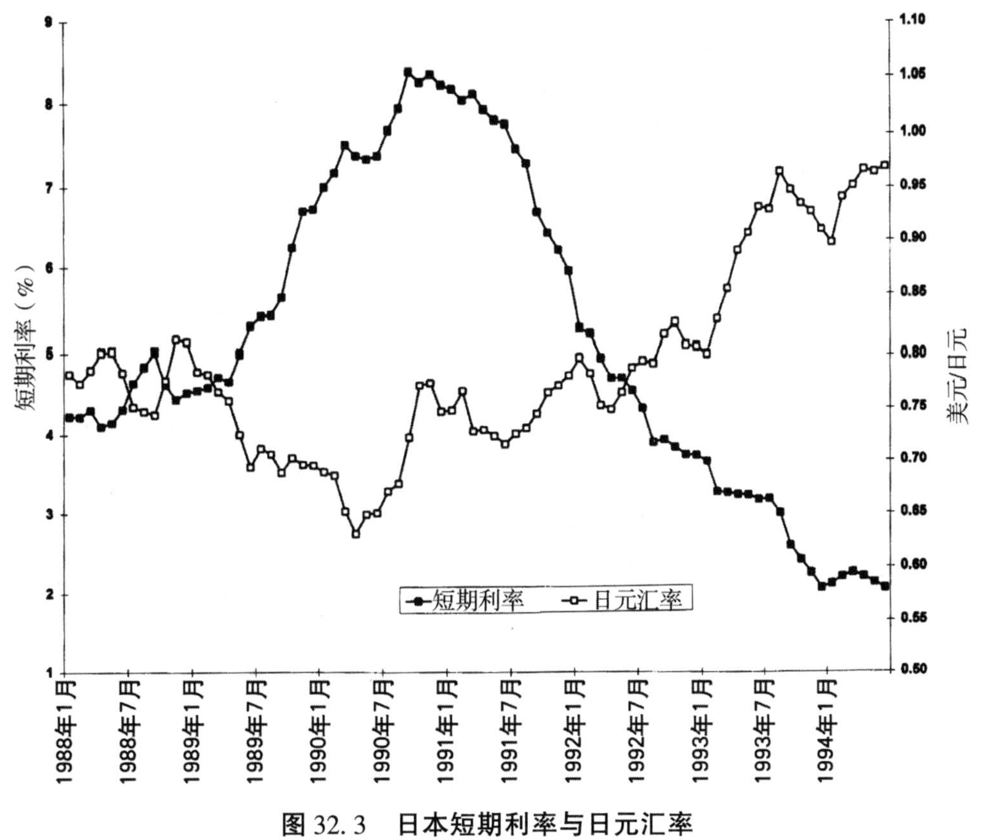

图 32.3　日本短期利率与日元汇率

政治事件

政治事件对国外债券市场也有很大影响，但政治因素也可以推进经济发展。同时，在不稳定的政治环境中利率风险会更高。关注经济周期、预算变化、内部债务和税法颁布等因素是避免国外投资者亏损的重要措施。

以意大利政治事件对利率市场造成的影响为例。意大利在二战后的很长时期都处于动荡的政治环境中，政府缺乏治理国家的能力使通胀加速，从而导致利率比预期要高。图 32.4 为意大利 1988 年到 1993 年 10 月的通胀和债券收益率价差变化。虽然意大利通胀速度较德国缓慢，但是相对德国的利率，意大利利率却呈上升态势。意大利债券市场相对的弱势形态应归咎其不稳定的政治环境。

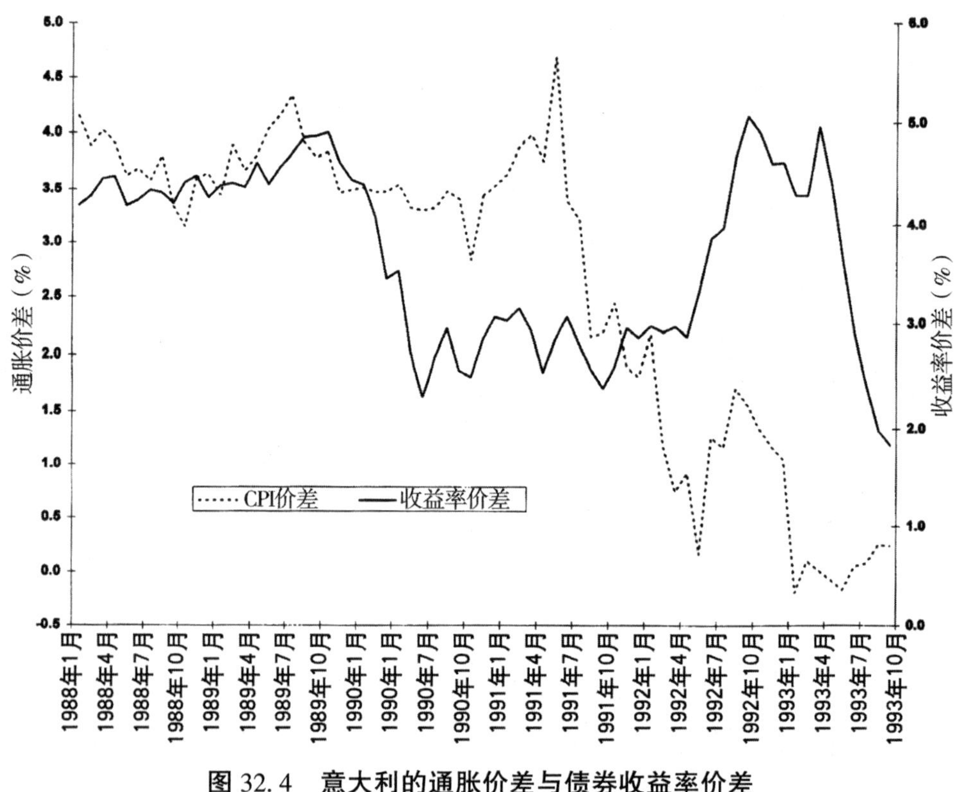

图 32.4　意大利的通胀价差与债券收益率价差

经济增长

在确定主要工业国家利率趋势的过程中，经济周期是要考虑的主要因素。在经济扩张时期，利率趋于上升；在经济紧缩期，利率趋于下降。图 32.5 为德国短期利率与德国工业产量间的相关性。在国外债券市场建立短期或长期头寸前，有必要先确定其经济周期的状况。此外，还要考虑国内生产总值增长率、工业产量、就业率和生产能力等经济指标。一个国家在全球经济周期的定位是评估利率市场可能上涨还是下跌的关键因素。

收益曲线是预测增长趋势很有用的方式。例如，向上倾斜的收益曲线（长期利率高于短期利率）意味着较强的增长趋势，而平缓、反向的收益曲线则说明经济增长趋缓或紧缩。图 32.6 和图 32.7 说明了收益曲线斜率与经济增长的关系。总之，当短期利率变化引起收益曲线改变时，该收益曲线对经济增长的预测更可靠。

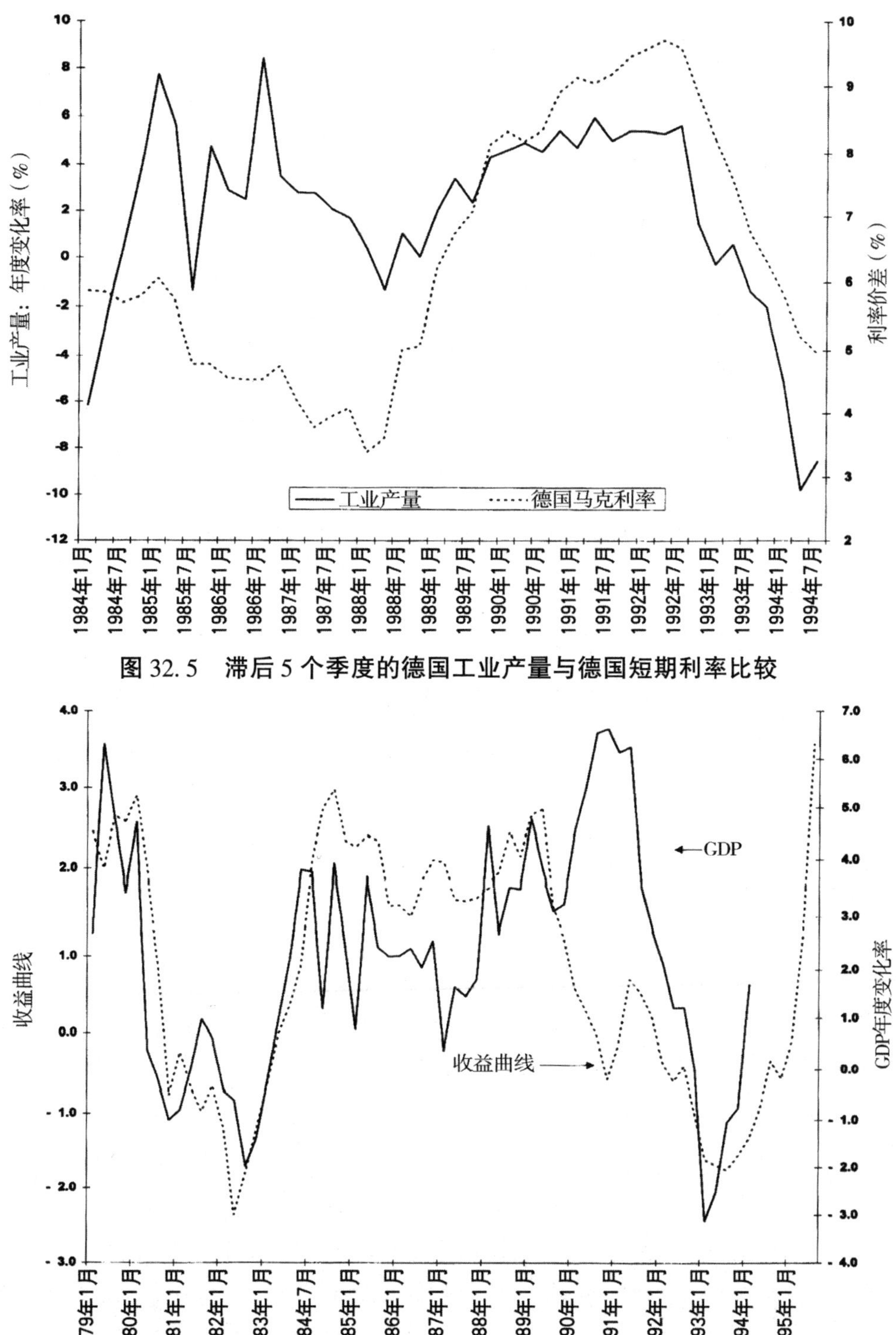

图 32.5　滞后 5 个季度的德国工业产量与德国短期利率比较

图 32.6　德国收益曲线（滞后一年）与国内生产总值的比较

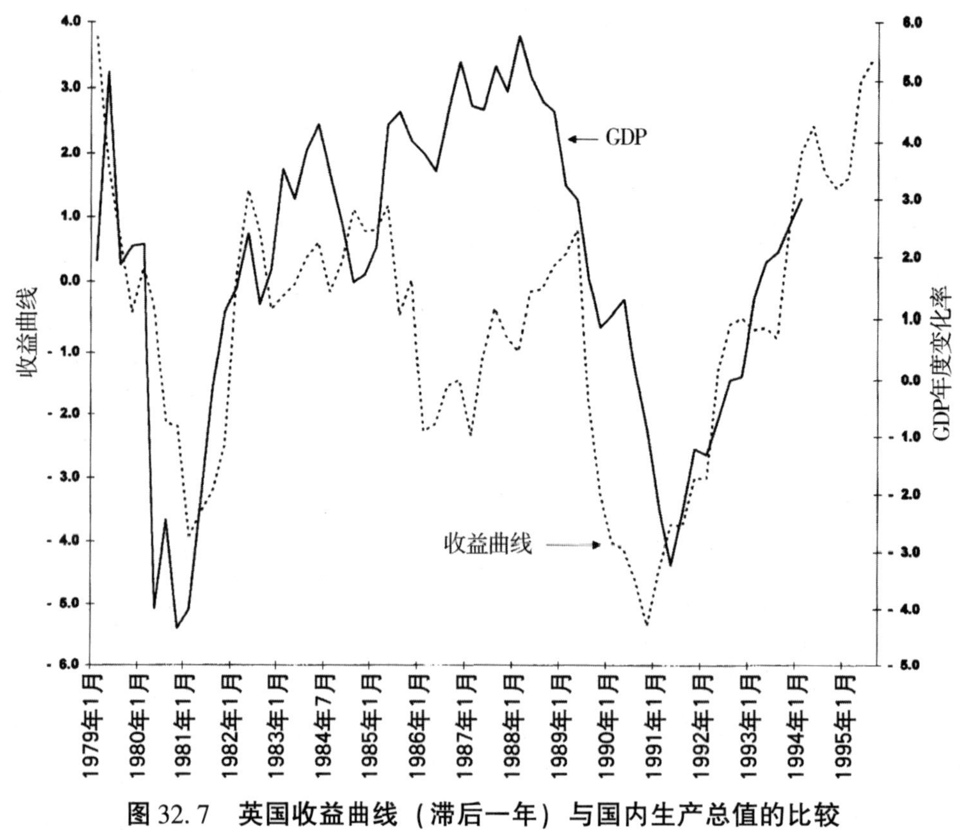

图 32.7　英国收益曲线（滞后一年）与国内生产总值的比较

通货膨胀

每个债券市场都会受到通货膨胀预期的影响。假设通货膨胀预期上升，债券购买者就要求有更高的收益；相反，如果通胀预期降低，债券收益有可能下降。图 32.8 和图 32.9 就说明了通货膨胀与债券收益之间的相关性。

经济增长率、货币供应增加速度、产能利用率和历史上通胀记录都是确定通胀预期的重要因素。这些因素在不同的国家有不同的变化。例如，日本的通胀率很少大于4%，仅在 20 世纪 70 年代中期石油短缺期间出现过，所以日本的通胀预期一直低于美国和欧洲国家。通常通胀率低的国家意味着通胀稍高就会引起央行采取抑制措施。相反，在意大利或西班牙，4%的通胀率是很正常的。因为与过去十多年相比，4%是这些国家较低的通胀率。

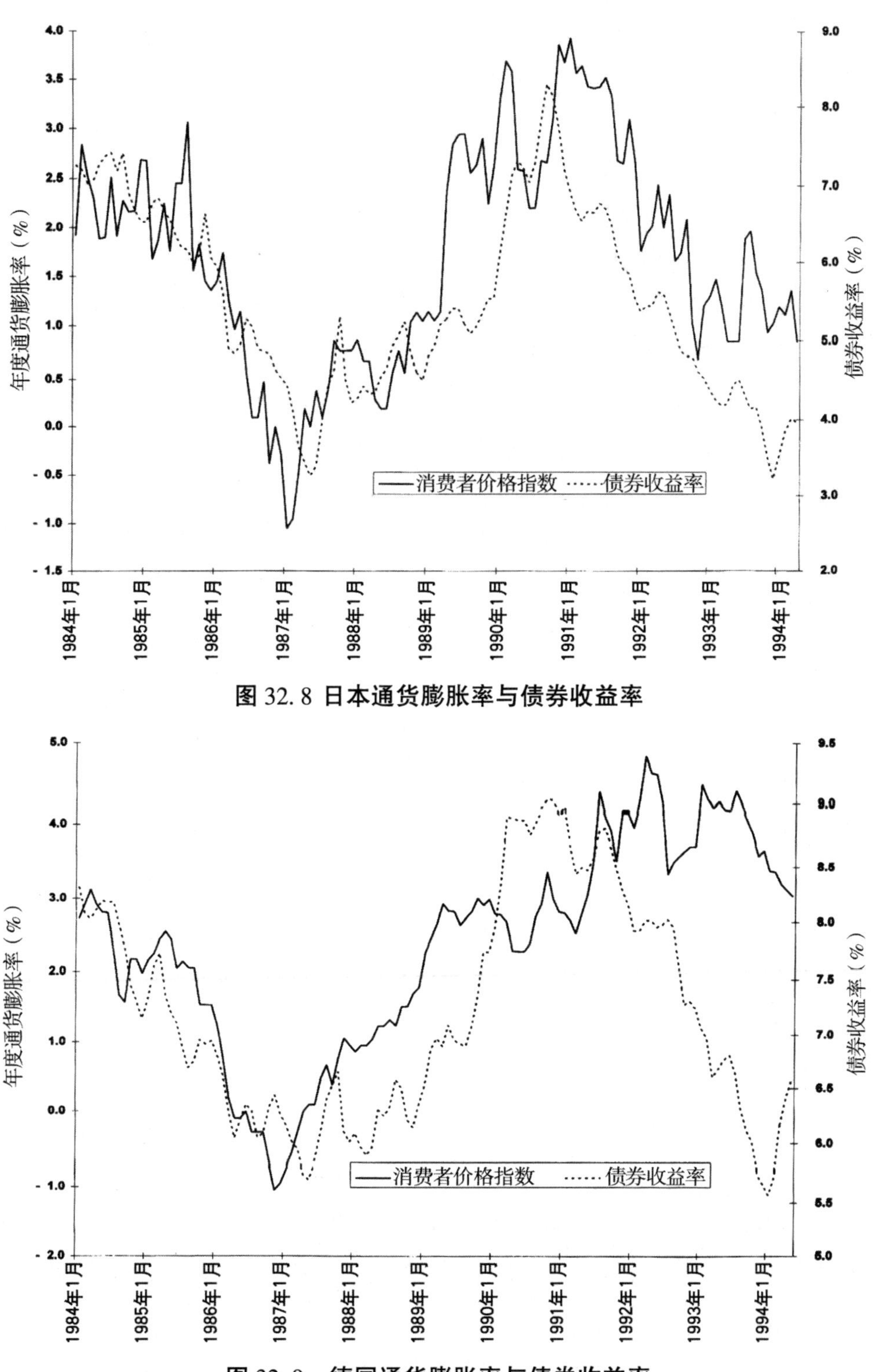

图 32.8 日本通货膨胀率与债券收益率

图 32.9　德国通货膨胀率与债券收益率

货币政策

预测利率要关注的另一个重要因素是央行政策。经济发展状况对利率价位变化反映比较滞后，但利率市场却能立即反映政策的变化。有些央行惯于采取激进措施抑制通货膨胀，而有些则任由通胀发展。制定政策的央行自由度越大，越有可能制定限制通胀的政策，就越能赢得投资者的信心。最近几年，几个主要的工业国在承认央行的优点时，已经开始着手进行央行与政府的分离工作。主要工业国央行制定的一系列政策指标，可以作为跟踪国外货币政策的依据。

每个主要工业国中央银行可以构建一份政策指标清单。以下是对主要工业国中央银行政策的重点概述，可以作为监测外国货币政策的指南。需注意的是，这些摘要只代表当前的情况（1994 年晚期），并且未来肯定会发生重大变化。

德国

货币供应的增长是央行参照的重要指标，而德意志联邦银行考虑通胀趋势和德国马克的强弱，以及用生产能力、失业率和实际利率来反映经济状况。毫无疑问，德意志联邦银行是全球最独立的中央银行。

法国

近几年，法国银行尽量保持其法郎与德国马克一样强势，这个称为“法国堡垒”的政策使实际和名义短期利率都较高。该国央行不像 G7 国家那样独立，因此，其政策很容易受到政府的制约，主导货币政策的重要因素还有通胀和货币供应的增长率。

英国

英国银行以前不能调控货币政策，通常由财政部进行调控。但近几年，英国银行获得了一定的自主权，因此也提高了信誉。自从废除了 1992 年汇率机制，中央银行没有再强调英镑的价位，而是特别关注整个通胀发展和工资情况。历史上货币长时间贬值和高通胀削弱了央行的可信度，使英镑的实际利率高于欧洲其他国家货币。

意大利

意大利银行坚持不受政府的影响，但由于长期以来无法抑制通胀和预算赤字，所以还需继续努力才能获得自主权。长期以来，央行一直关注一些重要的经济指标，包括里拉与德国马克的强弱、工资和整个通胀状况等。

日本

日本银行是基于宏观指标和与市场相关的贴现率变化进行调控的。值得关注的指标有整体通胀率、财政赤字或过剩、零售价格和货币供应增长率，特别是 M2+CDs 指标。日本银行政策局由私人企业与财政部的代表组成，因此政府管理者和企业对中央银行的干预有限。

加拿大

以前加拿大银行主要关注货币的供应增长，现在也参照一些诸如资源利用率、失业率和外汇强弱等经济指标。一般情况下，加拿大银行的管理者不能成为政治党派的会员。而加拿大上升的预算赤字使央行认识到财政政策对利率的影响。

财政政策

财政政策对货币政策和通胀预期影响也很大。近几年，即使在通胀缓解时期，拥有巨额预算赤字的国家也可以维持较高的债券收益率，这也反映出外国投资者关注国家偿还债务的能力和态度。即使通胀下降，不同的债券收益也完全不同。例如，加拿大债券收益率 1993—1994 年高达 9%，虽然当时的通胀为负值。债券的较高收益是因为加拿大巨大的预算赤字占 GDP 的 5%，是工业国家中最高的。来自国外的投资平衡财政赤字也非常关键。为了吸引外资，加拿大的利率历来高于美国。很明显，一个有大量预算赤字的国家要付出高额的收益率才能吸引外资，因为投资者要承担货币贬值的风险。

风险评估

可用下列方法评估有吸引力的债券市场。这是量化各个市场风险与回报的方法。

1. 总债务/GDP。相对 GDP，政府债务的总量是政府计划筹措资金的数量。如果相对增长速度，债务增加速率超过长期的平均数，可能意味着财政政策扩张太快，是期望增加债券的信号。相反，如果债务/GDP 下降，反映政府债券供应减少，有时要修改财政计划。

2. 总债务/出口。政府债券与出口率也是一个有用的度量工具，因其可以反映一个国家须进行的外资筹措量。出口是为经济发展从外国筹资的渠道，可以抵销上涨的债务。即使一个国家政府总的债务/GDP 很高，如果有大量出口交易，总债务/出口率还是会被降低。

3. 货币供应增长。尽管货币供应不一定对国家制定政策有促进作用，不过，货币供应增长是潜在的通胀指标。如果增长率高于其他主要国家的平均率，可能是通胀加速的信号，而下降的资金供应可能是通货紧缩的信号。

4. 进口覆盖率。进口覆盖率是衡量一个国家完成进口额所需的现金储量指标。用该方法简单地量化一个国家将来可能需要的借贷。但是，由于不同国家的经济结构各异，因此这个指标没有其他经济指标重要。例如，一个进口覆盖率较低的国家可能从全球债务市场上借到巨量的资金，以减少信贷危机；而一个进口覆盖率较高的国家，如果在国际市场的借贷能力有限，也可能很快面临信贷危机。

预测实例：英国利率

当英国于 1990 年加入 ERM 时，为了支持货币走强，英国普遍预期是保持较高的利率。然而，在其后的几年中，英国的实际利率大幅下降，这种与预期相反的走势能用上述方法预测吗？

经调查反映利率将会下降，有以下几点因素：

- 经济发展趋缓会导致利率下降。1990 年后期英国 GDP 增长明显趋缓。
- 反向的收益曲线表明经济处于低迷时期。而 1990 年后期，滞后一年的收益曲线说明了这种情况（见图 32.7），也就是说当时的经济处于低迷时期，对利率的压力很大。
- 资金供应减少将导致长期利率下降。因为资金供应减少，通胀预期下降，

债券的投资者不得不接受低利率的事实，资金供应发生变化导致 1~2 年收益发生变化，如图 32.10 所示。

- 从 1990 年后期起，英国通胀开始下降。
- 当时财政政策紧缩，颁布了新的税收政策，使购买外国债券的投资者增加信心。
- 全球经济增长速度逐渐趋缓，主要工业国家的经济开始衰退，尤其是美国和

德国，导致长期利率下滑。通常工业国之间的利率有一定的相关性，全球利率下跌使英国利率出现下降迹象。

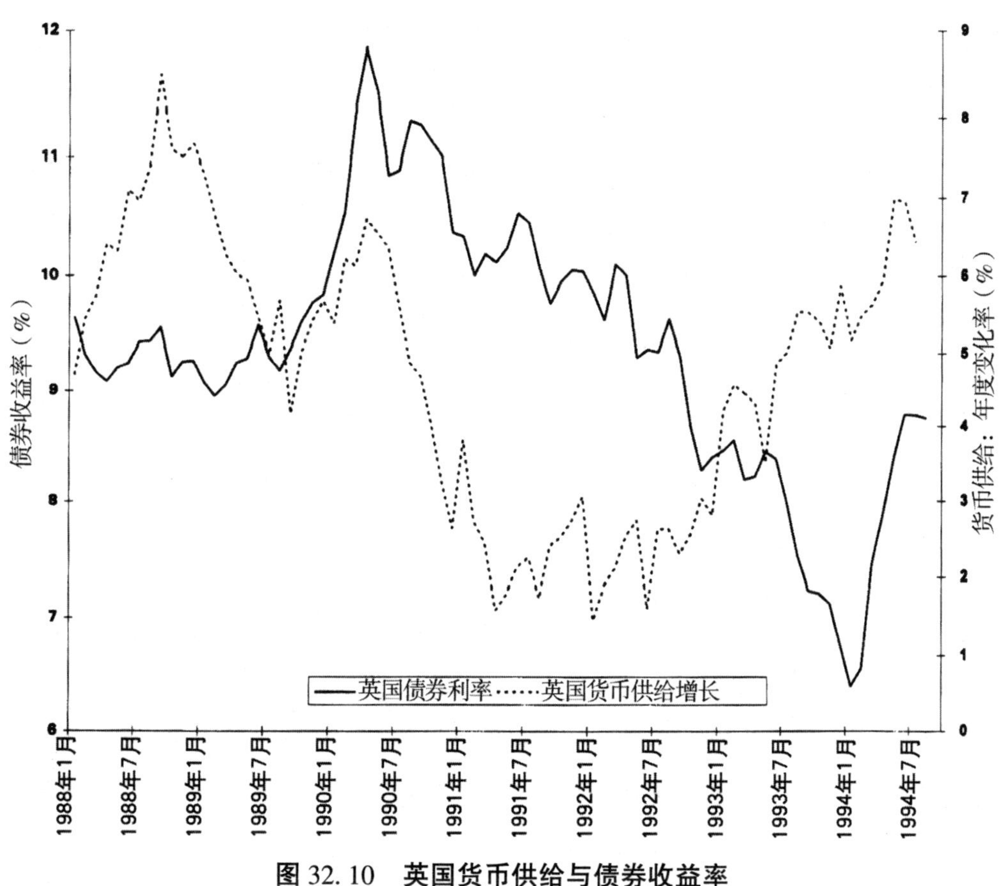

图 32.10　英国货币供给与债券收益率

区域性因素与展望

每个区域的利率都会受到个性化因素影响，虽然每个国家依据各自的经济基本面进行评估，但仍应考虑区域因素的影响。

欧洲

欧洲对利率影响最大的因素可能是欧洲货币联盟（EMU）。主要欧洲国家决定减少市场交易问题，因而出现统一货币。为了给统一货币做准备，这些国家尽量协作调整货币政策，减少预算赤字等。由于德国是欧洲经济实力较强的国家，因此，德国的经济在欧洲起主导作用。例如，1989 年，德国统一涉及财政政策扩张，整个欧洲资本的需求预示着利率上涨，同时，20 世纪 90 年代初期欧洲的经济衰退是由德国货币政策紧缩导致的，这无疑造成欧洲地区利率上涨，因这些国家要保持其货币与德国马克一致。

欧洲各国的短期和长期收益很可能继续高度相关，但是，并不说明收益率会趋于一致。为了应对通胀压力，对德国的利率变化水平要求与法国、意大利以及西班牙的利率变化水平要求不同。但是，由于德国在欧洲的强势和影响，其利率的走势将反映整个欧洲利率的走势。

促使欧洲利率上升的另一个重要因素是东欧经济发展。这些从计划经济向市场经济转变的国家需要大量的资本流通，吸引了主要西欧国家的资金，因此，东欧国家资本需求上升，这主要靠西欧投资者提供，从而促使欧洲利率不断走高。

日本/亚洲

日本的债券市场交易一直平淡，直到 20 世纪 70 年代政府赤字增加才开始活跃起来。相比其他国家，日本的通胀率很低，因此利率也较低。经过一段时间的经济调整与改革，情况有了一些变化。总之，亚洲的债券期货自 20 世纪 90 年代以来发展迅速，这些国家的交易量不断增加。虽然日本的债券市场可能继续主导这个区域的市场，但是，长远来看，主要的债券市场将会不可避免地转移到亚洲其他国家。观察利率市场的主要因素是政府赤字，经济的快速发展和之前宽松的货币政策造成的通胀将导致赤字攀升。

美元区国家

在 20 世纪 70 到 80 年代期间，高通胀和增加的预算赤字困扰着美元区国家。虽然 20 世纪 80 和 90 年代后期，通胀戏剧性下降，但由于高通胀遗留的问题和高企的赤字使加拿大、澳大利亚和新西兰等国的实际利率一直维持在高位。并且，由于这些国家都是较大的出口国，随着世界贸易的繁荣，将来可能是光明的，因此他们更容易从出口中得到资金来减少赤字。在分析这些国家的市场情况时，了解预算赤字的趋势要比了解通胀更重要。

结论

分析国外债券期货市场比预测国内利率运行方向更难。除了要评估这些国家利率升降、通胀趋势和货币政策外，还必须了解全球利率状况、货币政策、政治和区域关系等因素。

第33章　预测股票市场

考特尼·史密斯[①]　杰克·施瓦格

市场永远是对的，无论牛熊。

——杰西·利弗莫尔

股票市场中有很多影响股票价格的因素，相对比较重要的是长期的趋势变化。过多考虑市场的基本面状况可能导致思维混乱。然而，幸运的是，正如本章所示，可以使用客观方法将各种投入结合起来，这种方法可以证明在预测市场方向方面是有效的。任何人都可以把握市场时机，并不只是那些高薪的华尔街分析师或投资通讯作家才能做到。

分析股票市场走势，首先要确定影响市场的主要因素，这些因素可转化为具体的指标，例如，利率也是影响股票市场的主要指标。因此，我们要关注各国利率的变化，利率的升降都对股票市场产生很大的影响。

---

①　考特尼·史密斯是品尼高资本管理公司的董事长。该公司为机构和个人投资者管理包括股票、固定收益、衍生品在内的投资组合，出版了《全球投资策略通讯》。他还曾担任量子金融服务的主席和首席执行官，并负责瑞意银行和法国巴黎银行纽约分部的交易部门。史密斯先生著有：《季节性交易获利》（John Wiley & Sons，1980）、《商品套利》（John Wiley & Sons，1981，和Traders Press，1989）、《如何交易股指期货盈利》（Mc Graw-Hill，1985）、《期货交易者的季节性图表》（John Wiley & Sons，1987）、《期权策略》（John Wiley & Sons，1987）。他还是享誉北美和欧洲系列投资会议的杰出演讲者，并经常在《华尔街报道》和《财富在线》等电视节目上担任嘉宾。

股票市场的驱动因素

长期以来，机构的盈利增长是主导股票市场的因素。机构股权给公司股份的拥有者带来盈利，这些盈利用于股东增加股份和给付红利，因此，公司股票的价值取决于盈利的增长率，收益决定了发展趋势。

股票市场当前的价值代表了未来收益流的贴现值。计算贴现值要求三个变量：收益、利率和时间，三个变量中时间变量最微妙。我们不知道将来的贴现过程要用多少时间，投资者需要5年还是20年评估股票市场？在此期间会发生什么变化？未来一段时间的利率变化也对股市有很大的影响。很多因素都会直接对股票预测带来很大的不确定性。

通常，影响股票市场的因素也就是影响企业收益的因素，这些因素包括利率、货币政策、通货膨胀和经济状况等。短期内市场可能大幅波动并且脱离预期的收益增长率路径。此外股票的实际供求变化短期内对股价影响也很大。例如，即使收益保持不变，但单位发行股票（增加供应）或共同基金现金持有（减少需求）也会使股市价格下跌。

心理因素也是影响股票市场的重要因素，对市场预测的许多方式与人们对市场的心态有关。可以用许多客观的指标对市场进行主观研究，诸如趋势、振幅和情绪等。这些指标也称作技术指标，通常用其检验市场内在原因，反映市场对基本面的响应。

指标的选择

虽然很多人认为有成千上万种影响股票市场的因素，但是，尚不能对每种影响因素都作详细探讨。分析师的任务之一是要关注影响市场的重要指标，选择的指标要符合下列要求：

1. 相关性的合理解释。选择的指标必须有根据，必须容易理解并能合理地进行解释，这些指标为什么对股市有很大的影响。

2. 有较大的影响。选择的指标可能对股票市场造成很大的影响。

3. 影响的持续性。选择对市场具有长期影响和能改变趋势的指标。相比之下，有些指标对市场的影响是短期的。例如，20 世纪 80 年代初期，每周货币供应对股票市场的短期影响很大。

4. 符合客观评估。选择的指标必须符合客观评估条件。因此，要选择定期公布的数据，公布指标的部门要有良好的信誉，不经常进行大幅修正。此外，该指标还应在预测股价中验证其有效性。

指标应符合一定的标准。首先要逐一检查这些指标；然后再将这些指标转变成交易信号；最后，考虑如何将这些指标和信号运用到预测股票运行趋势的方法中。

盈利的增长

市场运行趋势主要取决于股票盈利增长状况。因此，我们可以合理地预期盈利增长率的变化将对股票市场趋势产生重大影响。事实上，这两个变量密切相关。但从图 33.1 可以看出，这种相关性通常是反向的！图 33.1 的左上角显示了股市收益表现与标准普尔 500 指数的同比变化。请注意，在收益年化增长率超过 20%的时期，股市指数每年下跌 1.2%。另一方面，在股市表现最为强劲的时期，股市指数年均增长率为 28.7%的时期，收益却以 10%~25%的速度下降。

很明显，这些形态违反常理，为什么存在这种差别？答案是股票市场是贴现机制，不看当前盈利增长，而在乎未来的增长。换言之，盈利增长率在 20%期间，市场朝着盈利下降的方向运行。不管下跌的原因是什么，快速增长之后必然会导致调整，或者由于经济增长过快，美联储采取紧缩政策开始调升利率。

买股票最好的时机是在盈利下降时，这意味着经济开始衰退，推测起来，情况可能并不太坏。因此，股票市场随时都有可能重拾升势。应注意的是，经济处于萧条中期，盈利没有下降，但却长期陷入震荡形态中。将每年的盈利变化作为指标，有助于判断弱市形态，并买入长线股票。

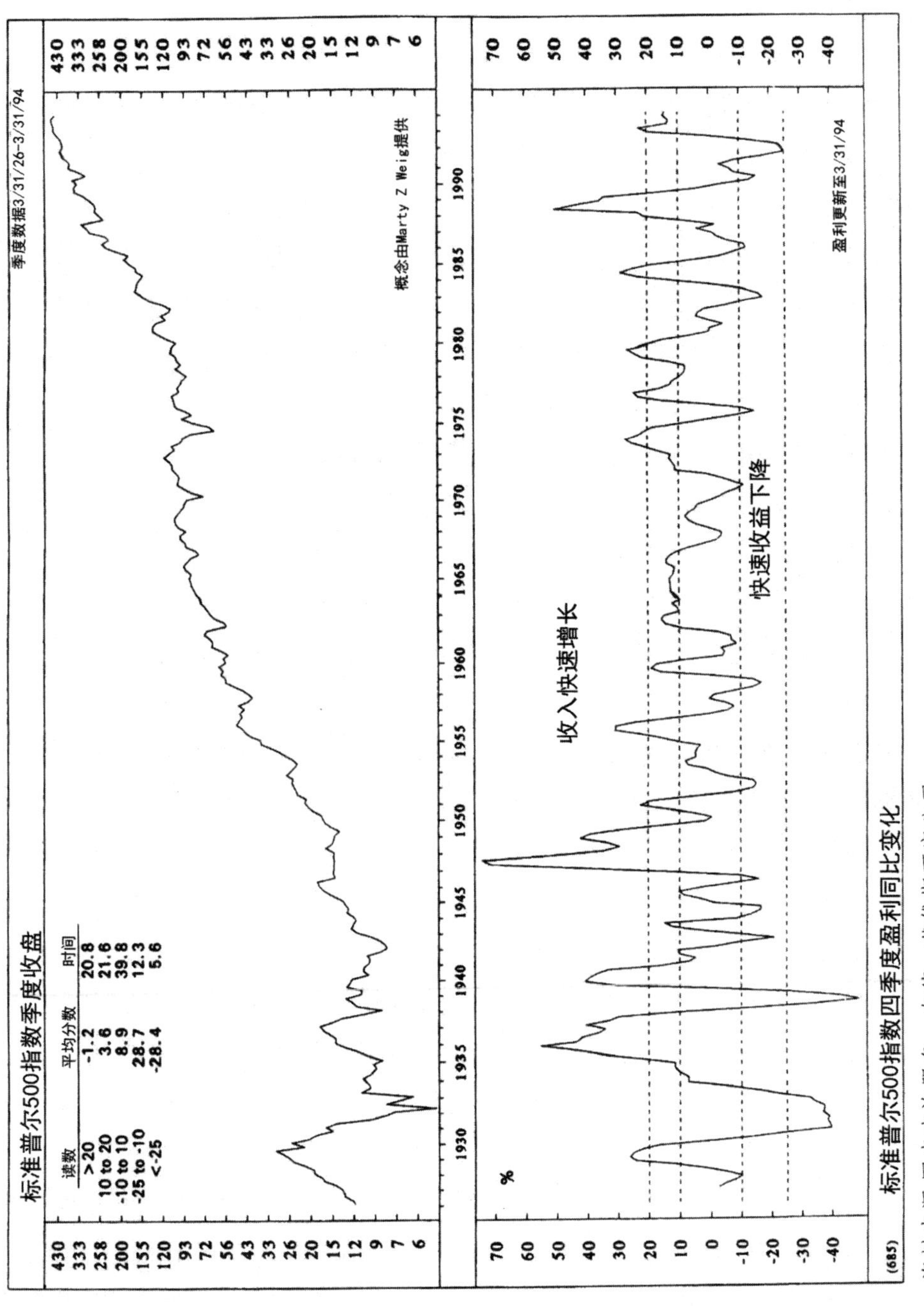

资料来源:图表查询服务。奈德·戴维斯研究公司

图33.1　标准普尔500指数与盈利增长

价值评估

如前所述，股票市场的价格取决于长期盈利趋势。当股票价值低估时，可做长线投资，而股票价值高估时尽量做短线。为此，要经常评估市场的价值处于低估、合理还是高估期。

有两种评估市场的方法：绝对和相对法。绝对评估法是将目前股票市场与其历史走势相比较；而相对评估法则指股票市场与其他投资方式——固定收益证券相比较。

图 33. 2 为股票市场绝对评估的例子，标准普尔 500 指数和红利收益。很明显，当红利收益低于 3. 15%时，股票市场开始修正；而红利收益高于 5. 56%时，有可能重现强市。就目前而言，该指标显示市场价值明显高估。

不能仅分析股票市场运行形态，还要与其他的投资方式进行比较，尤其是固定收益的品种，比如，美国的短期国库券被认为是无风险投资的品种。由于股票市场存在较大的风险，也存在丰厚的获利机会，因此投资者期望有比短期国库券更高的回报。股票市场的总盈利包括资本盈利和红利收入。短期国库券利率与红利比是度量股票市场相对价值的方式，比率高时，股票的价值高估；相反，比率低时，股票价值低估。图 33. 3 反映这种关系，为短期国库券与标准普尔 500 指数红利收入的比较。通常相对价值指标和红利绝对价值可能相同（图 33. 2），但也有例外，例如，当前的短期国库券与红利收入相比，股票的价值低估——与前面的结论相反。该例子强调在市场分析中绝对和相对价值的重要性。

另一个衡量方式是标准普尔 500 指数与市盈率之比。如图 33. 4 所示，当价格接近运行区间的上轨或下轨时，该比率的趋势可能根据预测出现反转形态。因此，市盈率高时意味着市场价值高估；而市盈率低时，意味着市场价值低估。根据这个评判标准，1993 年的股票市场价值明显高估，依据绝对基准值，意味着将来一段时期股票市场的运行趋势不容乐观。

相对来看，情况并不完全如此，图 33. 5 描述了标准普尔 500 指数盈利和短期国库券收益的价差。可以看出，价格与盈利在顶部变成收益，盈余率是市盈率的倒数。因此，20 倍的市盈率的盈余率等于 5%（1/20 = 0. 05）。5%的收益意味着股票投资 1 美元将获利 5 美分。

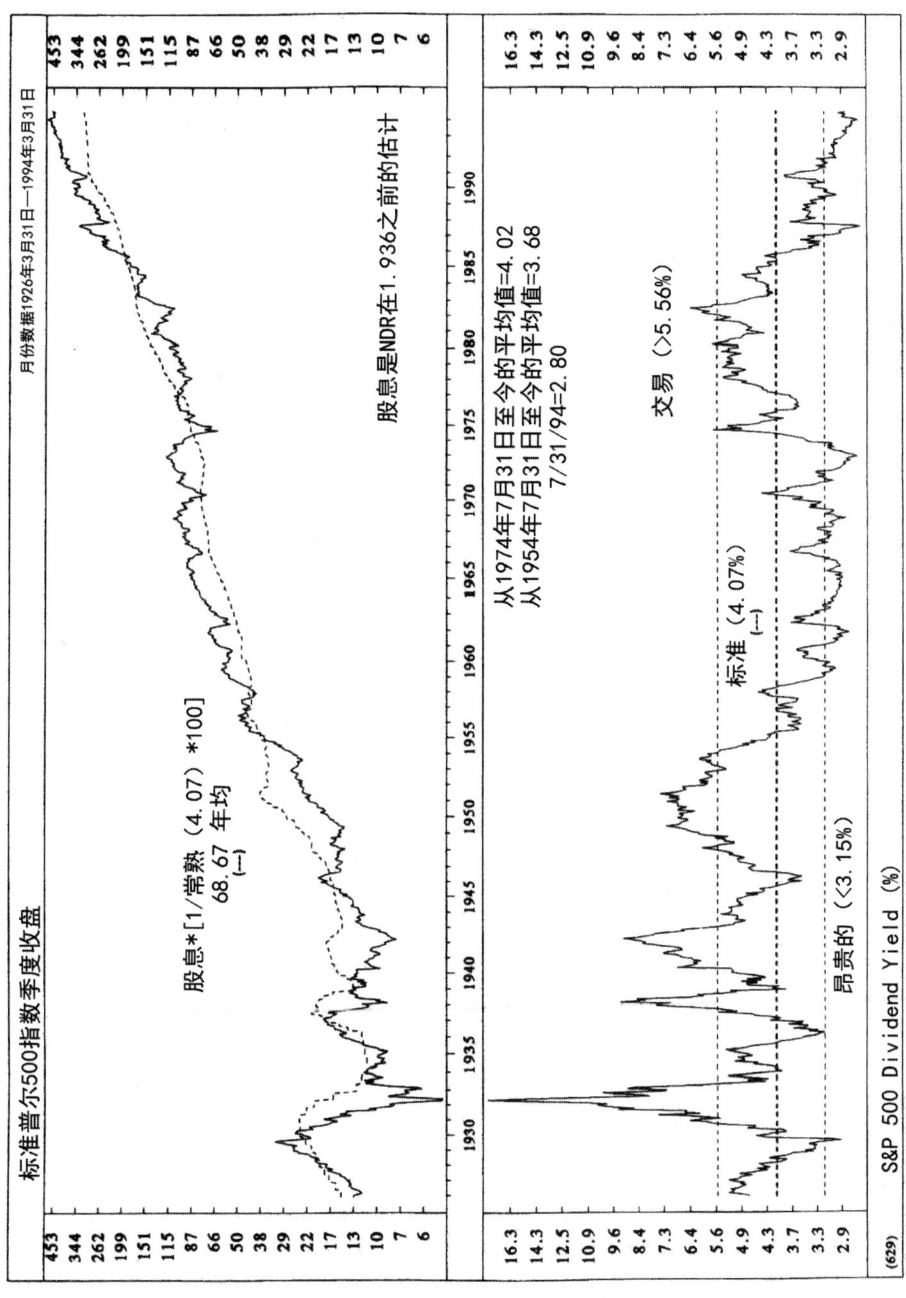

资料来源:图表查询服务。奈德·戴维斯研究公司

图33.2　标准普尔500指数与红利收益比较

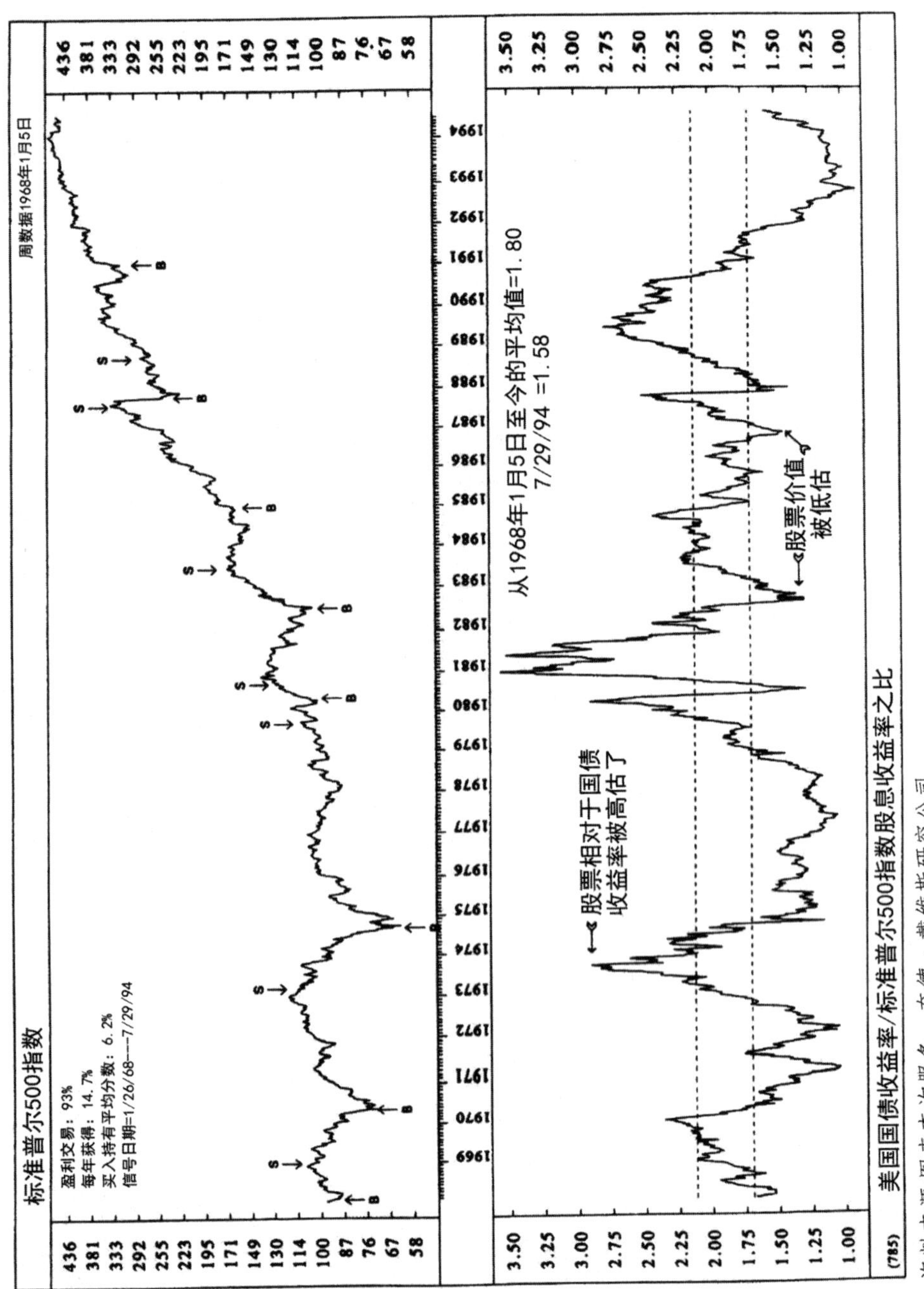

资料来源:图表查询服务。奈德·戴维斯研究公司

图33.3 标准普尔500指数与短期国库券收益/红利收益比

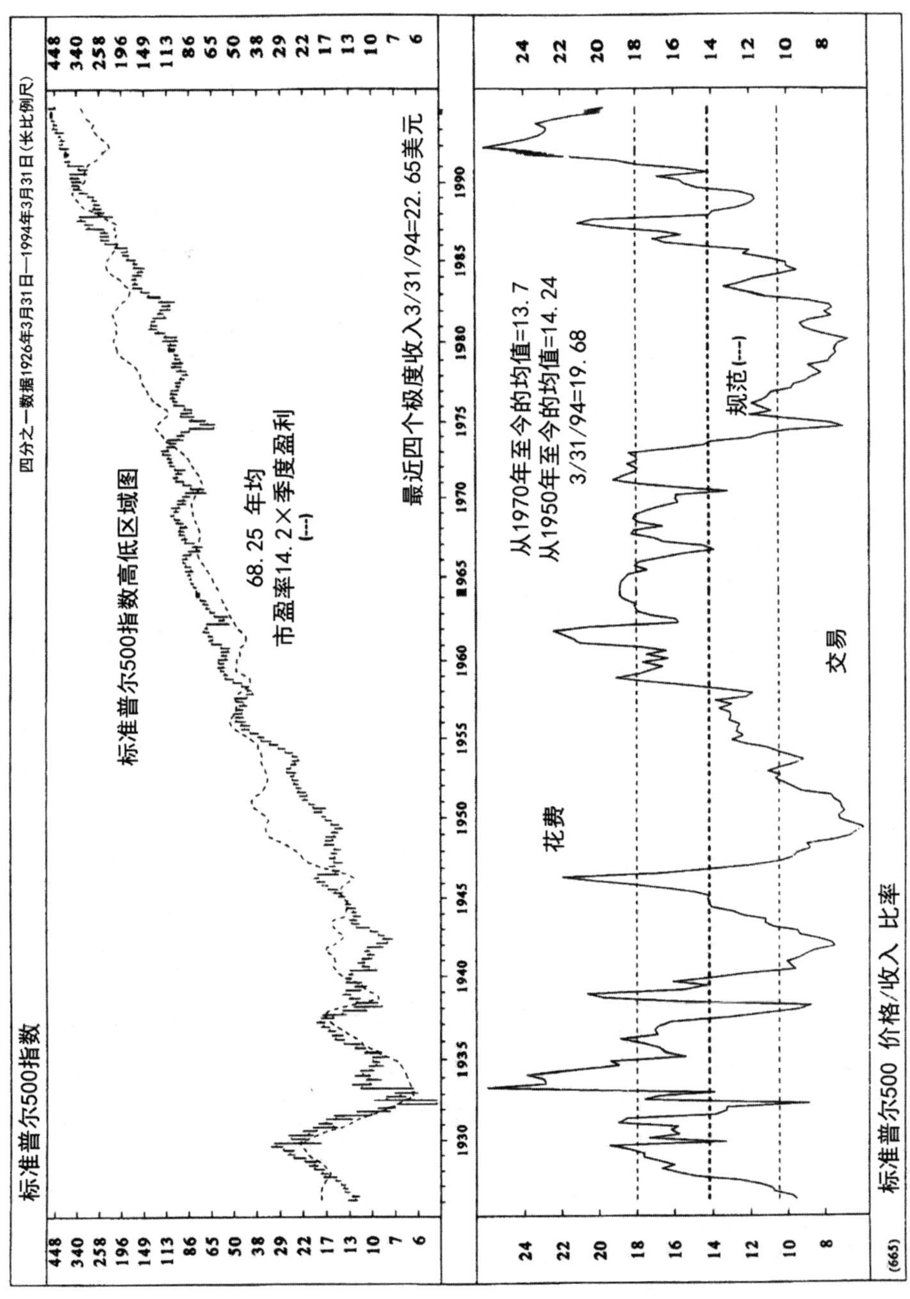

资料来源:图表查询服务。奈德·戴维斯研究公司

图33.4 标准普尔500指数与市盈率比

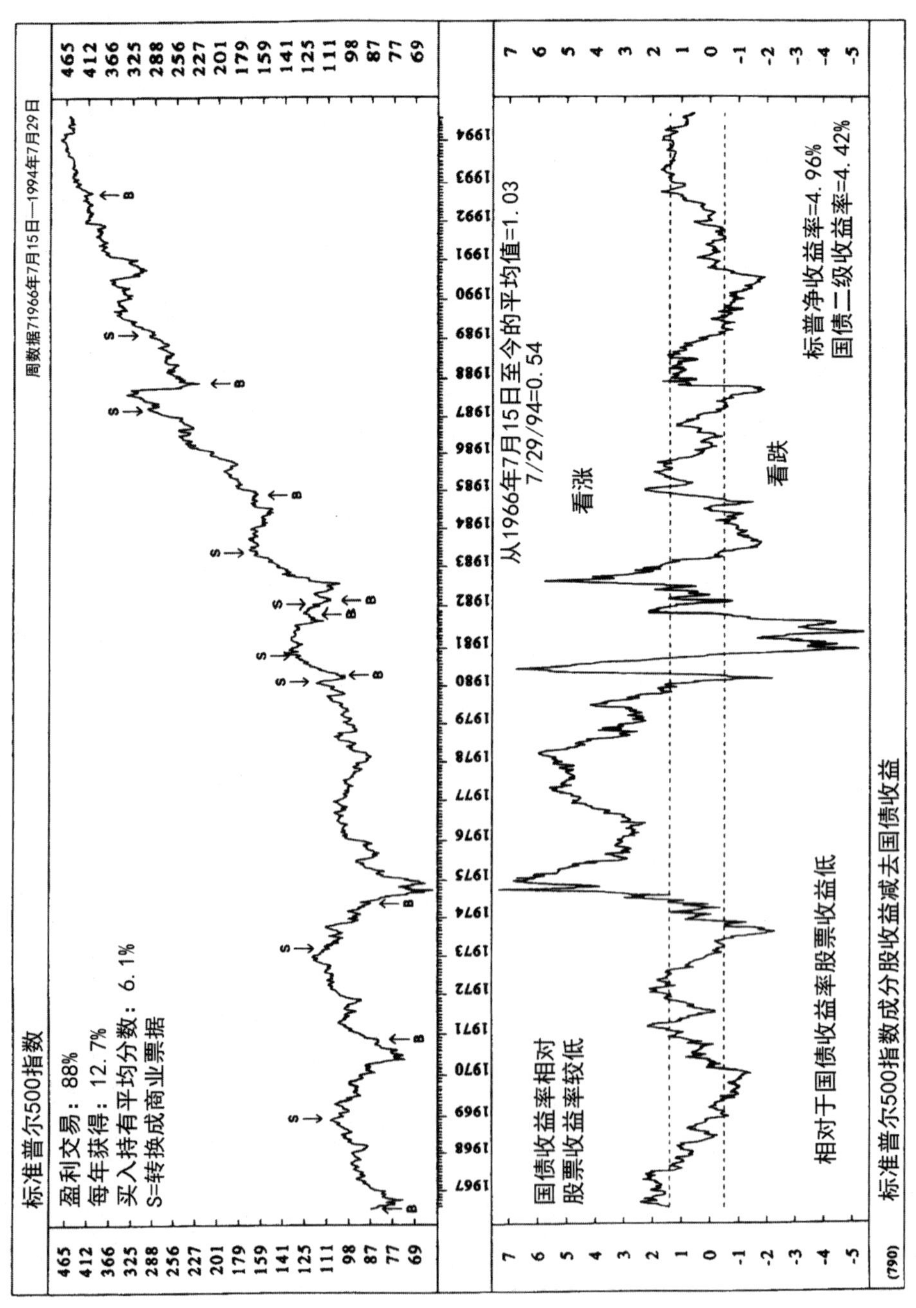

资料来源:图表查询服务。奈德·戴维斯研究公司

图33.5 标准普尔500指数盈利与短期国债收益价差比

应注意的是，由于图 33. 5 是根据市盈率的倒数绘制，较高的值为利好，而较低值为利空。依据计算，投资者 1 美元获利 4. 96 美分，而投资短期国库券的人 1 美分获利 44 美分。

货币政策与利率

联邦银行的货币政策对股票市场影响很大。美联储的货币政策对金融领域会产生很大影响，使一些人可能放弃购买新车而投资股票。图 33. 6 说明巨额资金流入股票市场后，市场强势运行；而当市场缺乏资金时，情况就相反。在通胀调整资金增长期间，股市年盈利平均为 10. 6%；但资金减少到 1%左右，股市就会下跌。图 33. 7 给我们提供了另一种视角，用 12 月移动平均线来表示通胀调整后的货币供应量。

美联储通过公开市场操作和设立贴现率控制银行储备的措施，对短期利率影响很大（见 31 章），由此对股票市场造成的影响更大。利率变化对股票市场的影响有三方面：首先，利率变化影响机构的借用成本，因此影响收益；其次，利率变化影响股市今后的盈利贴现；最后，也许是最重要的一点，利率代表投资股票的回报。

图 33. 8 说明了联邦基金利率（16 个月变化）与股市的关系。联邦基金利率是银行储备利率，受到美联储的严格控制。联邦基金利率的变化是美联储政策变化的象征，如基金利率呈上升势头，意味着美联储政策趋紧，利率上涨；美联储政策宽松，利率下调。这张图清楚地表明了华尔街谚语“不要与美联储作斗争”的智慧。

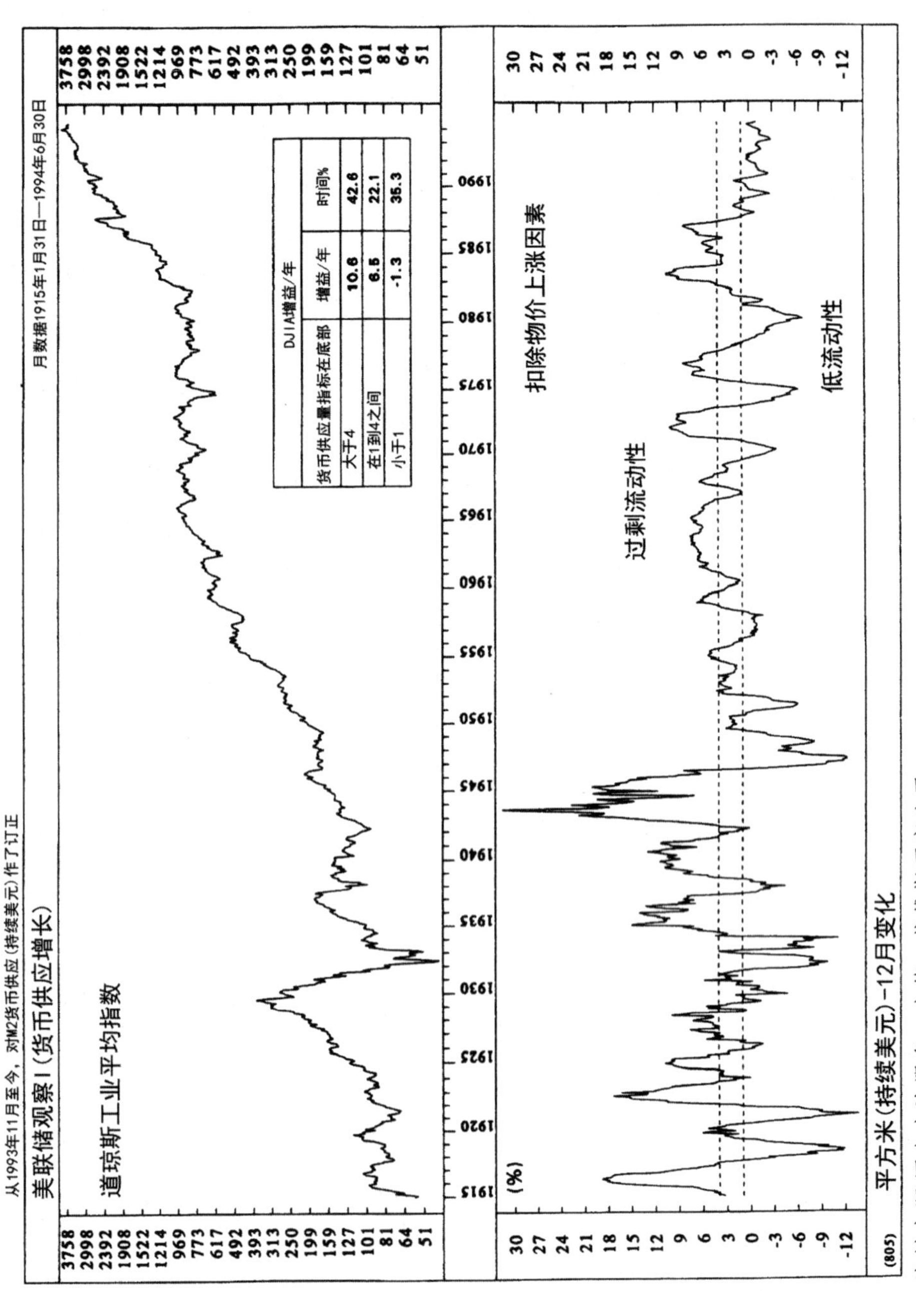

资料来源:图表查询服务。奈德·戴维斯研究公司

图33.6 道琼斯工业平均指数与美元M2供应量的比较

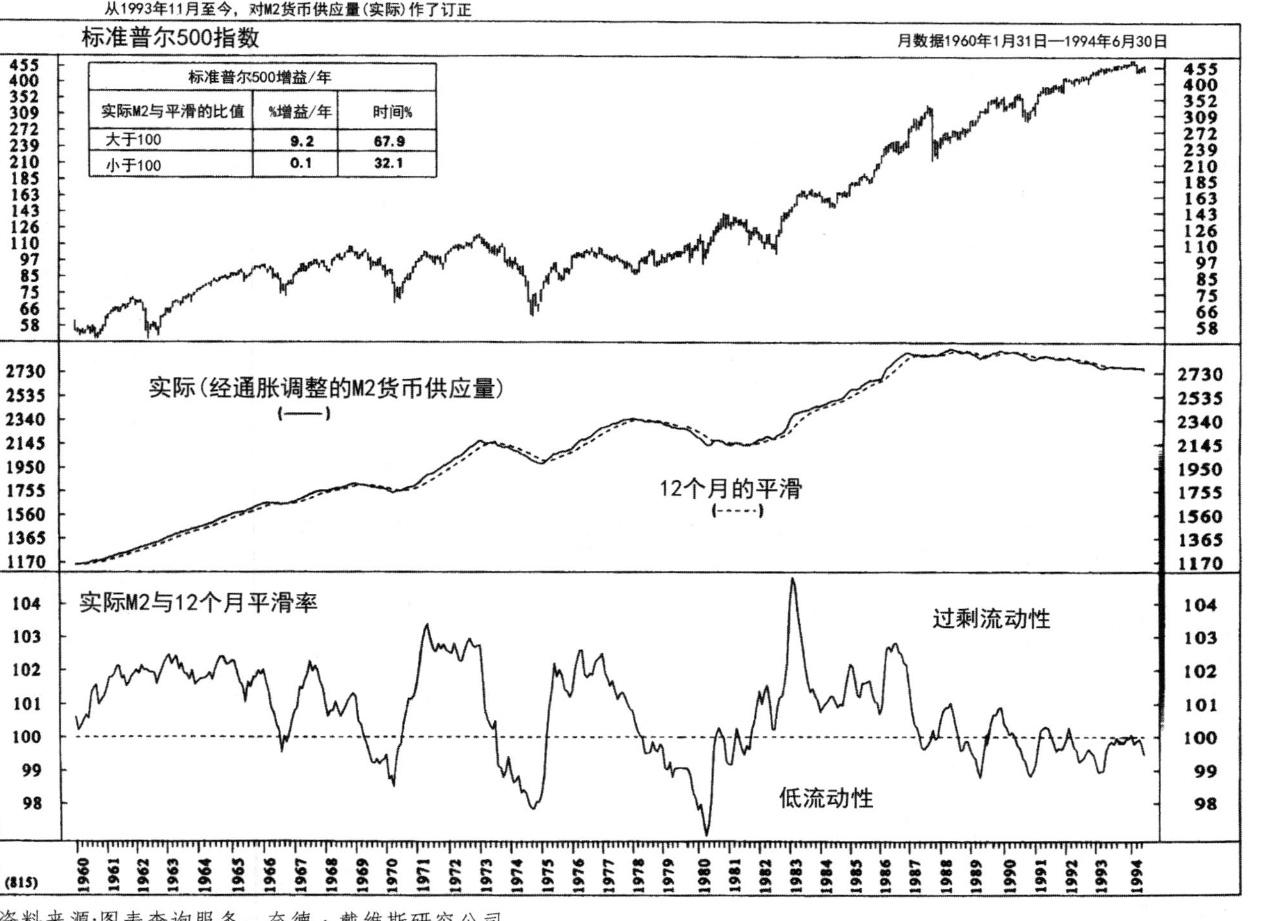

标准普尔500增益/年		
实际M2与平滑的比值	%增益/年	时间%
大于100	9.2	67.9
小于100	0.1	32.1

资料来源:图表查询服务。奈德 · 戴维斯研究公司

图33.7　标准普尔500指数盈利与通胀调整后美元M2供应量的比较

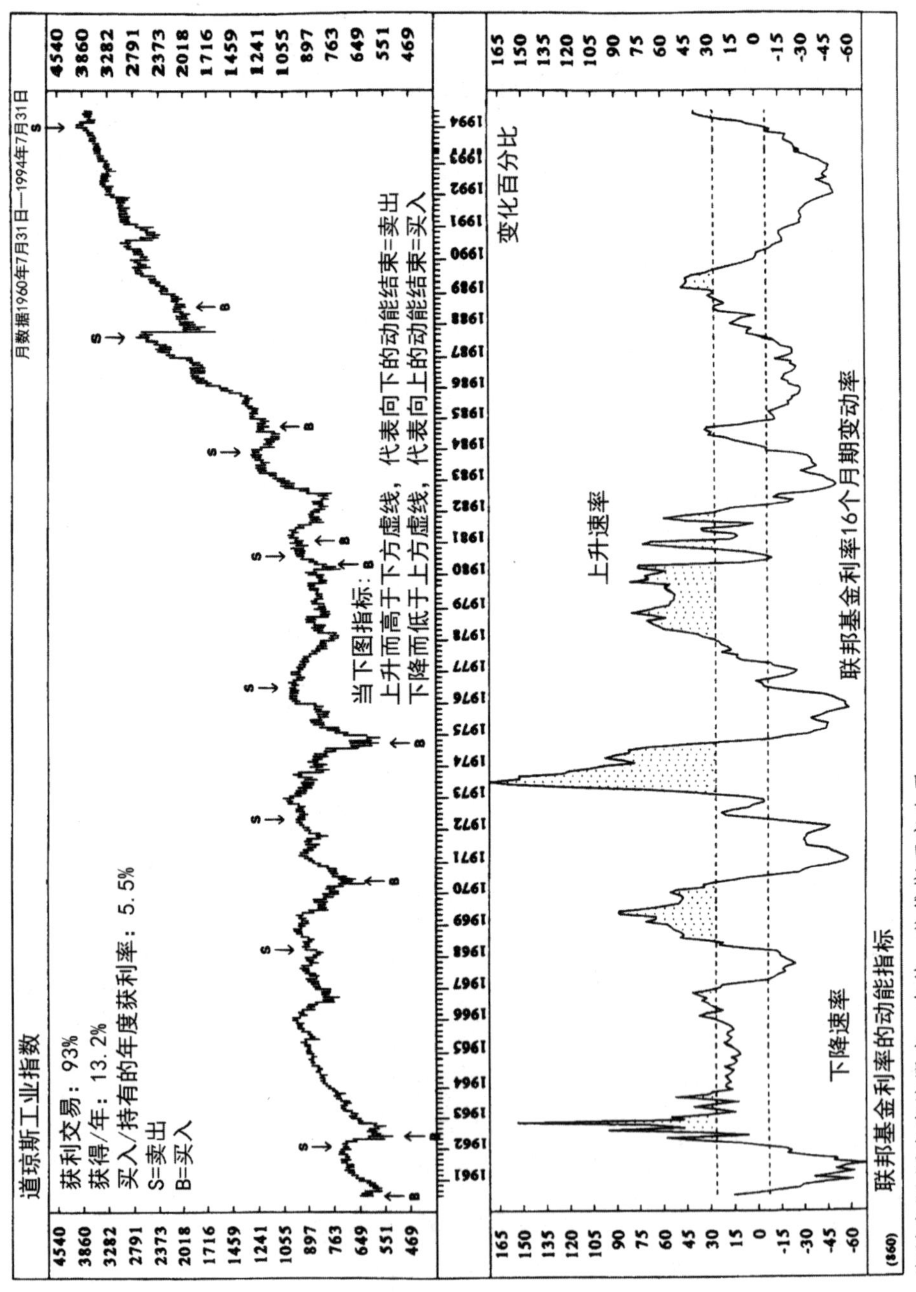

资料来源:图表查询服务。宗德·戴维斯研究公司

图33.8 道琼斯工业平均指数与美联储基金利率的变化

另一个短期利率变化的推动力是银行优惠贷款利率（最有信誉的客户为银行贷款支付的利率）。银行优惠贷款利率的变化滞后美联储利率的变化。银行优惠贷款利率不是市场利率，但是由中央银行“规定”的，是缓解波动的因素（见图 33.9）。通常联邦基金利率根据经济情况进行及时调整，基础利率会在未来一周或下月做出相应调整。通过减少利率变动，基础利率可以避免类似联邦基金利率之类的市场利率变动所造成的市场损失。

国债利率变化对股市影响很大，国债是股市资金的主要竞争品种之一。相对短期利率而言，通胀预期对国债收益的影响比美联储政策的影响更大。由于通胀预期影响将来的货币政策、财政政策和经济发展，国债收益综合了很多影响股市的因素。图 33.10 显示了政府债券价格（与债券收益率成反比）的六个月变化量与股票市场之间的关系。这种关系还是非常明显的：国债市场强势，意味着股价上升，而国债市场疲弱，股价则下跌。

经济周期与通胀

经济发展对股市影响也很大，未来经济的预期增长意味着将来股市盈利较高，因此，股价也会上涨。因股票市场关注的是将来，而不是现在。如果当前经济状况很好，6 ~12个月前股票市场可能就会反映出强市。事实上，股票市场是反映经济发展的晴雨表，也是政府预测经济的风向标。

股票的最佳买入时机是在经济衰退期，图 33.11 显示了股票市场与同步经济指标扩散指数的关系。同步经济指标是导致整个经济上升和下降的四个经济指标，因此，这些指标很重要。扩散指数是指显示高于前期（6 个月前）相应价位的指标个数的百分比。如图所示，6 个月前还没有指标高于前期价位时，就已经明显发出买入信号，这时，市场关注将来的走势，当经济逐步好转时，预期盈利快速增长。同步指标的扩散指数表明，买股的最佳时机是经济状况最低迷时期。

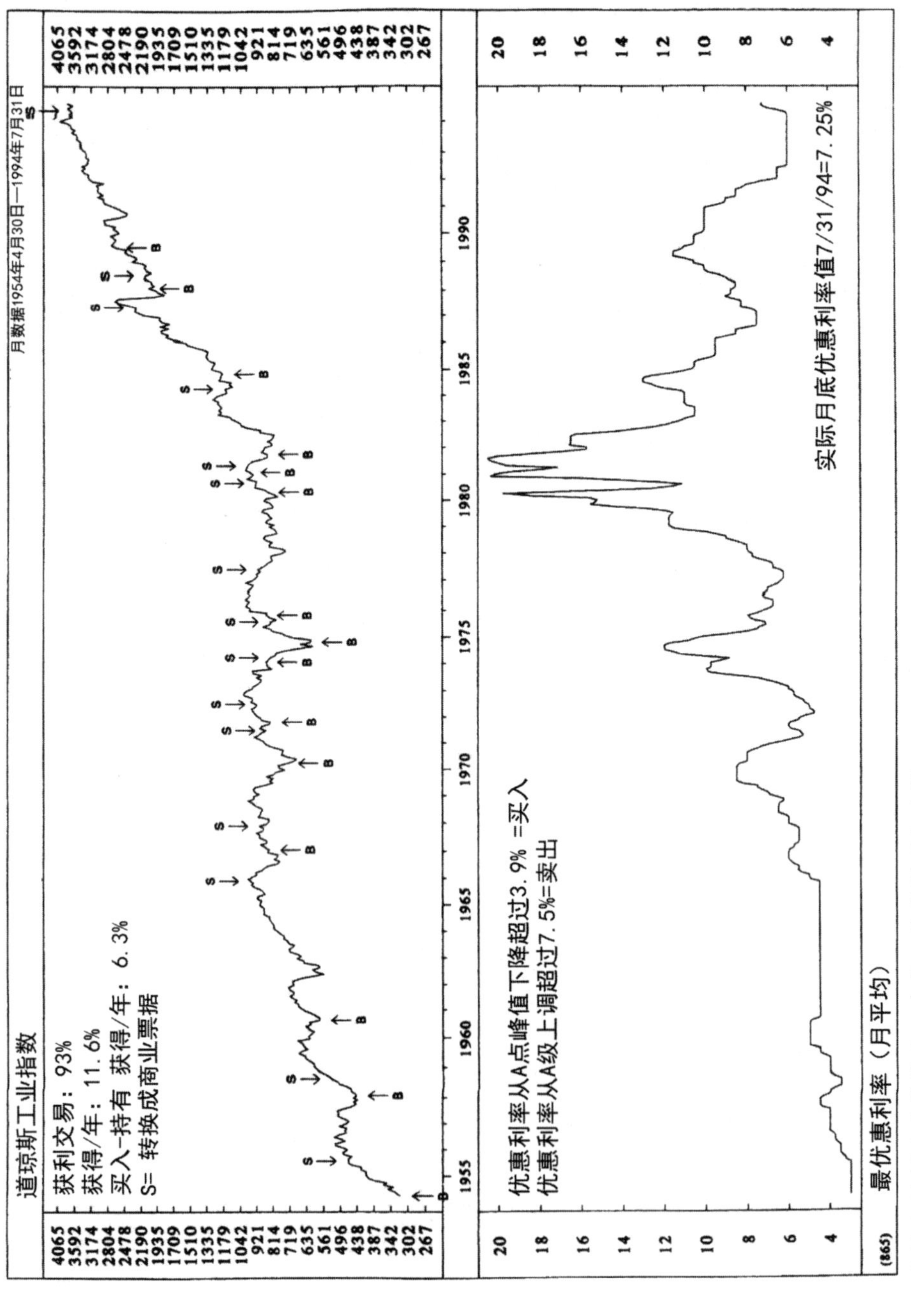

资料来源:图表查询服务。奈德·戴维斯研究公司

图33.9 道琼斯工业平均指数与银行优惠贷款利率

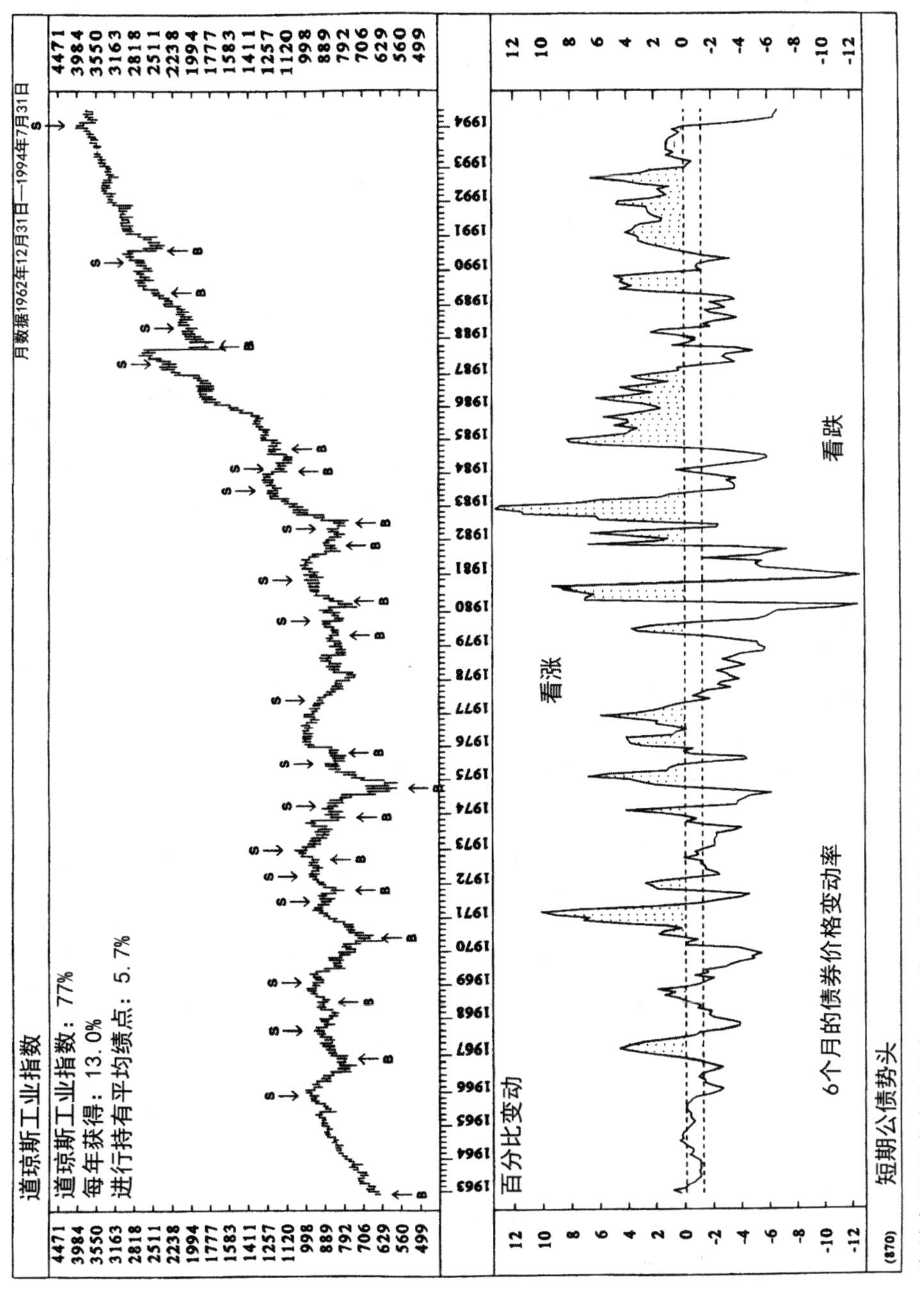

资料来源:图表查询服务。奈德·戴维斯研究公司

图33.10 道琼斯工业平均指数与政府债券

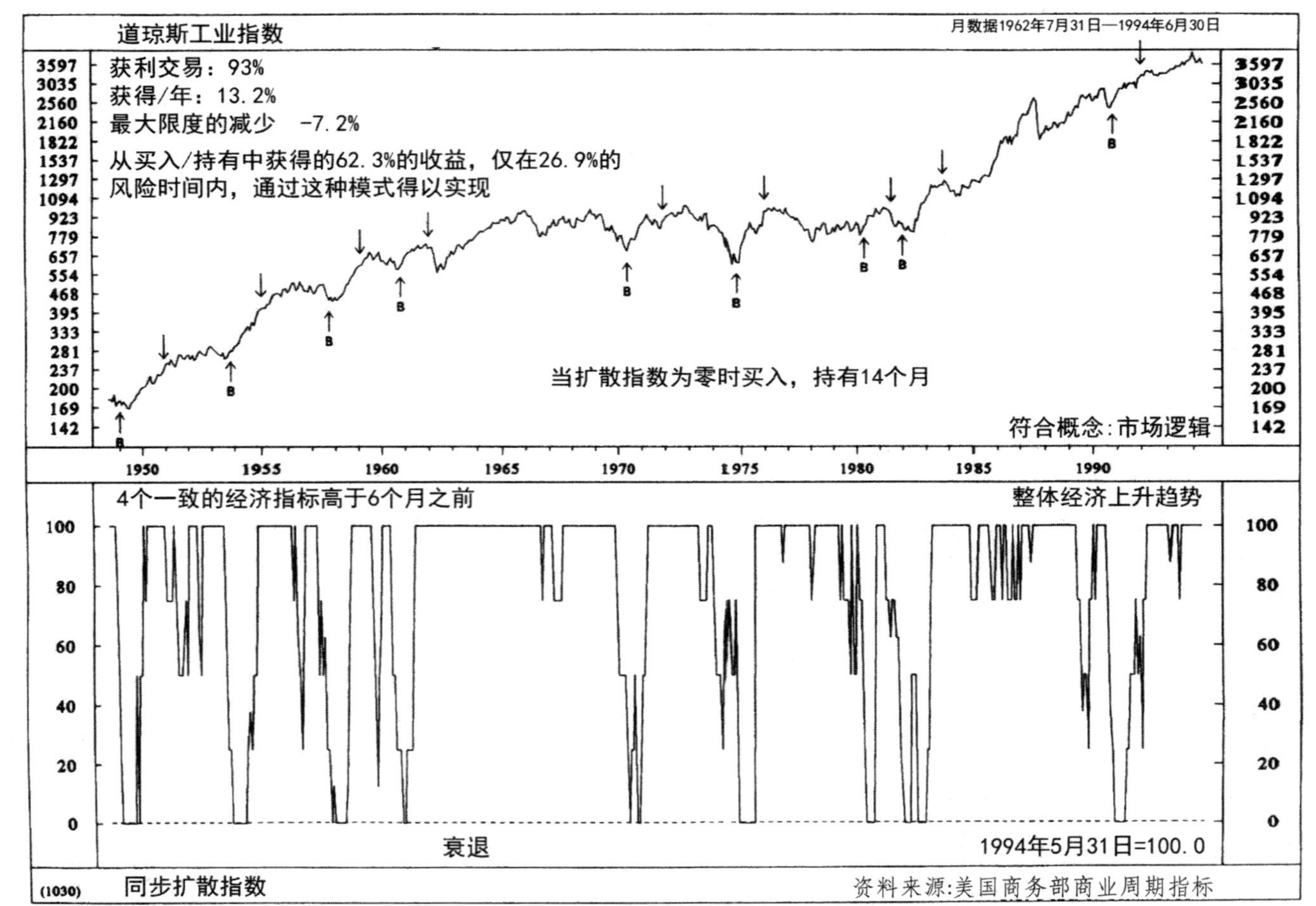

资料来源:图表查询服务。奈德·戴维斯研究公司

图 33.11　道琼斯工业平均指数与同步经济指标扩散指数

每年工业产量的变化也是影响股市的因素（见图 33.12）。图中形态很明显：工业产量变化与股市顶部一致，而骤降的工业产量预示股市即将接近市场底部。

经济发展的动力来自分期付款消费者支付的服务费，消费者分期付款的债务变化（见图 33.13）反映出消费者的流动性。若债务不断增加，可能制约消费者的流动，消费者更关注支付信用卡和有关的债务，而无心投资股票。若消费者债务较高会使其失去消费信心，产生负面效应。当经济不景气时，消费者通常将钱存入银行，而经济好转时就会大量购物，有时甚至会借贷购买房产、汽车等，并投资股市，从而促进经济繁荣。

另一个是关于股市与联邦政府预算赤字的矛盾关系。当联邦政府预算赤字高时，股市呈现强市形态（见图 33.14）。部分原因在于，预算赤字的增加与股价上涨有很强的相关性，因为股票市场是经济的风向标，而联邦预算刚好与经济发展一致或略微滞后。因此，在经济鼎盛时期，推进税收政策和削减支付失业人员的费用，股市上涨。相反，在经济衰退期，联邦政府的预算赤字将处于最糟糕状态，股市则陷入低谷。

通货膨胀

通货膨胀也是影响股市的一个因素，通胀会影响股票和债券等金融资产的价值，降低资本流动性，比如，当通胀为 8%，公司财报中增加 8%的盈利就不怎么显眼。

通胀的加速也刺激购物欲望，特别是大件物品，因为消费者担心价格会继续上涨，这种心理将会减少股票债券投资而增加消费，导致股票需求曲线向下运行，使股票价格逐步下跌。可参见图 33.15，通胀下降时期股价上升，而通胀增长时股价却下跌。

痛苦指数

痛苦指数是将上述几个指标归纳为一个综合性的指标，由失业率、通胀率和银行优惠贷款利率构成，也叫经济失调指数。实际上，痛苦指数综合了三个方面的指标：经济、通胀和货币政策。如图 33.16 所示，在痛苦指数下降期间，股市走强；而痛苦指数上升时，股票下跌。图 33.16 显示，当痛苦指数向下时为买入信号，而痛苦指数向上时为卖出信号，实践证明这是比较有参考价值的指标。

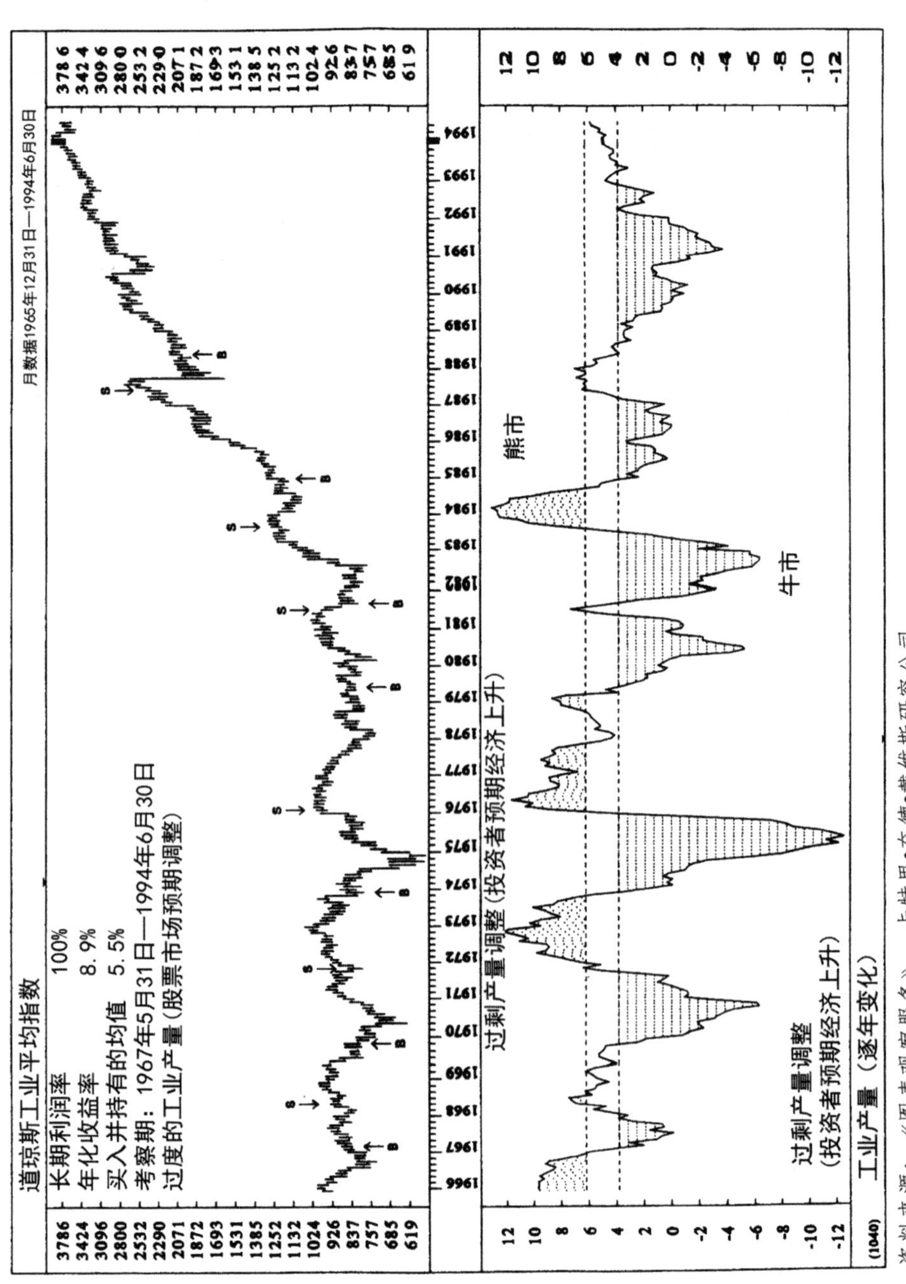

资料来源：《图表观察服务》，卡特思•奈德•戴维斯研究公司

图33.12 道琼斯工业平均指数与工业产值的逐年变化

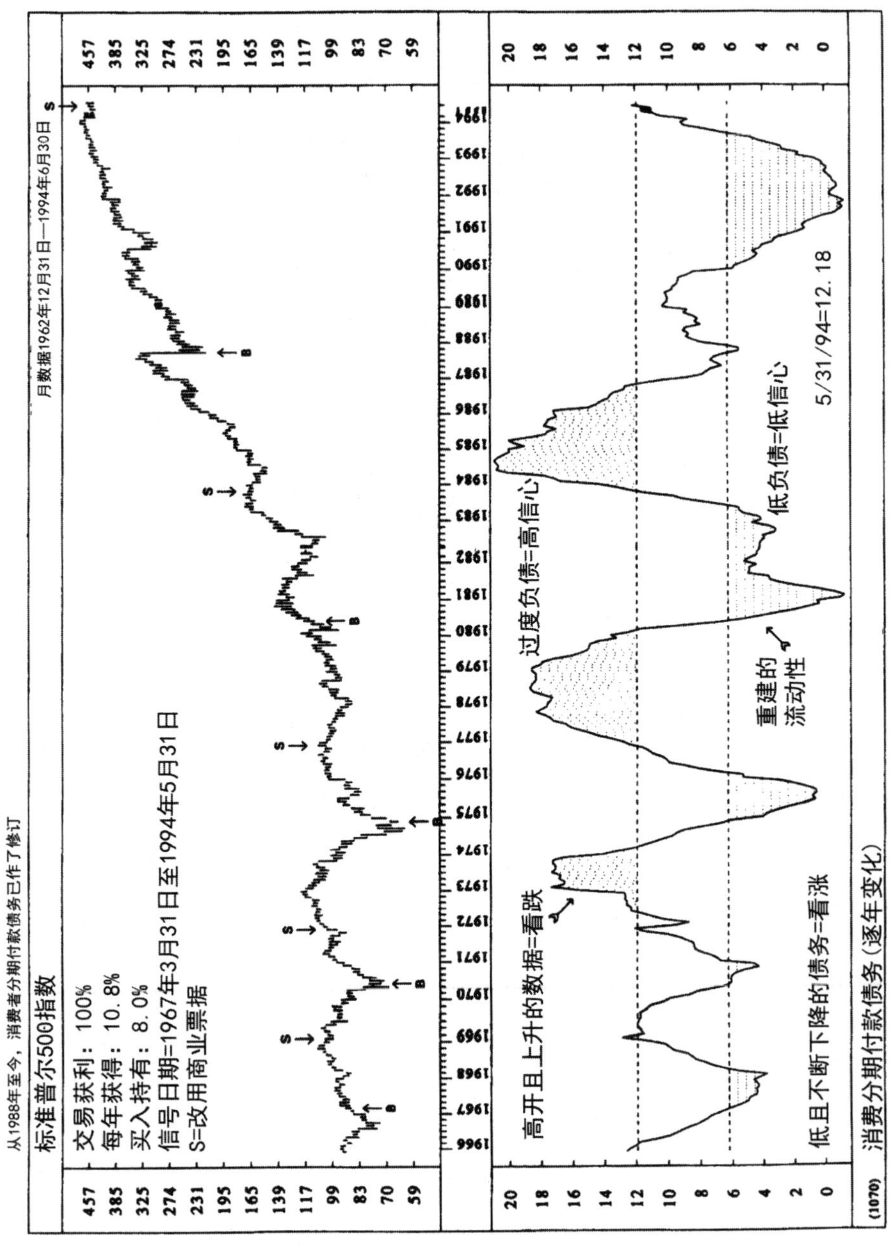

资料来源:图表查询服务。奈德·戴维斯研究公司

图33.13　标准普尔500指数与消费者分期付款债务的逐年变化

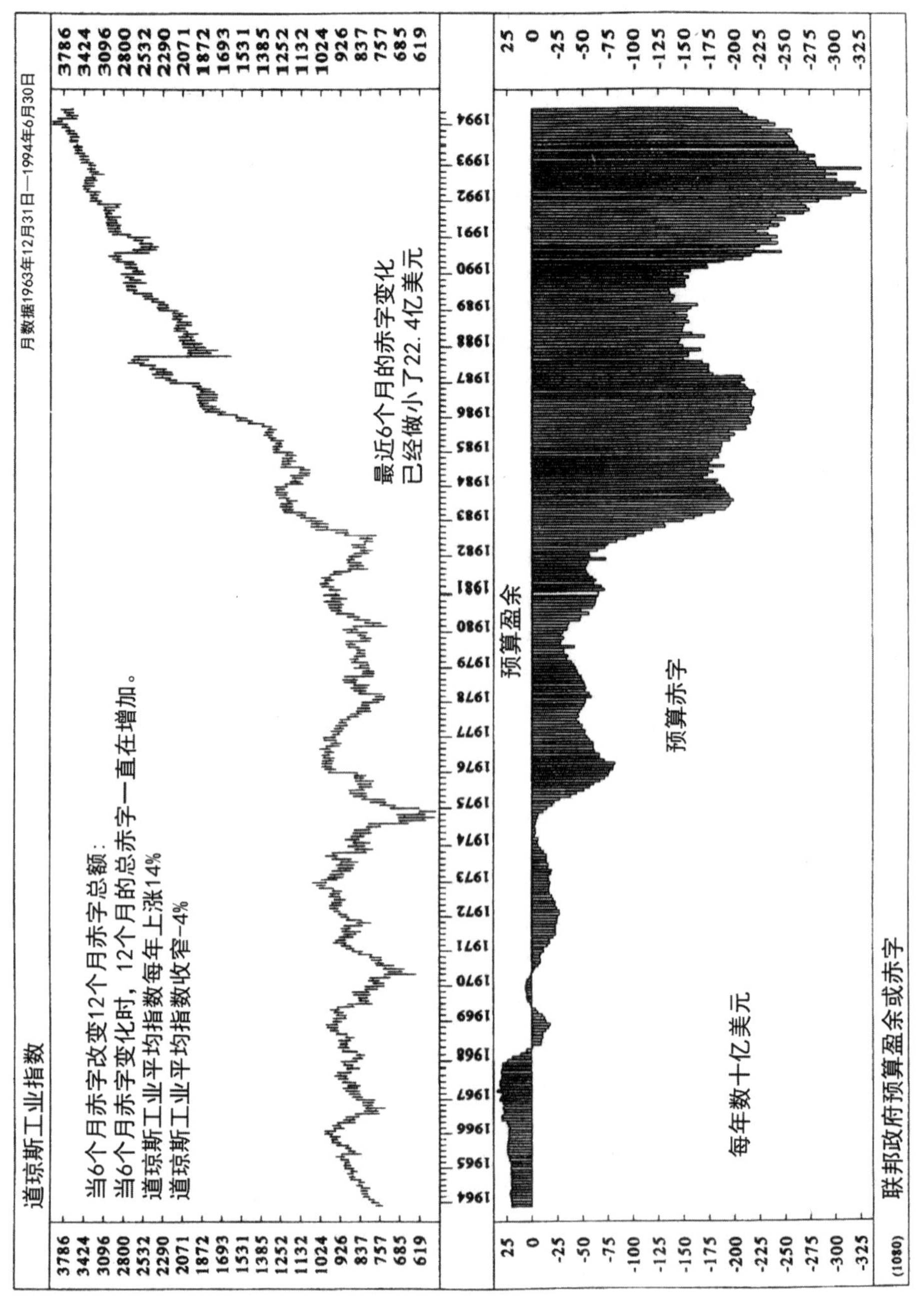

资料来源:图表查询服务。奈德·戴维斯研究公司

图33.14 道琼斯工业平均指数与联邦政府财政赤字

人气指标

愤世嫉俗者认为股票市场存在惩罚投资者的现象，通常，当市场到达顶部时，投资者因获利而兴奋，但当市场运行至底部时，投资者则十分悲观。为避免出现这种情况，建议采取投资组合，这可能是最好的投资策略。多数人可能还没有完全掌握要领，他们在较高点买入，低点卖出。经常受市场运行气氛的困扰，当看到资产净值上升时，就认为股票市场会继续上涨。

投资者的人气也是应该经常关注的指标，该指标的统计数据由美国投资者协会发布，图 33. 17 就显示了股票指数与未来 6 个月的情绪指数。该图清晰地表明，当市场接近顶部时投资者的看涨情绪很高，而市场在底部区域时投资者的看涨情绪则很低。这就证实了前面的观点，当市场处于鼎盛时期是最好的卖点，当市场黯淡时则是最好的买点。图 33. 17 就描述了一个股市买卖策略：当人气指标开始上升时，就会产生买入信号；当人气指标下降时，就会产生卖出信号。

将市场指标转化为时效信号

前面我们已经介绍了与股票市场有关的许多指标，但是，尚未说明如何将这些指标转化成时效信号。这里不详细介绍如何将指标转变为市场买卖信号。但是，应指出的是经济指标变化对股票市场有着或多或少的影响。例如，多年来近 10%的银行优惠贷款利率对市场影响不大，但是，如果市场预期银行优惠贷款利率有 5%~10%的变化，将会对股市产生很大影响。因此，我们应该将经济指标的变化作为股票市场趋势变化的信号。

如何辨别指标中的趋势变化？通常采用两个方法：突破法和平均移动线交叉法。另一个方法是确定指标的下降趋势，指标从上一个顶部下降了 X%，则确定进入下跌期，其中 X 为规定的参数；同样，指标中的上升趋势通过前面的低点 Y，则确定进入上涨期，其中 Y 也需要规定参数（X 和 Y 值可能相同）。

图 33. 9 中的买卖信号由下列规律构成：当银行优惠贷款利率从顶部下跌超过 3. 9%时买入，当银行优惠贷款利率从底部上升超过 7. 5%时卖出。12. 0－12. 0×0. 039＝11. 53。通过一定时间的观察，该方法的年均获利达 11. 6%，几乎是买入持

有策略的两倍（6.3%）。

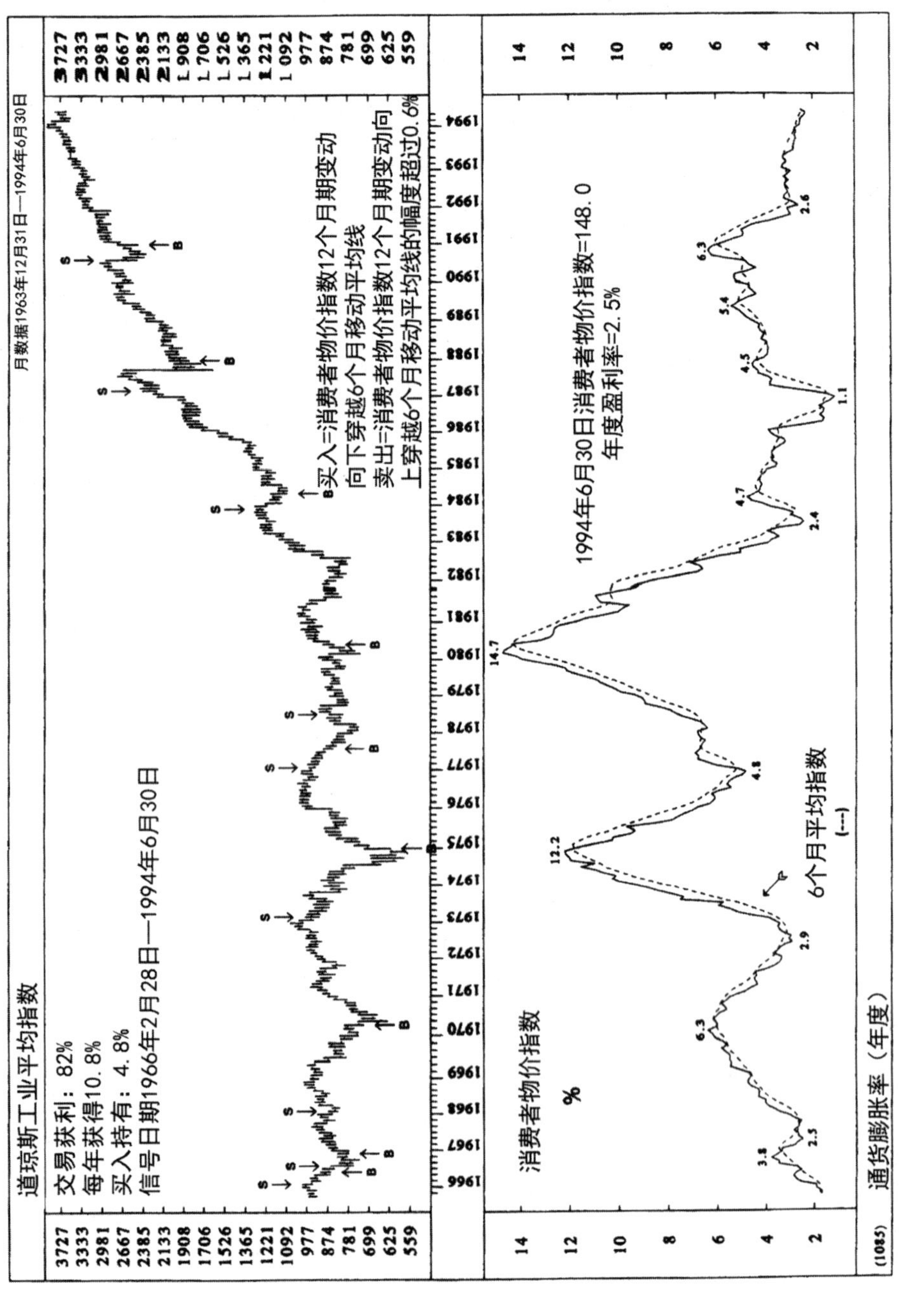

资料来源:图表查询服务。奈德·戴维斯研究公司

图33.15 道琼斯工业平均指数与CPI通货膨胀率

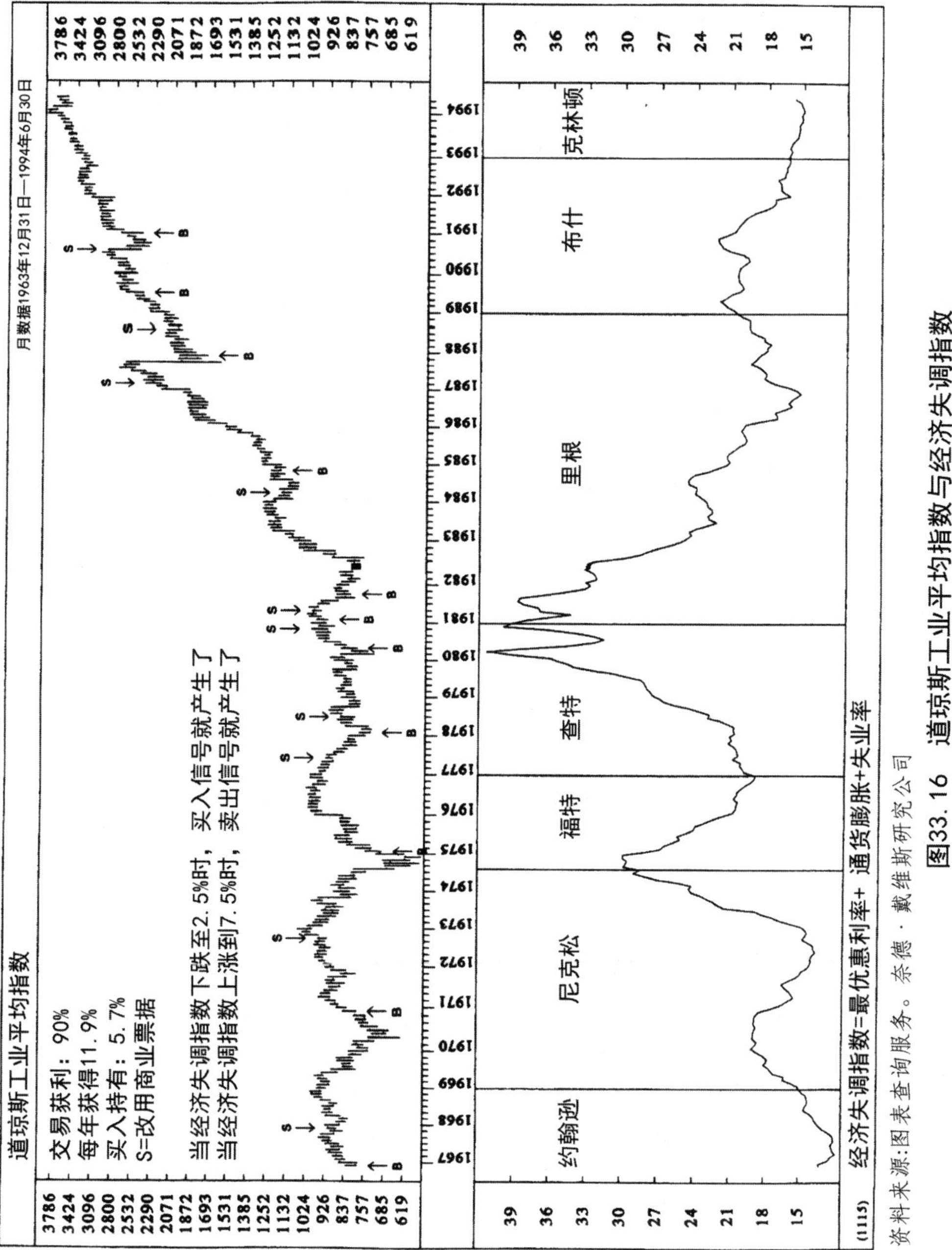

资料来源:图表查询服务。奈德·戴维斯研究公司

图33.16　道琼斯工业平均指数与经济失调指数

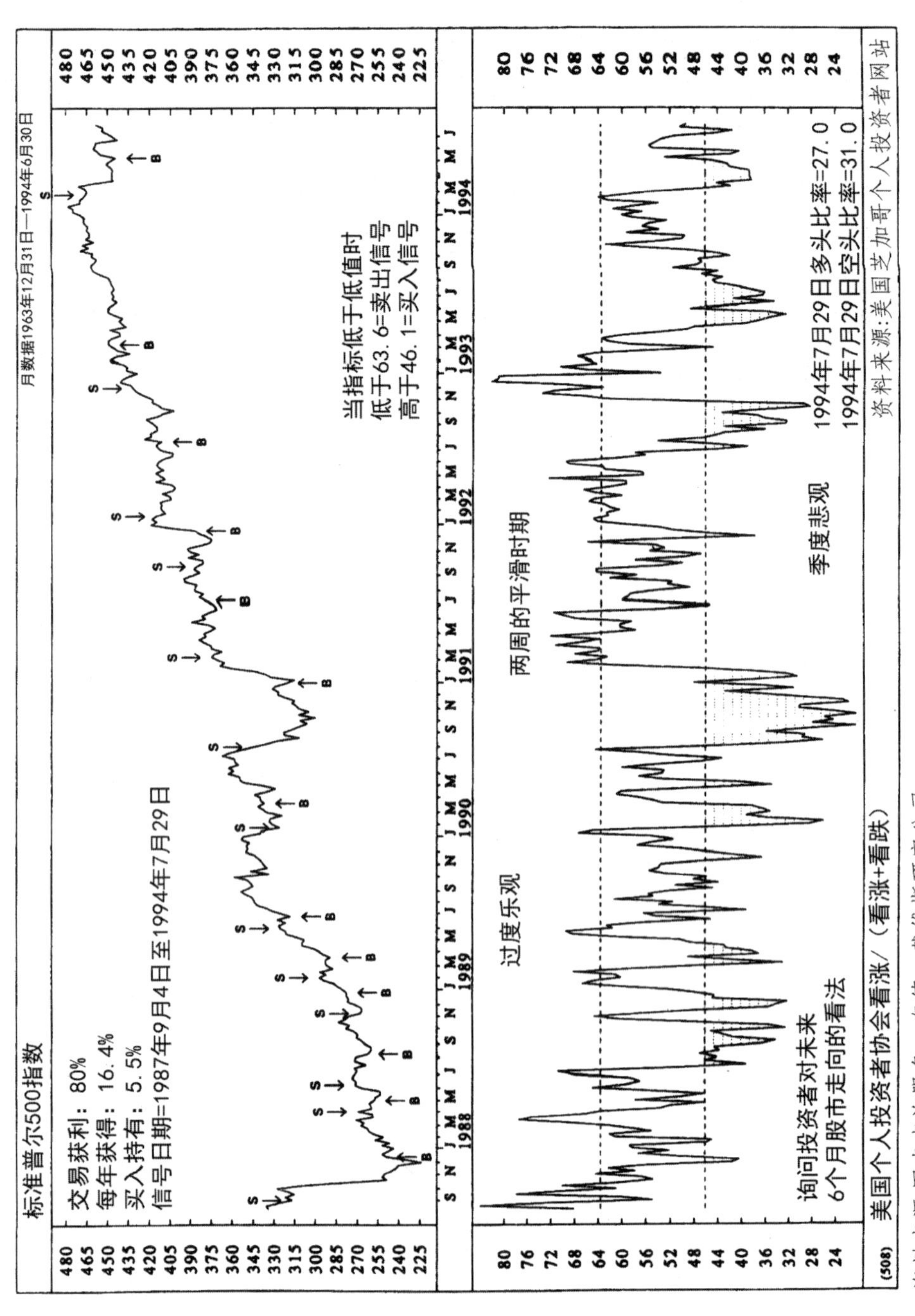

资料来源：图表查询服务。奈德·戴维斯研究公司

图33.17 标准普尔指数与情绪指数

为何选择 3.9%和 7.5%作为参数值？很简单，这些参数值是通过计算机获得的。根据银行优惠贷款利率从顶部下跌至 X 处买入，上涨至 Y 处卖出的规律，可以获得最大盈利。

还应注意的是，最佳值可能过分强调了效果，因为这些参数是事后得出的。一个投资者不可能在 40 年前就运用上述规律得出参数。同样，也不可能确定未来 40 年后会获得和参数一致的回报。事实上，仅仅基于优化结果，并没有足够的证据可以得出这样的结论：就未来的表现而言，这种特定的规则比买入并持有策略有了改进。（确定交易规则效果的相关标准是它是否超过买入并持有策略的基准，而不是是否可以获得净利润，因为从股票市场整体上看长期趋势是向上的。因此那些赚钱但未能超越“买入并持有”策略的方法都是无用的。）

确定是根据银行基本利率从顶部下跌时买入，还是按利率的变化来买入，必须依据所设置的参数验证该方法是否能获得较好的回报。如果该方法仅根据 3.7%~4.1%买入和 7.1%~7.9%的参数卖出的策略，我们可能没有信心运用银行基本利率作为交易信号，用较小的参数作为指标并不是理想的方法，因为这些数值是事后确定的。但是，设置了较高参数时仍有超值回报（与买入并持有的策略收益有关），该指标就是值得参考的。

在一般条件下均有效的参数值被看作是有效的参数值，意味着该数值在变化较大的情况下效果仍很好（至少在某种程度上），这样的参数值比那些在特殊情况下高度优化的参数值更有价值，也更有利可图。

优化参数值是否能形成交易信号？我们通过回顾以往的市场形态来说明。由于最佳参数值经常出现不稳定的情况，即以前曾经最好的参数在将来不一定是最好的。因此更好的办法可能是使用一般条件下的参数值，并且赋予他们相同的权重。

例如，除运用图 33.9 中的方法外，我们还可能采用两个类似的规律：一个是买入参数值为 2.9%（代替 3.9%）和卖出值为 5.6%（代替 7.5%）；另一个参数值分别为 4.9%和 9.4%。每个方法都可能获得相等的权重。实际上，这种方法就是将优化的参数值包含在更高和更低的值中（在刚才引用的例子中，分别高出和低于 25%），每个参数值将被赋予相同的权重。（下一节将讨论运用这些不同参数值以及其他指标共同生成股票市场交易信号的方法。）

通过采用较高参数替代最佳值，成功地建立了模型，这样就不必依靠将来或以前类似的市场形态预测，换句话说，该模型可能效果更好。当然，设置的参数加上采用的指标不局限在三个以内。这种选择主要取决于分析师以及对如何权衡更多指标和更高复杂性的主观评估。

指标的综合方法

本章介绍了与股票市场密切相关的几种重要指标。在任何阶段，将每个指标与参数值结合运用都可反映市场趋势（如上所述，每个指标都要求设置几个参数值，而不是一个最佳值）。例如，17 个指标中每个指标都需用 3 组参数值，我们总共有 51 个多/空信号。

有些指标的权重较多，最简单的方法是将每个买入信号定为+1，卖出信号定为-1。这些信号数除以总信号数得出理论上的权重。例如，如果有 40 个买入信号，11 个卖出信号，这就意味着该部位权重为多头 56. 9%：（40-11）/51=0. 569。如果有 20 个买入信号，31 个卖出信号，意味着该部位权重为空头 21. 6%：（20-31）/51=-0. 216。

应注意的是，这种计算部位权重的方法是基于期货交易商的视角——即该部位可能在-100%与+100%间变化。而投资者的展望区间为 0% ~100%，部位权重简单地用买入信号数除以总的信号数。因此，40 个买入信号和 11 个卖出信号获得的部位权重是 78. 4%，而 20 个买入信号和 31 个卖出信号的权重为 39. 2%。

一个更简单的方法是用信号的方向反映部位方向，比如，共 51 个信号，有 26 个以上是买入信号，对交易商和投资者来说就意味着市场处于牛市。信号数量越少，表明市场越弱。如果交易规模太小不允许按位置权重方法隐含的位置进行处理，可能更适合采用二元制方法。但是，位置权重方法表现出更高的风险—收益特征。（虽然使用二元制方法收益可能更高，但这并不是一个相关的考虑因素，因为在位置权重方法中可以通过增加杠杆在一个较低的风险水平上实现同等的收益。）

结论

本章主要介绍了反映股市强弱信号的各种指标，应指出的是，书中列出的指标仅是其中一部分，交易商可以在建立股市预测模型过程中添加新指标或废弃老指标。

在评估模型中的指标时，应考虑下列两个条件：

1. 指标在反映股市趋势变化中的可靠性。

2. 指标与模型中其他指标的相关性。

与模型中其他变量不相关的指标，可能比那些产生更好的信号但与其他变量高度相关的指标提供更有价值的参数。

一个指标与模型中变量的关系可能提供更有价值的参数，而与其他模型中变量的相关性更强。有的模型采用了一些相关性不强的指标，这容易形成假信号，而仅选用两三个相关性强的指标的模型可靠性更大些。可用本章介绍的方法建立多个指标的模型。